选美中国

中国最美的地方排行榜

THE MOST BEAUTIFUL PLACES IN CHINA

《中国国家地理》杂志社　编

推开自然之门
昭示人文精华

媒体定位

这是一本提供话题和谈资的杂志；
这是一本描述理想、实现兴趣、爱好并具有实用价值的杂志；
这是一本传导地理哲学、追逐科学精神、关注人类生存与发展的杂志；
这是一本讲述社会热、疑、难点问题背后的自然和人文科学故事的高层次、权威性杂志；
这是一本给热爱生活、喜欢地理、爱好摄影的读者全家共享的杂志；
这是一本值得用心品味，终身收藏的杂志。

新星出版社　NEW STAR PRESS

目录 *Contents*

3

4

17

中国最美的五大城区

18

中国的美景分布

撰文/单之蔷

我们刚刚完成了一项史无前例的事，就是对中国的景观（主要是自然景观）进行选美。我们把中国的景观分成了17个类别，就每一类景观"谁最美"进行评比排行，在国内数百位一流专家的帮助下，经历了种种艰难曲折，终于完成了这一伟大工程，17类景观的最美程度排行榜出来了。我们又画了一张图，把进入排行榜前几名的景观的位置在地图上标示出来。

我手中正拿着这张图。一边欣赏，一边在思索。

我试图在这张中国最美景观的分布图上找出规律，找出有启发意义的东西。譬如：中国最美景观的分布有何规律？集中在什么地方？为什么？

我首先注意到：代表这些景观的点最集中的地方是中国的西南—川滇藏的交会处，即横断山区。这与我们在2004年7月的专辑—"大香格里拉"中，表达的观点：横断山区是"中国最美的地方"，竟然不谋而合，令我惊讶。而另一个密集区在新疆天山，这却是我从没想到的。

大家知道中国地势从高到低分三个阶梯。我们发现中国最美的景观分布有一规律：它们多数分布在三个阶梯的分界线上，也可以说是在阶梯转折所形成的"楞"上。

"楞上"多美景。因为"楞"所在的区域正是地壳在内力作用下剧烈变化的地方，这里或断裂凹陷成谷成壁；或挤压抬升成山成岭，形成了"大起大落"的本底。只有大起大落，山才能怒，水才能急。在这个"底"上，"大起"的极高山，雪吻蓝天，冰乳大地；"大落"的河流，撕山成谷，断水为瀑。甚至溶洞也因"大起大落"的地势，才能即深又长。

中国的地势有三个阶梯，三个阶梯有两条楞线，两条楞线上有无数美景。

一条楞线即青藏高原的边缘线，这条楞线是首尾相接、闭合的。这条闭合的边缘线画出的青藏高原的形状很像一只骆驼。这只骆驼的头部是由中巴边境的喀喇昆仑山脉勾画的；背部的线条是昆仑山和祁连山脉；腹部是喜马拉雅山脉；腿与脚爪是横断山脉。

寻最美的山，当然要在青藏高原的这条封闭的边缘线上找，因为高度是山之所以是山、之所以美的第一要素，而这里是世界最高的地方，最美的山不在这里，在哪里呢？我们知道高原面上较为平坦，相对高度不够，能够形成极高山的地方只能在高原的边缘处，即第一阶梯向第二阶梯过渡的"楞"上。这里因为巨大的高差，冰川向下掘蚀，河流向下深切，高山也随之出现了。因此这里是我国极高山（海拔大于4500米）的分布区。极高山上有雪峰冰川，这也是中国大地耸入云端的冰雪圈，一座座雪峰仿佛是多棱的钻石，晶莹闪耀，光彩照人。

我认为这里的雪峰、冰川是中国足以傲世的美景。说起瀑布，我们没有北美的尼亚加拉和南美的伊瓜苏那样壮观的大瀑布；说起湖泊，我们没有美、加境那样浩瀚的五大湖；说起草原，我们没有阿根廷潘帕斯那样辽阔的草原……，但说起雪山和冰川来，我们便充满了自豪，无论是欧洲的阿尔卑斯山，还是美洲的安第斯山，这些山上的冰雪，都比不过我们青藏高原边缘线上那些美丽的雪山和冰川。

如果你以为青藏高原的边缘线上的那些山仅仅是一个冰雪的世界，那你就错了。仅仅有冰雪并不稀罕，也不一定震撼，高纬度地区如北极圈、南极圈内终年冰雪覆盖，那里的东北、西北冬季也是满天飞雪，山河色变，但那并不构成最美的景观。而这里的冰雪就与众不同了，它是亚热带和温带的冰雪，因山极高、温度降而冰雪存，在地球上同纬度的地区，不是炎热沙漠就是阔叶树的世界，而这里却有一个冰雪世界，就显得独特而美丽了，因此这里的冰雪是炎热中的冰雪，是与绿树并存的冰雪。

假如你能站在空中鸟瞰，你会看到青藏高原的边缘线，仿佛是一条钻石项链，在云中若隐若现，有如大地献给天庭的饰物。这条线无疑是中国最美的景观串连线。一个人如果没到这里走过，就不会知道自然有多美，中国有多美。

还有一个规律是：沿着第二阶梯与第三阶梯的分界线画一条线，这条线的两端大致是黑龙江省西北角的开库康镇和广西的东兴市。这条线是中国的又一条美景带。山有大兴安岭、太行山、华山、武当山、神农架、张家界等；峡有晋陕大峡谷、三峡等；瀑有壶口、黄果树、德天瀑布等；更值得注意的是中国的洞穴极品（双龙洞、腾龙洞、雪玉洞、黄龙洞、织金洞）及喀斯特奇观，如天坑、地缝、竖井、天生桥等大都汇聚于此。

这条线不仅是一条美景带，更是一条中国景观性质、风格、数量的分界线。它把中国分成东西两部分，这条线以东，自然风光稀缺，以西则丰富，但人文景观则相反，是东多西少；因此这条线可以看作是中国自然和人文美景的稠密与稀疏的分界线，这条线还是汉族与少数民族人文景观的分界线，此线以东的汉文化景观丰富，以西则是少数民族的人文景观多（关中盆地和四川盆地是个例外）；这条线不仅是量的分界线，也是景观性质和风格的分界线，这条线以东的自然风景，以精致、峻峭、朦胧、优美为主；以西则以宏大、壮丽、豪放、雄浑为主。就美的震撼性而言，中国地势的三个台阶，也是美的梯度，从东向西，一个比一个强烈和震撼，到了第一级的青藏高原，达到高潮。

一个例外，这条线以东有一条自然美景带，就是中国的海岸线和近海的岛屿链。经过了美景缺乏的平原和丘陵地带，大地在这里发生了一次陆与海的转变，如果把近海的海底——大陆架看作是大陆的延伸而言，那么它是中国的第四个台阶。同样，在这里美景也是分布在"梯"的。在海浪、海洋生物以及河流河口等因素的作用下，起伏的地势变成了美景。

我注意到在我们这张图上：人口最稠密、经济最发达、历史最深厚的地区，美景却是空白。这说明了什么呢？我想起一位著名的学者对人的需求进行的层次划分：首先是体内平衡的需要，即吃饭穿衣的需要，其次是安全的需求，再次是归属感和自我实现的需求，最后才是美的需要。人们纷纷离开了地势起伏美丽但生活并不舒适的峡谷、高山地区，来到了冲积平原和盆地中，虽然那里最少美景，却是最富饶、最易生活的地方，因此也成了人类最集中的地方。强势的文化和民族必然最先占领那些平原和盆地，因为那里的富饶可以满足人类位居前列的需求，而把峡谷、高山等美丽留给弱势民族，因为美是人类最后的需求，虽然是最高层次的需求。当平原和盆地中强势文化的人们满足了衣食、安全等需求，开始追求美时，才发现美景不在身边，而是在远方。

由此可以得出一个自然美景分布的规律：美景不在人口稠密的地方，也不在主流文化的区域，美景分布在人烟稀少或少数民族居住的地方。

在西藏定日县，我的身边围绕着衣衫褴褛的乞丐，但一抬头我就看见喜马拉雅山北坡世界上屈指可数的几座8000米以上的雄伟壮丽的雪峰，它们辉煌无比，却无法给予身边的穷人一件得体的衣衫、一块糊口的面饼。

然而中国东部发达地区那些并不很美的自然景观，却被授予了各种各样的称号，成了旅游的胜地和"印钞机"，这是为什么？

我找来一张由国家权威部门批准的国家级风景名胜区的分布图，所谓国家级风景名胜区就是官方认可的中国最美的最高级别的风景。

一个问题吸引了我：国家级的风景名胜区与我们此次评出的中国最美的景观是否一致，差别何在？两者分布的区域有何不同吗？

当我把两张图放在一起比较时，大吃一惊，我看到了这样的情景：国家级的风景名胜区竟然大部分在东部人口稠密区，与我们刚刚评出的中国最美的景观多数分布在西部正好相反。

惊讶之余，产生的怀疑，对国家级风景名胜区权威性的怀疑，它们真是中国最美的风景？假如一个中国人或外国人按照国家风景名胜区的名录制定一个类似"一生必去的若干个地方"的旅行计划，当他完成计划后，能说他见识了中国的山水吗？他会为中国自豪吗？他会不会认为中国在自然景观方面只不过是世界上一个三、四流的国家？可是中国无疑是世界上最美丽的国度。

转念一想：也许国家级的风景名胜区，侧重的是人文名胜，而非自然风景，或者更侧重"知名度"，才形成这样的局面。但我认真地读和分析了一遍国家级风景名胜区的名单，发现事实并非如此。

国家共公布了5批177处国家级风景名胜区。其中人文名胜占52处，自然风景125处。从名单上看，评国家级风景名胜并未考虑知名度，因为从第三批开始，知名度越来越低了，到了第五批，大部分景观几乎无知名度，既没有知名度，那么二者的分布图就具有了可比性。

我首先在国家级风景名胜区分布图上，找"密集区"，原来它们最集中的地方是长江中下游地区，尤其是江浙一带。它们的总体分布，非常有意思，竟使我想起那条著名的"胡焕庸线"，地理学家胡焕庸先生在黑龙江的爱辉（今黑河）和云南省腾冲之间划了一条线，这条线把中国分成了西北和东南两大部分，胡先生发现我国人口分布与国土面积之间有一个很特别的规律：即这条线的西北有着64%的国土面积，但只有4%的人口；而东南36%的国土上，却分布着96%的人口。假如把这段话中的"人口"一词换成"国家级风景名胜区"，其他地方竟可以一字不改。难道又一条规律诞生了么？

据说"胡焕庸线"划出的中国人口分布结构历经了几十年的折腾（政府发动了几次人口西移：大三线建设、屯垦戍边、上山下乡等），迄今仍然"岿然不动"，两边的人口比例仍然是4%与96%，这说明中国人口的分布状态与环境状况、土地承载力以及人是追求幸福能迁移的生物密切相关，是客观使然。然而奇怪的是为什么国家级风景区的分布竟与人口分布的规律一模一样？我还找来了我国铁路、公路的分布图，甚至还找来了各县的国民生产总值分布图，有趣的是国家级风景名胜区分布的疏密程度竟可以和它们很好地对应起来。

总之，哪里人口多，哪里的铁路、公路多，哪里的产值高、经济发达，哪里国家级风景名胜区多，也就是说哪里的风光就最美。这与我们的常识不符，但却是现实。

为什么会有这样的冲突？我在想。

一件事启发了我。当讨论给 "中国最美的山"、"最美的峡谷"等颁奖时，我们发现：对于许多入选的景观，不知奖杯颁给谁。譬如，中国最美的山第一名：南迦巴瓦；中国最美的峡谷第一名：雅鲁藏布大峡谷；中国最美的草原第一名：呼伦贝尔大草原等，谁来领奖呢？山、峡谷、草原……是不会来领奖的，我们竟找不出能代表它们的人。这难道不是它们过去一直默默无名的原因吗？

"山花寂无主，自开且自落"。仔细想来，中国最美的景观也好，国家级风景名胜区也好……都是人加给那些景观的符号。

我们过去一直认为：那些称号、评语，那些描写自然景观的诗文和公文等是对那些景观的摹写、刻画、照相、反映……时间久了，竟以为那些符号就是景观本身，一句话，我们相信"反映论"；其实未必，那些符号更多的是"表现"，表现人的文化和世态的炎凉。

更深层的原因是，评价、符号、意义是人生产出来的。生产什么、怎样生产、怎样消费这个过程不是自发的，其中有一种力量在引导、左右着，可以把这种力量理解为一种宽泛的"权力"。权力即是影响力，它决定评价、符号、意义的发生、发展和方向。在我们认为最客观公正、权力了无痕迹的地方，其实已经被权力蹂躏得遍体鳞伤。譬如对自然景观的评价。

政治和金钱所形成的权力还是赤裸和低层次的，我们遭遇的最大霸权是语言。它无所不在。我看、我思、我说，我即使上天入地也逃不出它的法网。语言是势利的。当我们看到庐山、黄山、泰山……时，当我们感受西湖、洞庭湖、太湖……时，无数的词语涌来，甚至还有诗、画与传说；但当我们遭遇南迦巴瓦、贡嘎、梅里这样的雪山，看到绒布、托木尔、米堆那样的冰川时，才发现头脑中的形容词竟是空白。思是用语言思，说是语言在说，一个无法经过语言的"初选"或者在其中缺乏"拥趸"和"FANS"的景观，怎么可能出现在主流社会或官方的入选名录上呢？

由此我们可以理解，为什么经济越发达、人口越多的地方国家级的风景名胜区越多，无非是它们更有影响力，它们不仅是政治和经济的强者，还是语言和话语的强者。它们占据了最易生存、最富饶

的地方，这还不够，还要通过话语、符号和意义的生产和操作把这些地方说成是最美的地方。

当我们把南迦巴瓦评为中国最美的山第一名时，我知道它丝毫不为其所动。在藏东南那个森林蔽郁、河流咆哮的角落中它仍旧在云雾间沉默，偶尔瞥一眼人间，在人这种生物出现之前，它已经在千万年了。我知道如果我们把评比的标准改变一下，或者某一项所占的权重加大，譬如高度，而不是像现在这样强调山所囊括的自然带的数量，那么南迦巴瓦就不会是第一名了，甚至可能落选……但我知道南迦巴瓦不会因此而增一分，损一毫，它依然沉默……

我知道在中国还有许多"南迦巴瓦"沉默着……

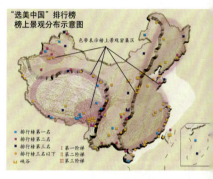

"选美中国"排行榜榜上景观分布示意图

色带表示榜上景观富集区

● 排行榜第一名　　■ 第一阶梯
● 排行榜第二名　　▦ 第二阶梯
● 排行榜第三名　　▧ 第三阶梯
♛ 排行榜第三名以下　　峡谷

177处国家级风景名胜区分布图

—— 胡焕庸人口分布疏密线
● 国家级风景名胜区

"选美中国"排行榜
榜上景观分布示意图

新疆天山雪岭云杉林

若尔盖湿地

绒布冰川

青海湖

南迦巴瓦峰

四川丹巴藏寨

仁化丹霞山

内蒙古巴吉林沙漠腹地

新疆喀纳斯湖畔图瓦村
喀纳斯湖
克拉玛依乌尔禾风城
古尔班通古特沙漠腹地
新疆伊犁草原
托木尔冰川 新疆天山雪岭云杉林
新疆巴音布鲁克湿地
新疆轮台胡杨林
天山库车大峡谷
罗布泊三垅沙雅丹 甘肃鸣沙山、月牙泉
乔戈里峰 塔克拉玛干沙漠腹地 内蒙古巴丹
新疆特拉木坎力冰川 罗布泊白龙堆雅丹
甘肃透明梦柯冰川
祁连山

冈仁波齐峰

西藏那曲高寒草原
纳木错 川西高寒草原
珠穆朗玛峰 南迦巴瓦峰 梅里雪山
西藏藏布巴东瀑布群
雅鲁藏布大峡谷 大渡河大峡谷
西藏米堆冰川
西藏波密岗乡林芝云杉林
澜沧江梅里大峡谷
云南白马雪山高山杜鹃林
金沙江虎跳峡

云南红河大羊街哈尼梯田
西双版纳热带雨林
大渡河金口大峡谷
蜀南竹海
兴义万峰林
贵州织金洞

注：红色字为排行榜第一名；紫色字为排行榜第二
　　蓝色字为排行榜第三名；黑色字为排行榜第三

沙漠	湖泊	城镇
森林	海岸	名山
草原	村镇	冰川
沼泽湿地	雅丹	瀑布
海岛	洞穴	峡谷
峰林	丹霞地貌	

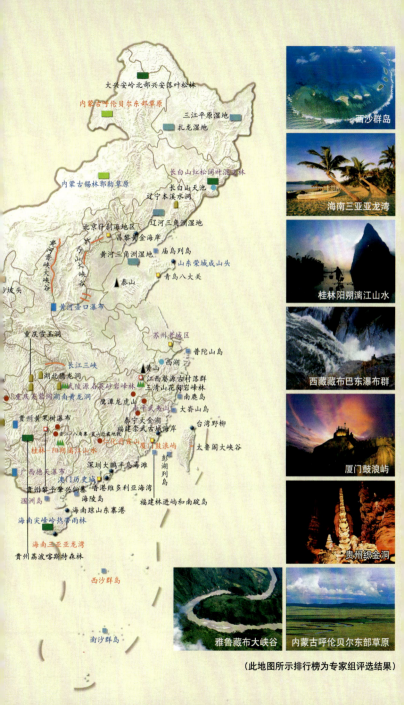

大兴安岭北部兴安落叶松林

内蒙古呼伦贝尔东部草原

三江平原湿地

扎龙湿地

长白山红松阔叶混交林

内蒙古锡林郭勒草原

长白山天池

辽宁本溪水洞

辽河三角洲湿地

北京什刹海地区

昌黎黄金海岸

黄河三角洲湿地

庙岛列岛

黄河青铜峡大峡谷

壶口大峡谷

山东荣城成山头

泰山

青岛八大关

黄河壶口瀑布

苏州老城区

重庆雪玉洞

普陀山岛

长江三峡

黄山

西湖

湖北腾龙洞

江西婺源古村落群

武陵源石英砂岩峰林

三清山花岗岩峰林

重庆芙蓉洞湖南黄龙洞

鹰潭龙虎山

昌平明十三陵

大蒼山岛

贵州黄果树瀑布

武陵源张家界地貌

泰宁大金湖

福建崇武古城海岸

台湾野柳

桂林—阳朔漓江山水

长江三峡巫山神女峰

文化丹霞山

厦门鼓浪屿

太鲁阁大峡谷

广西德天瀑布

深圳大鹏半岛海滩

彭湖列岛

贵州黎平肇兴侗寨

澳门历史城区

香港维多利亚海湾

福建林进屿和南碇岛

海陵岛

涠洲岛

海南琼山东寨港

海南尖峰岭热带雨林

海南三亚亚龙湾

贵州荔波喀斯特森林

西沙群岛

南沙群岛

西沙群岛

海南三亚亚龙湾

桂林阳朔漓江山水

西藏藏布巴东瀑布群

厦门鼓浪屿

贵州织金洞

雅鲁藏布大峡谷

内蒙古呼伦贝尔东部草原

（此地图所示排行榜为专家组评选结果）

从雅鲁藏布大峡谷入口看南迦巴瓦。

■ 摄影／田捷砚

China's Ten Most
Beautiful Mountains

中国国家地理推出

中国十大名山
最新排行榜

排行榜

1. 南迦巴瓦峰（西 藏）
2. 贡嘎山（四 川）
3. 珠穆朗玛峰（西 藏）
4. 梅里雪山（云 南）
5. 黄山（安 徽）
6. 稻城三神山（四 川）
7. 乔戈里峰（新 疆）
8. 冈仁波齐峰（西 藏）
9. 泰山（山 东）
10. 峨眉山（四 川）

评选标准

- ■ 有独特的观赏价值；（0～40分）
- ■ 从地貌形态上要具备该种地貌的典型特征，科学价值较高；（0～20分）
- ■ 相对高度超过1000米，垂直分布的自然带数量和特征突出；（0～20分）
- ■ 有较高的人文价值；（0～10分）
- ■ 没有被人类过度开发。（0～10分）

入围名单
（按首字拼音顺序排列）

长白山（吉 林）
稻城三神山（四 川）
峨眉山（四 川）
冈仁波齐峰（西 藏）
贡嘎山（四 川）
华山（陕 西）
黄山（安 徽）
洛子峰（西 藏）
梅里雪山（云 南）
南迦巴瓦峰（西 藏）
年保玉则（青 海）
乔戈里峰（新 疆）
三奥雪山（四 川）
泰山（山 东）
太白山（陕 西）
乌蒙山（贵 州）
武当山（湖 北）
武夷山（福 建）
希夏邦马峰（西 藏）
雪宝顶（四 川）
玉山（台 湾）
玉龙雪山（云 南）
珠穆朗玛峰（西 藏）

评委介绍
（按姓氏笔画排列）

马丽华　著名作家，中国藏学出版社总编辑
1976年进藏，长期从事西藏题材纪实文学创作，其代表作为《灵魂像风》、《藏东红山脉》、《青藏苍茫》、《走过西藏》等。

王　石　著名登山家，国际登山健将，万科集团董事长
作为登山运动的爱好者，王石于2003年成功登顶珠穆朗玛峰，至今保持着国内登顶珠峰的最年长记录。他又于2004年、2005年先后完成了攀登世界七大洲最高峰和穿越北极的探险，是成功登顶七大洲最高峰的四个华人之一。

吕玲珑　职业摄影师
在漫长的西部探险摄影生涯中，他几乎走遍了西藏、新疆、青海、甘肃以及四川的甘孜、阿坝等地区，积累了大量珍贵的作品和资料，先后出版了《西藏》、《四姑娘山》、《九寨沟》、《稻城》、《南迦巴瓦大峡谷》等画册，在中国摄影界被誉为"西部摄影第一人"。

吴传钧　中科院院士，著名经济地理学家、人文地理学家
他从事经济地理和人文地理研究近60年，曾到过国内31个地区和国外20多个国家进行考察，积极组织国内与国际学术活动、担任中国地理学会理事长和国际地理联合会（IGU）副主席，是我国现代经济地理学与现代人文地理学的学科带头人，也是我国旅游地理学的开创者。

唐邦兴　中国科学探险协会常务理事，著名山地灾害、地质、科学探险家
我国上世纪50年代第一批珠峰科考登山队队员。在1986年中国长江科学考察漂流探险活动中任副总指挥，并多次组织策划大型科考探险活动并担任总指挥，如："1998年中国女子长江源科考漂流探险"，"1999年黄河源立碑"等。参与编著有《中国地貌区划》、《珠峰地区科考报告》、《长江上游河谷地貌》等著作。

杨浪涛　《中国国家地理》编辑

寻找名山的定义

中国的名山有多少？据我们的统计，超过两百座。

那么，名山的标准又是什么呢？环肥燕瘦，每一个时代都有一个时代的审美标准，而关于名山的标准也一直在变。

由于数量的庞大和标准的变动，因而十大名山的评选一开始就充满争议。

五岳的价值

著名作家马丽华认为泰山久已深入人心，超越观感，已成为华夏文化之地标，而深具儒家风范者，首推泰山。

名山的产生都有其特定的时代背景。

古代的帝王们为了"报天之功"，常以雄伟险峻的大山为祥瑞，在峰顶上设坛祭祀，而第一个举行大规模封禅仪式的是秦始皇。

秦始皇亲自祭祀的地方只有泰山一处。到了唐代，封禅活动更加频繁。经过封建帝王的宣扬，五岳（东岳泰山、西岳华山、北岳恒山、中岳嵩山、南岳衡山）的地位得到越来越多的巩固。作为五岳之首，泰山还是我国古代惟一受过皇帝封禅的名山，有72位君王到泰山会诸侯、定大位、刻石记号。在某种程度上，五岳已经成了中国传统名山的代名词。因此，在此次评选中，很多评委都把泰山放在比较重要的地位。

宗教名山的魅力

作为中国著名人文地理学家，吴传钧院士对峨眉山等宗教名山倾注了更多的感情。

在漫长的历史长河中，中国产生了成百上千的宗教名山，而其中的代表是四大佛教名山和四大道教名山。

"天下名山僧占多"，在帝王们忙于加封的时候，僧人也在寻求可以寄身托志之所。佛教最高境界的特点是清净、虚寂，而尤其天地之灵气的崇山峻岭便于达到这样一种境界，于是以峨眉山为代表的佛教名山应运而生。

道家讲致虚、宁静、归根、复命，林海云涛衬其静，莽莽苍苍显其空，选择山林作为修练功课的地方可以远离尘世之喧嚣，于是产生了以武当山为代表的道教名山。

由于宗教名山数量众多，而且将清幽的环境和独特的人文结合得非常完美，因此许多专家在评选中对峨眉山等宗教名山给予了相当多的关注。

西部雪山横空出世

评委们在关注东部传统名山的同时，也把更多的目光投向了中国的西部群山。

陈述彭院士认为十大名山应该更多地考虑喜马拉雅山和天山，因为这里有世界级的高山群和完美的垂直地带谱，那些绵延不绝的壮丽雪山既是现代探险、登山运动的终极目标，也是现代人回归自然、追求个性的绝佳场所。

著名摄影师吕玲珑认为冰清玉洁的神山，值得人类敬畏，登山家王石则认为西部那些气候无常、披着面纱的雪峰对现代人具有无可抗拒的诱惑力。这种审美观反映了我们对大自然的亲近和敬畏，而不是欣赏和把玩，是一种毫无功利地探寻自然和接受来自他乡精神洗礼的热情。

经过专家评议和打分，中国十大名山最新排行榜终于诞生了。这里面既有五岳之尊的泰山，也有宗教名山峨眉山，而黄山以其突出的审美价值跃居前列，更令人耳目一新的是，西部雪山纷纷脱颖而出，在榜上占据了显要位置。

名山的变迁实际反映了主流文化关注范围和重点的转移。在中国古代，庐山、黄山、峨眉山名气也不小，但为何没有进入五岳呢，这是因为泰山、恒山等地靠近华夏祖先最早定居地，更容易进入主流文化的视野，而随着人类活动范围的扩大，西部群山逐渐走出深闺，被越来越多的人关注和接受，成为新的名山，这是一种必然趋势。

以中东部名山为主体的中华传统名山是古典地理学的产物，而包含西部高山、极高山的名山排行榜，就必定只能在现代地理学的推动下才能诞生。

中国最美的十大名山位置示意图

乔戈里峰　　冈仁波齐峰　　南迦巴瓦峰　　贡嘎山　　泰山　　黄山

珠穆朗玛峰　　梅里雪山　　稻城三神山　　峨眉山

南迦巴瓦
云中的天堂

撰文／空山 摄影／税晓洁 等

专家评语

集壮丽与秀美于一身只是一个方面，与绕山而行的雅鲁藏布江所造就的天下第一峡之奇观，令其身价倍增。

——马丽华

　　第一次对南迦巴瓦的印象，源自1998年初涉藏区的惊鸿一瞥。

　　仲夏的藏东南有多美？

　　湛蓝的江水倒映着皑皑的雪峰，晶莹的冰川逶迤在苍翠的原始森林，鲜艳精美的藏寨、俏丽健康的姑娘，牛羊如云的草原、五色绽放的鲜花，一齐不由分说地扑入眼帘，颠覆着每个旅行者被都市生活禁锢已久的审美，冲击着每个游子对天堂的极尽想象。

从雅鲁藏布大峡谷入口看南迦巴瓦。

　　■ 摄影／田捷砚

在色齐拉山上，当我被藏区美景团团包围时，一座座有着赫赫威名的山峦便连绵成了一道荡漾的波浪。白云如潮涌动，在起伏不定的雪山顶上流泻下道道炫目的云影。一阵风不小心吹散了高悬众山之巅的一片云，南迦巴瓦那棱角分明的三角体峰顶，忽然跳脱出了这浓得化不开的绝色之美，夺走我的眼神。

人间会有这样山么？我以为是看到了不小心从云端里微露端倪的仙境。

他已经这样高了，可却袍服华美绿意惹茏；他已经这样高了，可我居然还看不见他隐于旗云深处的清癯面容。

仅是转眼，漫卷的云烟重又遮盖了他，欲再看时，却只见天空流云如帜，云下群山含羞。

藏族向导用无比倾羡的目光看着我说，可以看到南迦巴瓦现身，可见神灵对我是多么的眷顾。

向导的羡慕是发自内心的，因为南迦巴瓦地区终年云海茫茫。上世纪初曾有一些外国探险家经自印度来到这里，希望一睹神山芳容，能拍下一张照片，但整整等了一个月，南峰始终为浓云所掩，只好望山兴叹，抱憾而归。即便是当地人，一年之中可以见他真容的时分也寥寥无几。

藏族人历代都将南迦巴瓦视为通天之路，神灵的居所，以及凡人断然不可打扰的圣地。他们不仅为他取了"雪电如火燃烧"、"直刺蓝天的长矛"这样惊心动魄的名字，还为他虚构了很多不同凡响的身份：受"英雄之神"念青唐古拉娇纵的拥有非凡俊美和英武的爱子，争斗中砍下了亲人头颅的暴虐的兄长，不许他人旁观自己分离痛苦的拥有

极强自尊心的丈夫。

其实想象力同语言一样，对南迦巴瓦来说，多少都会显得贫乏。所以我只能从这些殊途同归的信息中得到一点

南峰所在的雅鲁藏布大峡谷地区地质构造复杂，板块构造运动强烈，造成南峰地区山壁耸立，地震、雪崩不断，其雄险的山体和变幻莫测的气候，给攀登南迦巴瓦峰增加了极大的困难。1984年，中国登山队首次冲击南迦巴瓦峰，但初战失利。1991年，中日两国联合组队，再次挑战南迦巴瓦峰，谁知又遇变故，再度功败垂成。直到1992年10月30日，中日联合登山队第三次发起冲击，终于登顶成功，至今它仍是世界各国登山家向往的目标。

在这里生活着珞巴、门巴等少数民族，他们的生活习惯及宗教信仰皆保留着浓厚的传统色彩，具有独特的民族风情。他们以狩猎为生，豪爽好客，原始淳朴，至今仍然保留着刀耕火种的原始生活方式。图为直白村的儿童。

关于南迦巴瓦的提示：孤傲，勇猛，神秘，不可接近，难以捉摸。

　　藏民们的比喻来源于我们永远无法证实的冥冥中的神迹，可是科学家们对南迦巴瓦的比喻，则为他旷世的传奇更添了浓墨重彩的一笔。

　　地质学家将南迦巴瓦比喻为一根锁定乾坤的神针。

　　青藏高原和喜马拉雅被慨叹为人类拥有的最后一块秘境，更被认为是打开地球之门的"金钥匙"。尤为神奇的是，在喜马拉雅山脉的东西两端，矗立着两座位于神秘地结（巴基斯坦境内的西喜马拉雅构造结和藏东南的东喜马拉雅构造结）之上的山峰：南迦巴瓦峰（海拔7782米）和世界第九高峰南迦帕尔巴特峰（海拔8125米），它们不仅将绵延雄伟的喜马拉雅山脉挂在了青藏高原的南端，而且还将欧亚板块紧紧地钉在了印度板块之上。

　　为什么喜马拉雅的东西端会有两峰如此完美地对称？为什么这两峰偏偏又被两条大河（东端为雅鲁藏布江，西端为印度河）以相同的方式深切和围绕？为什么这两条大河流程几千公里后会交汇在同一海洋（印度洋）？

　　这些，至今仍是未解之谜。

　　我们所知道的，就是有关东边的那根"神针"南迦巴瓦的民间神话。不清楚是不是巧合，在附近地区"门岭之战"的古老传说中，南迦巴瓦正是格萨尔王为拯救苍生启用的我们这个星球的守护神剑。

　　其实，南迦巴瓦自身的奥秘，并不亚于由他而起的这些地理之谜。

　　南迦巴瓦存于这世上已有7亿多年，他是整个喜马拉雅地区最早脱海成陆之地，并当之无愧地位列东喜马拉雅群峰之尊，而他所经历的沧海桑田、斗转星移，更非我们人类目前所知晓的范畴能及。

　　可我们至今仍对南迦巴瓦知之甚少。这不是因为他的绝世风华激不起人类的推崇和敬仰，而是他故意织云雾为幔，置峡谷为屏，设急流为障，有心不让外来的一切事物扰了他亿万年来早已习惯的孤独和寂寞。

　　亲近过南迦巴瓦的探险者都知道，走过了寻访他的那些路，便几乎不再有路堪称一个"险"字。人类第一次登上南迦巴瓦的时间延迟到了1992年，而日本登山名家大西宏在上一次攀登中遇难。

十多年过去了，在登山装备先进到"凡事皆有可能"的今天，却再未有人向南迦巴瓦发起过冲击。

就在看到南迦巴瓦现身的一个月以后，我便亲历了这其中的一部分"路"——穿越雅鲁藏布大峡谷。

专家评语

她的与众不同在于总是藏在云中难以看见，只有心诚的人才能一睹风采。
——王石

这是一条可以从亚马孙的奔放一直领略到喜马拉雅的冷峻的神奇峡谷，几乎将世间所有钟灵毓秀集于一身。人行其中，氤氲的水汽成丝成缕，时而缭绕指尖，时而盘旋头顶，云遮雾绕，宛如梦幻里的仙境。

可是，极致的美，往往与死亡比肩。

自从1950年墨脱大地震以后，从加拉村深入到雅鲁藏布大峡谷的100余公里之内，就成了几乎只有野兽出没的无人区。在密林森森的山脊上，我们只能凭借着一些早已被疯长的灌木树枝重重覆盖的小径前行。

通往乐土的道路永远不会平坦。身体攀的是与直角相去不远的石岩，手中抓的是命悬一线的杂草细枝，脚下守卫神山的雅鲁藏布江，则在奔腾怒吼中密布着一处接一处的险滩，满江如沸水喧哗着蒸腾着，江面数米高的地方，凌空漫舞着惊涛击石后腾起的水雾。

我们的脚步，终于踏上了南迦巴瓦北坡的白马狗熊。

在这个被地震中崩裂滑落冰川夷为平地的峡谷秘境，南迦巴瓦与加拉白垒对峙两岸，如峡谷之门，锁江而立。

风掠过高台上一根根朽坏的经幡，五彩斑斓的地衣厚如绒毯，伏在土中的玛尼石上，有六字箴言依稀可辨。那场地震后

留下的残垣断壁不仅提醒着我们这里曾经是僧侣们修行的秘境，也在提醒我们，南迦巴瓦暴烈的性格，源于他正处于血气方刚的喜马拉雅强烈上升的中心。

喧嚣的雅鲁藏布绕着南迦巴瓦做了一个马蹄形的拐弯后，在斑斓的枝叶簇拥下，南流而去。因为这个奇异的拐弯，印度洋暖湿气流得以顺畅涌入青藏高原，雅鲁藏布大峡谷才因此成为青藏高原最温暖湿润的地区。

举头看南峰，直到脖颈再也无法向后弯曲分毫，目光却只能延伸到围绕在南迦巴瓦腰际的如练白云之上。数条巨大的冰瀑从山腰破云而出，沿着莽莽苍苍的山体向下直潜江底，正如一条条巨大的玉龙奉命离开山顶的神殿，俯身向

南迦巴瓦主峰高耸入云，当地相传天上的众神时常降临其上聚会和煨桑，那高空风造成的旗云就是神仙燃起的桑烟，因此居住在峡谷地区的人们对这座陡峭险峻的山峰有着无比的推崇和敬畏。

■ 摄影/张 涛

着山脚的闯入者悬扑而来，令人陡然心惊，不敢高声。

也许是海洋性气候的多变所致，也许是我们的诚意终于令南迦巴瓦感动，不久之后，笼罩整个山体的厚厚云雾开始了美妙绝伦的变幻。

淡淡的云气从谷底蒸腾而上，轻灵的云瀑从山顶悠然滑落，白缎般的流云环绕着山腰，发着蓝色寒光的如剑雪峰，在云缝中若隐若现。

如同通过了进入天堂之前的最后一道关隘，初始的肃杀之气已然消失，白的是袅袅的云，绿的是翡翠的叶，紫的是如雕的藤，红的是盛绽的花，虽然我仍看不到传说中仙人燃点桑烟的峰顶，可是，一座缥缥缈缈的世外仙山却以毋庸置疑的美呈现在了我的面前。

此后数年间，我曾以不同的角度试图看到南迦巴瓦的真容，但再也未能如愿；我也到过中国西部许多地方，欣赏过很多美丽的雪山，但没有一座能超过南迦巴瓦对我心灵的震撼。

比起珠峰的敦实厚重，我更迷醉于南峰绝壁凌云的峻峭挺拔；比起希夏邦马的荒凉与干燥，我更欣赏南峰的绿意婆娑与冰天雪地的有机融合；比起冈仁波齐的遗世独立，我更眷恋南峰山间那流云百转的灵动和勃勃生机。南迦巴瓦几乎穷尽人们关于山的美好想象，对山的所有特质作出了最完美的诠释。

远眺南迦巴瓦时，他会让浮云遮了你的双眼；近观时，他5000米以上的相对高度几乎不让任何人得偿所愿。他在人间矗立，却极少有人可以和他相见；他在云中深藏，却和我们赖以生存的这个世界骨肉相连，休戚与共。

人类从未停止过向往遥不可及的天堂，而南迦巴瓦正是这样的地方。◎

在南迦巴瓦峰下的密林中穿行的门巴族群众。

从海拔数百米的山脚，到海拔7782米的南迦巴瓦峰顶，沿谷坡依序排列着热带低山常绿半常绿季风雨林、亚热带山地常绿半常绿阔叶林、暖温带中山常绿针叶林、寒温带亚高山常绿针叶林、亚寒带高山灌丛草甸、亚寒带高山冰原和寒带极高山冰雪等生态系统。如此丰富的山地生态系统类型、山地植被类型以及生物群落，全部压缩在这个局促的区域，堪称世界之最，因而被誉为世界山地植被类型的天然博物馆。

■ 摄影/吕玲珑

贡嘎
风停止了脚步

撰文/焦虎三

专家评语

登山者、地质学家的乐园，即使普通的游客，山脚下的海螺沟也是美丽无穷。

——王石

贡嘎山是横断山系的第一高峰，也是世界著名高峰之一，主峰海拔7556米，是四川省的最高峰，被称为"蜀山之王"。从贡嘎山西麓的泉华滩遥望主峰及其周围姊妹峰，皑皑白雪和绿色植被形成一幅绝美的图画。■ 摄影/孙有彬

"贡"在藏语中代表堆积着长年不化的雪，"嘎"是白色的意思，贡嘎意为白色的积雪。在四川康区一带，因贡嘎山地处藏传佛教传统地域划分的米雅绕岗地区，据说当地人也称之为米雅贡嘎。

我们到达贡嘎山三号营地时，天已近黄昏。一行人饥肠辘辘，放下行李后不约而同直接奔向了餐厅。领队的老罗点了一大桌菜。大鱼大肉自不待言，只是在我们横扫饭菜快落幕时，主人端上来一盘别致的菜品，但见圆盘中一层洁白晶莹的鸡蛋白膨松堆积如群山叠伏，上面铺开一个金色的蛋黄，分外好看。店家介绍

说：这便是以贡嘎山最为著名的景观"日照金山"演化而出的同名菜肴。

凌晨天快亮时，我们深一脚浅一脚地来到了观景台，那是一座孤零零的木亭子，在弥漫天地的皑皑白雪中显得分外醒目。极目远眺，冉冉东升的朝阳，在我们对面与贡嘎山主峰相连的数十座山峰上，导演出一幕让人终生难忘的"大片"。

专家评语

蜀山之王不仅是一个称谓，它用身躯调节风雨滋润大地。

——吕玲珑

泉华滩位于贡嘎山西麓，距康定县六巴乡政府20余公里。泉华滩顶部有一喷泉，泉流长达900米，宽约百米，自上而下形成8个泉华滩阶地，每个阶地有2～4个大小不同、形态各异的五色彩池，面积为3～5亩，池水深40～70厘米，如巨龙欲腾似跃，十分壮观，池水清澈透底，彩池石花装点，水草相依相伴，叫人流连忘返。上图为喷泉附近的当地牧民。

■ 摄影/王建军

一丝血红的光从背光云层黑色的裂缝中显现出来，50多座峻峭挺拔的雪峰，如一把把金剑直刺云霄，光亮耀眼。山谷对面成片的松林，在阳光下墨

荷花海面积约500亩，属高山淡水湖泊，四周有草原、森林、雪山相伴，风景如画。

■ 摄影／王建军

荷花海因海中生长有荷花而得名，又名合合海子，它位于康定县普沙绒乡海拔3000多米的苦西绒山谷中，距康定城120公里，地处贡嘎山和伍须海风景区之间。

■ 摄影／孙有彬

绿得格外刺眼，它们像一条条旷古的绿色花环围绕起山地上方高不可测的那一片金黄的雪峰。

这就是贡嘎地区最负盛名的"日照金山"景观。

在贡嘎宁静的时空中，山与天，太阳与云朵旁若无人地挥洒自己在白昼中最初的美丽与辉煌。

空气是幽静的，四周除了快门此起彼伏的响动，了无杂声。刚出门时的那一阵冷风，现在也无影无踪。老罗不知什么时候也跟了上来，拍完几张照，站在我前面竟发起了呆。面对此情此景，我仿佛与1965年登上珠峰顶峰的印度人穆·郭利身处于同一个时间、站在了同一个地方。我从内心发出感叹：这一刻，仿佛连风也停止了脚步！ ◎

珠穆朗玛

心灵的守望

撰文／刘建 摄影／张超音 等

坐在蓉城自家11楼客厅窗户前，看着下面滚滚的车流。在马路对面河边绿地上，几十个妇女和着音乐汗流浃背地跳着扇子舞，一群老人手端茶杯围着一盘棋，蹒跚学步的小孩追逐着撒欢的狗儿，这就是我家窗外黄昏时日复一日的风景。

偶露峥嵘的地球之巅

回头看一眼挂在墙上的那幅34寸的照片，那是清晨雾霭中的珠穆朗玛峰和她脚下的营地。山峰已经被朝霞沐浴出一抹胭红，营地还在熟睡中，静逸安详。

目光辗转于山野尘世间的我没有穿梭时空梦幻般的感觉，一切都实实在在，她们都是美丽而有生命的。城市的美丽不

珠穆朗玛峰位于中国和尼泊尔两国边界，是喜马拉雅山脉的主峰，也是世界第一高峰，被誉为万山之尊、世界第三极。整个山体呈巨型金字塔状，威武雄伟、昂首天外，四周地形极为险峻，登山难度极大。

■ 摄影/杨 桦

会因为嘈杂而逊色，山峰的美丽不会因为孤寂而凄婉。面对"中国最美山峰"的命题，我悄悄带上身旁这最美丽的城市。都说她是一座来了就不想走的城市，因为这座城市的活力和激情，才成就了我的雪山梦，我才有幸零距离拜会了世界上最美的雪山女神：珠穆朗玛。

专家评语

世界知名度最高的山峰，攀登者的圣地，峰顶金字塔造型亦是大自然的鬼斧神工，令人类敬畏、赞叹、折服。

——王石

扑面而来的女神

2003年，当全中国都在抗击"非典"的时候，我正在珠峰海拔5000米以上和8000米以下各营地间上上下下，适应攀登。

单调的生活和极度缺氧的环境并没有扼杀我们对美的追求，几十天伴随她左右，仰视她的美丽，我几乎在每一种气候条件下，每一个能到达的方向，用相机力图留住她的神韵。尽管我没有几张同行认可的作品，但我却乐此不疲。

攀登珠峰是我一直以来的梦想，可当我第一次近距离靠近她的时候还是感到突兀。

车到绒布寺前，刚翻上一个大缓坡，驾驶员轻声说了一句：可以看到了。我们压下头伸长脖子向前望，透过车前的挡风玻璃，一座青黑色的大山扑面而来。雪并不多，山上几条积雪带流畅飘逸。

"峻美"，有队员脱口而出。我说，"美得令人窒息"。大家笑了，说一定是高原反应严重了。

从这一刻起，我的注意力就一直没有离开过她。不等在大本营安顿下来，照相机的脚架就架起来了，谋杀了一个胶卷后听教练介绍："珠峰是坐着的，右手护着长征峰、建设峰和章子峰，左手搭着光明峰，她的裙子一直飘到我们面前，看，这就是中绒布冰川，我们的登山路线是……"这时我才顺着他手指的方向试着想了解攀登路线，看了一阵还是茫然，只好拿起相机继续拍照，我自己称之为搞创作。

接下来的日子，我几乎是一直在攀登中搞创作，或者说是在创作中攀登，即使是在最危险的路段，我依然被她所吸引。

美丽旗云温柔的刀

珠峰景观最有名的要数旗云。

墨蓝的天幕做背景，无际的苍穹没有一丝云彩，朝霞映在珠峰顶三分之一以上地带，这是摄影作品中常有的"日照金山"，而珠峰在这样的画面中，惟独多了一条在峰顶拉出的细长白丝带。因为很像旗帜，一直以来都被称作"旗云"。

从北坡大本营遥望珠峰

■ 摄影/张　涛

雾中的珠峰

　　每每远看旗云，她都悄无声息地挂在珠峰上，留给人们一个静逸美丽的印象，其实这正是女神震怒的时候：没有哪个登山高手胆敢在这个时候去亲近她，要是半路遭遇，只有撤退，要不就被她永远留在山上。

　　记得有一次向海拔7790米做适应性攀登，一路上，风渐渐变得狂暴，路线绳被高高吹起，在空中划出一道弧线，积雪被吹起，雪粒横打在脸上感觉像刀割。当攀登到7540米的时候，人已经站立不稳，转头看一眼：顶峰出现了旗云。

　　指挥部命令立即下撤，狂风就这样以摧枯拉朽之势彻底阻止了我们的步伐。

　　这天帐篷被风撕裂，存放在里面的氧气瓶和装备被吹得无影无踪。不知为什么，这一天我没有任何恐惧，反而很兴奋：队伍在暴风雪中挣扎前进，旗云优雅地挂在顶峰，这场面是何等的壮观！

　　我喜欢这种强烈的对比。

　　雾里看花是一种意境，晨雾和暮霭中的珠峰也有一种意境，而身在云雾中零距离抚摩峰顶就完全是另一种感觉。

　　5月22日下午2点15分，当我终于站在了珠穆朗玛顶峰时，四周被云雾包围，要不是峰顶那长长的彩色经幡和一群欢呼雀跃的登顶队员，真不敢相信自己终于登上了世界之巅。

　　站在那里没有一览众山小的豪情，反而有一种委屈，有一份伤感。看取景器的眼睛变得模糊，因为有泪在滚动，这是什么样的一种心境，永远无法表达。"为什么登山？"，"为什么要登珠峰？"至今我仍然无法回答。

　　只有一点是真切的，在顶峰脱下手套，能触摸到世界之巅的云雾。有些冷，有些湿，有点凄美。

上图为珠穆朗玛峰北坡下的绒布寺。

珠穆朗玛峰海拔8844.43米，北坡在中国西藏定日县境内，南坡在尼泊尔王国境内。在它周围20公里的范围内，群峰林立，山峦叠嶂，仅海拔在7000米以上的高峰就有40多座，较著名的有南面3公里处的洛子峰（世界第四高峰）、东南面是马卡鲁峰（世界第五高峰）。在这些巨峰的外围，还有一些世界一流的高峰遥遥相望：东南方向有世界第三高峰干城章嘉峰（海拔8586米）；西面有海拔7998米的格重康峰、8201米的卓奥友峰和8027米的希夏邦马峰。形成了群峰来朝，峰头汹涌的壮阔场面。（下）

■ 摄影／杨桦

珠峰的美丽源于心的守望

回到都市，回到舒适的家里，坐在足以安全包裹整个身躯的沙发上，或与几位"摄友"煞有介事地评判自己以前的摄影作品时，珠峰要不无一当选，要不已经有前辈的作品早已成为纪念碑式的作品，使之无法超越。

如果从"形"的角度审视自己珠峰的作品，再看看过去拍过的贡嘎山、梅里雪山、唐古拉山，甚至北美的麦金利，我总有一种找不着北的感觉。

说雄壮，她不如贡嘎，从森林中拔地而起，直插苍穹；说磅礴，她不如麦金利，冰雪排山倒海，气势恢宏；说变幻，她不如梅里，犹抱琵琶半遮面，欲语还羞。

然而，当我坐在窗前，坐在那幅34寸的珠峰照片前的时候，我才体会到她的美丽是无与伦比的。原来，就像身旁这座城市，只有用心去体会，才能真正解读她的美丽。

世界上有数不清的雪山，又有数不清的雪山被爱她、敬她、怕她的人们赋予特定的神灵；有意思的是，几乎所有雪山附近的人们都认为自己守着的那座雪山是最美丽、最神圣的。

珠穆朗玛的美丽对于我，是因为她已经融进我的骨髓，她之所以最美也源于我心的守望。●

从18、19世纪开始，便陆续有一些国家探险家、登山队前往珠峰探测奥秘，20世纪20年代至30年代，外国登山队曾7次想从珠穆朗玛峰北坡登顶，均以失败告终。1960年，中国登山队首次从北坡登上峰顶。时至今日，它仍是无数登山爱好者梦寐以求的目标。（右）

■ 摄影／warren morgan/c

4 梅里
雪神的仪仗队

梅里雪山缅茨姆峰

■摄影/石 明

专家评语

冰清玉洁的神山，值得人类敬畏。　——吕玲珑

常年云雾缭绕，我专程还是路过（不下十次），难睹其尊容。一次例外，云雾似幕布拉开，只是持续没有五秒钟又合上了。这座披着面纱山峰的气候无常、雪崩冰裂恰是诱惑我们亲近的原因？
　　　　　　　　　　　　　　　　——王石

梅里雪山位于云南迪庆藏族自治州德钦县和西藏的察隅县交界处，地处横断山脉中金沙江、澜沧江、怒江三江并流之腹地。

梅里雪山是藏传佛教的朝觐圣地，立列藏区八大神山之首。它北连西藏阿冬格尼山，南与碧罗雪山相接，冰峰接重，雪峦横亘，其主峰卡瓦格博海拔6740米，为云南省第一高峰。

在当地藏民的心中，卡瓦格博峰是他们保护神的居住地。人类一旦登上峰顶，神便会离开他们而去。缺少了神的右护，灾难将会降临。在飞来寺中供奉有卡瓦格博的妻子缅茨姆，是一位骑着矛鹿的俏丽的女性。事实上，无论是缅茨姆，还是卡瓦格博，梅里雪山的13座高峰都具有一种夺人心魄的壮美。

梅里雪山季节分明，从上至下呈现出多个由热带向北寒带过渡的植物分布带普。雪线以上雪峰峻峭，云雾缭绕；雪线以下莽莽苍苍，鲜花盛开，姹紫嫣红。

梅里雪山冰川分布广泛，发育有世界上罕有的低纬度、高海拔季风海洋性现代冰川。它们沿山谷蜿蜒而下，冰舌一直延伸至2700米的森林地带，离澜沧江面仅800多米，冰川周边自然原生态保存良好，代表了澜沧江干热河谷典型的多样性自然地理特征。

横断山脉复杂的地质构造和低纬度雪山瞬息万变的气候，使梅里雪山潜藏着致命的危险；山区剧烈的冰川运动，

梅里雪山主峰卡瓦格博在藏语中意为"雪山之神"，在它的周围，13座山峰一字排开，宛如雪神的仪仗队。

■ 摄影/石明

更加剧了对山体的切割，造就了令所有登山家闻之色变的悬冰川、暗冰缝、冰崩和雪崩。1991年中日登山队在联合攀登时遭遇雪崩，17人全部遇难。至今，梅里雪山仍是万众瞩目、无人染指的处女峰。◐

每年秋末冬初，西藏、四川、青海、甘肃的一批批香客，千里迢迢赶来朝拜。他们围着神山礼拜，少则7天，多则半月，这在当地被称为"转经"。若逢藏历羊年，转经者更是增至百十倍，其匍匐登山的场面，令人叹为观止。图为梅里雪山下的宗教活动场面。

■ 摄影/石明

5

黄山
上帝的盆景

黄山云海不仅本身是一种独特的自然景观，而且还丰富了山水风景的神采。黄山的奇峰、怪石只有依赖飘忽不定的云雾的烘托，才显得扑朔迷离，怪石愈怪，奇峰更奇，使它们增添诱人的魅力。

■ 摄影/武建国

专家评语

假如黄山不能跻身于十大美山之列，岂不辜负了古今美名，也贬低了国人的审美眼光。

——马丽华

以"奇"闻名天下的黄山位于安徽省南部，是皖南山地的中枢山脉，也是长江水系和钱塘江水系的分水岭。

黄山古称黟山，因传说中轩辕黄帝在此羽化升天而改名并沿用至今。黄山方圆250平方公里，山体奇伟，危崖突兀，幽壑纵横，堪称集奇异深邃、雄伟险峻和神秘莫测于一身。

黄山有名可数的72峰，或崔嵬雄浑，或峻峭秀丽，布局错落有致，天然巧成。天都峰、莲花峰、光明顶高耸于山区中部，鼎足而立，海拔高度皆在1800米以上。黄山景区以此为中心向四周铺展，或跌落为深壑幽谷，或隆起成峰峦峭壁，呈现出典型的峰林地貌。

黄山有四绝：无石不松，无松不奇，美不胜收；重峦叠嶂，奇峰异石，如雕如塑；云飞雾走，五海相连，波澜壮阔；灵泉奔涌，久旱不涸，甘美清澈。除此之外，黄山还兼得日出、晚霞、华彩、佛光、雾凇等时令景观，穷尽天工造物的神奇。

历代游客均盛赞"天下名景集黄山"，谓泰岱的雄伟、华山的峻峭、衡岳的烟云、匡庐的飞瀑、雁荡的怪石、峨眉的清凉，黄山均兼而有之。明代地理学家徐霞客也在黄山留下了"五岳归来不看山，黄山归来不看岳"的千古名句。 ◐

6

稲城三神山
香格里拉的地标

专家评语

其实是以一个团队的阵容前来参与争锋的：仙乃日、央迈勇、夏诺多吉分别为藏传佛教三怙主观音、文殊、金刚手之化身，三座山峰鼎足而立，雄奇美艳与知名度之低反差巨大。此番如果落选，未来国人定会顿足感叹前人短见。

——马丽华

在青藏高原南缘、横断山脉东侧的莽莽群山之中，有三座呈"品"字形的雪山格外醒目，它们，就是稲城三神山——仙乃日、央迈勇和夏诺多吉。

位于四川省西南边缘的稲城，古名"稲坝"，藏语意为山谷沟口开阔之地。稲城高原由横断山系的贡嘎岭和海子山组成，两大山脉坐落南北，几乎占去了稲城面积的三分之一。稲城三神山，便在这重峦叠嶂、逶迤苍苍的群山之间鼎立而峙，脱颖而出。

三神山合称"念青贡嘎日松贡布"，自古就是藏传佛教中的圣地。

央迈勇和仙乃日

■ 摄影／吕玲珑

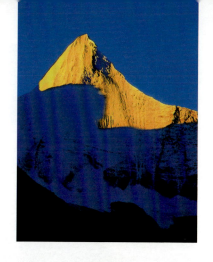

央迈勇拥有金字塔般的山峰，约瑟夫·洛克曾赞叹她是世界上最美的雪山。

■ 摄影/李 丹

神山中海拔6032米的主峰仙乃日为稻城第一高峰，是传说中观世音菩萨的化身，山体平缓如大佛安坐，雍容典雅；海拔5958米的南峰央迈勇意为文殊菩萨，端庄娴静，冰清玉洁；海拔5958米的东峰夏诺多吉意为金刚手菩萨，如刚烈少年，英挺俊俏。

在三雪峰上千平方公里的范围内，众星捧月般耸立着数十座角峰，在当地藏民心中，它们分别代表了佛教中的众神，并各司其职护佑着"终年积雪不化的三座护法神山圣地"。

一尘不染的神山脚下环绕着宽阔的草场，纵横交错的溪流缓缓流入色彩斑斓的海子，另有森林、灌丛、冰谷以及冰雪消融形成的瀑布，景色奇美，千百年来岁月无声无息地流淌着，这处旷世秘境无人知晓。

1928年，美籍植物学家洛克在向贡嘎岭山区进发时，"云层骤开，显现出雪光电闪的守护者的真面目—— 一座裁剪过的金字塔。"误闯入圣地的他在这里发出了一声惊为天人的呼喊，由此敲开了"上帝留存的花园"之门。

此后多年，在希尔顿小说《消失的地平线》中，这片凝聚了人类终极幻想的理想国，一时间以"香格里拉"这样一个美妙的名称，成为许多饱受世俗生活困扰的人们所追寻的乐土，并掀起了一阵久兴不衰的回归自然的浪潮。○

夏诺多吉在"三怙主雪山"中位列第三，在佛教中是除暴安良的神，他勇猛刚烈，神采奕奕，胯下围着斑斓的虎皮，腰间绕着凶恶的大蟒，洛克先生把他形容为展开巨翅蓄势待飞的蝙蝠，将他比喻成希腊神话中的雷神，神山的左边绿色大理石山头为布鲁财神，右下方为马头金刚，马头金刚下方为极具黄山神韵的"丹霞"地貌景观。

■ 摄影/吕玲珑

五色海位于仙乃日与央迈勇之间，海拔4800米，其藏语名为"单增错"，是藏区著名的圣湖。湖面呈椭圆形，面积约0.7公顷，雪山倒映湖面，在光的折射下，产生五种不同颜色，呈现出奇幻的色彩。

■ 摄影/吕玲珑

乔戈里
遥远的秘境

撰文／赵　牧　摄影／Galen Rowell／c

专家评语

只知其一不知其二，却不适合乔戈里峰，她是世界14座8000米以上山峰攀登难度最高的。

——王石

应该如何定义"最美丽"的山峰呢？

同样喜欢山的王灏铮（《危险的脚步》一书作者）说："让我感觉安全（可靠）的山峰最美丽。"

以此标准衡量，即使全世界的山峰都入选了，凶险的乔戈里（K2）恐怕也不能成为"最美丽"的，现在我却要用"最美丽"的眼光打量它。

其实早该这样了。乔戈里虽然坐落在中巴边境，但中国人第一次迫近观测这座绝对雄性的山峰，比英国人奥斯汀晚了近140年。

2000年底好莱坞大片《垂直极限》（以K2为背景的登山灾难片）登陆中国。就在这年夏天，以西藏登山队队长桑珠带队的海峡两岸登山家联手第一次

高山协作运送登山物资

尝试攀登了乔戈里，这比人类1954年第一次攀登此峰晚了46年。中国人来得确实太晚，在此之前甚至找不到几张中国人拍摄的清晰像样的乔戈里图片。

乔戈里是塔吉克语的音译，意思是"高大雄伟"。在国际上，它有个更流行的名字：K2。人类对喀喇昆仑山脉进行考察过程中，乔戈里是第二个被考察的对象，K则是喀喇昆仑的英文头一个字母，K2的名称由此而来。

就像珠穆朗玛曾离我们无比遥远一样，直到今天乔戈里仍显得很遥远。

乔戈里坐落在喀喇昆仑山脉中段，它的南坡是巴基斯坦，北坡是新疆维吾尔自治区塔什库尔干塔吉克自治县。

受山区气候条件的限制，大多数攀登队伍一旦进入乔戈里峰大本营，一般都得待上两个月，长期的待机加上寒冷的天气，食品和燃料供应经常显得紧张。为了保障后勤供应，许多队伍不得不囤积大量登山物资。

"去乔戈里很麻烦"。攀登8千米以上的高山，汽车能不能到达大本营，差别太大了。汽车不能到达大本营，不但登山物资补给极为困难，而且使有效的高山救援体系的建立几乎不可能。

次落（中国第一个登上珠峰的在校大学生，现为国家登山队教练）说：2000年6月，我们从北京乘飞机到乌鲁木齐，然后转机去南疆喀什，到喀什后再坐车去叶城，翻越伊力克达坂到一个叫红柳滩的地方后，就要徒步了。从叶城的红柳滩到K2大本营要徒步五六天，大约90多公里吧。从北坡攀登K2，登山物资需要从叶城雇骆驼运送到大本营，我们雇了大概80头骆驼，春夏之交的骆驼可以负重200公斤，比西藏牦牛负重能力强，但骆驼的味道太刺鼻了。

边巴扎西是西藏攀登世界14座8000米以上高峰探险队的猛将，关于K2的初次体验，他曾笑眯眯地说：徒步到大本营，要涉水越过好多条河流。有四五条

河很宽，水很急、很深。我回来时掉进旋涡差点被淹死。

"下次打死也不从北坡登K2了。"旱鸭子边巴扎西在笑，但拒绝北坡的口气相当坚决。

攀登K2要在雨季到来、河水暴涨前进山，等攀登结束时河水差不多就退去了。但即使没有暴涨的河水也够让他们头痛了。

登山队在叶城的伊力克买了30多只羊，这里的羊比西藏便宜（200元左右一只），他们要把这些羊赶到大本营圈养起来，一天杀一只，这样就天天有鲜肉吃了。

但藏族队员有个惊奇的发现：西藏的羊往哪赶就去哪，这里的羊则四处乱窜，遇河不走，遇桥不过，甚至是很浅很窄的小河也死活不动，要一只只抱过去！

5天的徒步行军，这几十只羊把队员们忙乎得够呛。对次落、扎西次仁、边巴顿珠这些小字辈来说，还有个更可怕——挑选要被宰的羊。

"我和尼玛老师的几个学生，每天都要围着羊圈痛苦地转悠，为狠不下心发愁。那次登K2，真的好郁闷。"次落回忆说。

但让次落更郁闷的还是乔戈里的险峻山势和反复无常的气候。

登乔戈里峰主要有6条山脊，西北—东南山脊为喀喇昆仑山脉主脊线，也是中巴两国分界线。另外五条是北山脊、西山脊、西北山脊、西南山脊。中国队这次走的是北山脊，他们要面对险恶的挑战：从喀喇昆仑山脉的北侧攀登，比南侧困难得多，乔戈里更是如此。

首先是如同刀削斧劈、平均坡度达45°以上的险峻山势，沿途陡峭的坡壁上布满了雪崩溜槽。从北侧大本营到顶

险峻的地形和变化无常的气候，使登顶死亡率高达30％，所以登山者给它起名为"野蛮巨峰"。

峰，垂直高差达4700米，这是世界上8000米以上高峰中，垂直高差最大的。由于山势过于陡峭，使得寻找安全的高山营地极为困难。如果在一条线路上攀登的队伍过多，后来者就可能面临因为无法建立必要的中间营地而不得不"长途奔袭"，这使得风险大大增加。

比险峻山势更严酷的是喀喇昆仑的恶劣气候。每年5月至9月，几十年来到这里的没有哪个幸运儿遇到过连续一周的晴天，虽然这已经是最适合攀登的季节了。

2000年的K2之行，桑珠队长带了30多个人，其中有名声赫赫的西藏队主力次仁多吉、边巴、加布、罗泽、阿克布等。中国队的到达，像喜讯般地迅速传开。各国登山队的队员纷纷前来探望，像是看望外星人似的。

乔戈里四周高峰密布，在它东侧是8051米的布洛阿特峰，依次还有8080米的加舒尔布鲁木 I 峰，8028米的加舒尔布鲁木 II 峰这3座8000米级的极高峰，而7000米以上的山峰超过20座，登山资源非常丰富。

次落说，想不到西藏队攀登14座8000米探险队的主力那时在国际登山界的威名已经如此远扬。我们到达后，已经有五支外国登山队到达了，他们几乎个个惟我们马首是瞻，我们在ABC营地不动，所有的外国登山队都不动；我们一出发，其他队伍就会跟上来。不过，千万不要因此误会了那些敢到乔戈里攀登的外国登山家们。

2003年，中国民间的登山高手陈骏池在登珠峰前，曾"忙里偷闲"在春节的时候去了一次乔戈里北坡拜会波兰队的朋友。到了大本营波兰队派人从前进

营地下来接他。那个来接他的波兰登山家自我介绍说，他是波兰队里实力最差的，这几天身体不好所以才被派下来迎接客人。那人说罢，从陈峻池的肩头接过有20公斤重的大背包，在海拔4700多米的高原上大步流星向上走。陈快步跟着，空身都觉得跟不上，所以陈峻池还以为这个自称实力最差的波兰人是谦虚呢，但到了前进营地，看到其他波兰人的表现，才相信此人在波兰队中确实属于体力最弱的了。

陈峻池说起这故事就大笑。他说，波兰队队员的超强体能与西藏队精英相比，一点也不逊色，而在攀登技术方面则可能更细腻些。

外国登山家们的谨慎加深了西藏队队员对K2的认识。那时中国人虽然早就知道乔戈里的凶悍，但究竟如何凶悍却还没有真切的感知。在他们第一次到达K2脚下时，这个被称为"最没回报的"山峰已经留下了这样血淋淋的数字：自1954年以来，只有164人登顶，却有49人死亡，在8000米以上的山峰中，死亡率排名前三。

大本营的羊，一天天在减少。

2000年，连续下了20多天大雪之后，中国队K2的处女爬，只到了7600米左右的高度就不得不宣布攀登失败。台湾登山者也白忙乎了一场，他们不远万里运来的微波电视实况转播设备，几乎就没用上。

中国人告别了K2，《垂直极限》却在这年隆重上演了。这部以K2为背景的电影拍得美妙绝伦惊心动魄，但它的"误导"作用太大了。

20世纪90年代以后，商业登山在全球都得到了飞速发展。毫不夸张地说，如果你有足够的时间和金钱，那么哪怕你是一盲人或独腿人，都可能有商业探险组织愿意尝试努力把你送到世界最高峰珠峰的顶上。

但喀喇昆仑不是喜马拉雅，乔戈里也不是珠峰，这座伟大的山峰只属于第一流的职业登山家。在这里，不会有商业登山组织为你提供服务，即使是第一流的登山家也会以特别苛刻的眼光挑选攀登的伙伴。1982年，一支日本K2队的

乔戈里峰山势陡峭，地形险恶，是世界著名的高难度攀登山峰，也是14座8000米高峰中攀登难度最大的。

由于特殊的地形地貌，从前进营地到顶峰，全部要拉绳索。有的地方坡度达到80度甚至85度，队员在攀登中几乎没有休息的地方。

攀登队长在组队时甚至有过这样冷峻的表示：大家都是职业登山家，知道在K2八千米高度一旦遭遇麻烦，绝无可能得到救助的，如果没有自信和没有决心面对可能出现的麻烦，就不要去了！

这就是乔戈里！在第一流登山家眼里，因为无比险峻而令他们神往的最美的山峰。这也是继20世纪喜玛拉雅攀登热潮之后，职业攀登的中心转向喀喇昆仑山脉中心的原因。

2000年的中国队以失败告别了K2；2002年，强大的中国西藏登山队重返乔戈里在达到8400米高度眼看登顶在望的时候，因突然的狂暴风雪再次失败；2004年7月27日，西藏队的七名勇士第三次攀登乔戈里，终于成功登顶。

杰出的藏族登山家仁那（2005年5月27日，仁那在攀登最后一座8000米山峰加舒尔布鲁木I峰的途中因遭滚石袭击遇难）曾说，第三次攀登K2时，他甚至抱定了这样的决心：不成功便成仁。

这就是伟大的乔戈里在世界第一流的登山家眼里的分量。 ◐

冈仁波齐
众神的居所

8

专家评语

峰形独特，遗世独立，突兀之美令人怦然心动；一座多民族、多宗教、跨地域共同信仰的神山，从古远年代起就被印度史诗《吠陀》讴歌，迄今我仍是它的激赏者和赞美者。

——马丽华

独特的位置，四条国际大河的源头，它成为多种宗教的圣山是很自然的事情。 ——王石

冈仁波齐峰的腰部是较大的淡红色平台，平台边缘被冰雪侵蚀，风化严重，呈犬牙状，平台上有一圈凹进去的沟槽。峰顶终年积雪，威凛万峰之上，极具视觉和心灵震撼力。

■ 摄影/张涛

冈仁波齐峰下的拉曲河谷

■ 摄影/杨桦

横贯在西藏南部的冈底斯山脉，峭壁千仞、冰川纵横，气势磅礴。其主峰冈仁波齐位于西藏阿里地区普兰县境内，它既是世界公认的神山，同时也被印度教、藏传佛教、西藏原生宗教苯教以及古耆那教认作为世界的中心。

海拔6638米的冈仁波齐是亚洲四大河流的发源地，雪峰附近发育了狮泉河、马泉河、象泉河和孔雀河，它们分别是印度河、雅鲁藏布江(布拉马普特拉河)、萨特累季河和恒河的上源。洁白晶莹的雪峰与藏族人称为“圣母之山”的纳木那尼峰遥遥相望，两峰之间，安睡着美丽圣洁的圣湖——玛旁雍错和变幻莫测的鬼湖——拉昂错。

冈仁波齐由数千米厚的普通砾石、卵石、砂和软硬相间的砾岩组成，由于岩层性质不同，又受到不同方向的构造变动，加上自然界长期风化作用，形成了今日外貌奇特的“神山”。在峰峦起伏的群山之中，冈仁波齐凌空直耸云霄，峰顶被皑皑冰雪覆盖，与朵朵白云浑然一体；经过长期风化作用而形成的天然台阶纵贯峰体中央，好像通往云端的悬梯，两侧悬崖绝壁，使整个峰体显得更庄严雄伟，堪称天成的神殿。

冈仁波齐周围共有5座寺庙，年日寺为转山第一站，以后依次为止拉浦寺、松楚寺、江扎寺和赛龙寺。几个世纪以来，冈仁波齐一直是朝圣者和探险家心目中的神往之地，但是至今还没有人能够登上这座神山，胆敢触犯这世界的中心。

泰山
华夏的图腾

撰文/杜 鸿 摄影/薛 尧

泰山天街

专家评语

山不在高，在于文化积淀的厚重；泰山久已参与社会，深入人心，超越观感，成为中华民族及其文化之地标。深具儒家风范者，首推泰山。

——马丽华

一晃，第二次登泰山过去五六年了。那些峰峦楼台，那些雕栏石刻，全如烟尘一般，落入记忆成了水墨般的洇染。

因为有女友同行，重游泰山就变得生动了许多。即使是起点岱宗坊，也显得格外别致。

造化钟神秀，五岳岱独尊。登上岱宗坊的石阶，壁立的泰山便映入眼帘，那种五岳独尊的气势让人为之一震，感觉到它身上的每块石头、每座牌坊、每棵树木背后，都隐藏了历史和人文精灵，覆盖着一种飓风似的文化喧嚣。

泰山谓"五岳之宗"，源于一则神话。在神话传说中，再也没有比盘古的头更厚重的文化事象了。可是，正是这位元始尊神的头，与泰山紧紧关联在一起。传说盘古死后，头部化作东岳，泰山从而成为五岳之首。

在我认为，如果仅仅依靠神话力量，即使符号的分量再重，也逃不脱一种虚妄感。因此，我认为，泰山称霸五岳，独领名山风骚，靠的是其无可争议的实力。

众人皆知，泰山的人文与自然融合得最完美最和谐；泰山自古就为国人所崇拜，被视为社稷稳定、民族团结的象征，中华民族一直有"泰山安，四海皆安"的说法；泰山还是我国古代惟一受过皇帝封禅的名山，有72位君王到泰山会诸侯、定大位、刻石记号；文人墨客更是纷纷前去朝山览圣，赋诗留言，留下了20余处古建筑群，2200余处碑碣石刻，从而使泰山成为"天下第一"，并一直成为艺术家和学者的精神源泉。

泰山的全景，应该说始于中天门。站在这儿北望，整个泰山森严壁垒，云梯高悬，犹如一幅浓淡相宜的大水墨。不知不觉，便到了乾隆题"岱宗最佳处"的松林。石阶隐在树林下面。阶边长满了青苔，石头和青苔都呈黝黑色，一眼望去，就知道上面落满了尘垢般的岁月。石阶上面，还有一些山泉在轻润着。

到了升仙坊，一抬头，十八盘竟然像一架天梯悬挂在翔凤岭和飞龙岩两峰之间，它飘荡在空中，突然就将我们震住了。在那陡悬的石阶上，每一步都感觉到是自己抓着自己在往上提，最后，我们几乎用手抓着石阶攀上天街的。

天街还真是天街。一到这里，浓雾突然间全部退尽了，游人似从天宇中钻出来一般，在天街上悠游。我们没有停留，走过帝王拜山的登封台，再走过孔子"登泰山而小天下"的碣石，临近碧霞祠时，阳光被轻风吹了出来，落满了天街。俯瞰泰山脚下，一切成了"小天下"，一切一目了然，田园人家，河流

泰山有3个十八盘之说。自开山至龙门为"慢十八"，再至升仙坊为"不紧不慢又十八"，又至南天门为"紧十八"，共计1630余阶。

节、颜色、方位结合起来辨别吉凶。泰山位于东方，属春，为青帝化身。东方是万物孕育之所，一年四季由春始万物复苏生长，春之初则为泰，泰山自然成了降吉赐福之地。因此，古人也一直相信，泰山是神仙府地，是神秘仙境，是古代中国文明和信仰的象征。 ◖

山峦，如过滤后的凡尘，整个一个桃源之境。

走过碧霞祠，岱顶大观峰摩崖石刻壁挂在眼前。泰山刻石主要分布在岱庙和盘道两旁，可谓"中国历代书法艺术展览馆"。大观峰是泰山石刻最集中的地方，历代石刻琳琅满目，"天高与山齐"、"只有天在上"、"登峰造极"、"壁立成仞"之类，单不说在书法上精妙无比，仅就这些词语的豪放之气，就让人感觉到了泰山的压顶之势。

站在泰山极顶之上，雾更浓了，整个泰山再次成了雾海。回首来路，雾海之中，泰山的山、水、树、庙，一切的一切在脚下明明灭灭，草蛇灰线。

看着雾里的泰山，我心潮起伏。人们纷至沓来，根本就在于泰山独尊天下的高贵。我国古代的"五行说"，把季

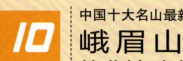

峨眉山
从盆地升向天庭

撰文/牛黄　摄影/田捷砚 等

舍身崖由数个绝壁、多个平台、众多沟壑构成，从崖脚至山顶，相对高差2000多米，形成了峭峰绝壁、直上云天的雄伟山势。

专家评语

儒、释、道三教并存共处，相依相存。

——王石

夏日的傍晚，我又一次来到了峨眉山。

因在成都时的燥热与琐事纠缠，很想找个清净的地方，散几天心。其实潜意识里，是早已把这里当作了清心涤肺的神圣之地；况且峨眉山又兼具了秀绝天下的自然风光和名满佛门的梵林气场，既清心又凉身，也许这，才是我的双重目的。

把车开到报国寺的红墙外，两边高大黝黑的树木遮天蔽日，把盛夏的热浪阻挡在外，心中已然清凉。

报国寺是峨眉山的大门，由明光道人初建，原名会宗堂，取儒、释、道三教会宗之意，实在是峨眉山包容天下的典型象征。站在金钟与法鼓的中间，我惊讶于这大气的庙宇，儒、释、道三教都能把秀绝天下的峨眉山当作自己共同的精神高地，且能融为一体，让人不得不感慨峨眉山的"大"了。

以怎样的方式上山，最终将决定你会看到怎样的峨眉山。

对古人而言，登山的方式是没有选择的，任何名山大川，都得自己一步一步踏上去。唐太宗即使身为一国之君，也得费上几天的脚力登到金顶去，方可吟出"还似成都望，直到峨眉前"的传世诗句。而如今，游客可以选择坐缆车、开车，还有步行。

一到山门，便看见许多虔诚的香客，手持竹杖脚踏芒鞋三五结伴上山朝拜，在他们看来，这种世俗的选择是无谓的。既然来到仙山胜迹，那就要老老实实一路烧香礼佛。

我们决定开车到万年寺，从半山腰

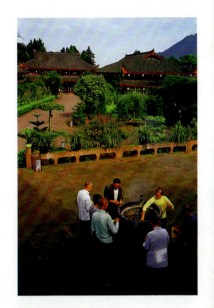

万年寺是峨眉山八大寺庙之一，创建于晋，称普贤寺，唐时改名白水寺，宋时为白水普贤寺，其珍藏着贝叶经、佛牙和御印三件文物，被佛教界尊为"峨眉山佛门三宝"。

■ 摄影/张涛

正式进山。万年寺最值得一书的就是普贤菩萨骑六牙白象铜铸像，这个国宝级的珍品出现在你面前时，无法不让人心怀敬意。实际上，正是因为万年寺率先供奉普贤，峨眉山上的多数寺庙才相继供奉普贤，峨眉山也由此得成"普贤道场"之称。

看着陆续进来的香客与旅游者，我已无法弄清自己的身份：是游人，还是香客？

从万年寺一路走到清音阁，宛如进入了一方空灵的天地。两边的溪水清脆地泻下，两架飞跨的小桥连接着这个交会处。这山是如此之大，就这其中的一段，也包罗了万般事物。鸟鸣，风吹，

峨眉山位于四川盆地西南，距峨眉山市7公里。山体南北延伸，绵延23公里，面积约115平方公里。山坡西缓东陡，东坡为逆向坡，另有断层崖，山势险峻。主峰万佛顶海拔3099米，高出东麓平原2600米。

泉涌，叶落，它们的美如此简单，简单得让我们无法言喻。

清音阁原是取晋人左思《招隐诗》里"何必丝与竹，山水有清音"之意。就在这个空间里，高山流水、空谷幽岚都是它的形容词。这般水声玲珑天地清朗的世界，又何必架一具形式主义的古琴轻拨慢奏呢！

其实只要在峨眉山里，无时无刻

为"天下第一山"。这个第一，就在于它自然景观和文化遗存的极端丰富。

舍身崖下是厚重的云海，最远处，缕缕霞光变幻着颜色透出来，一轮彤红的太阳冲了出来，撕破了暧昧的云团，云海很快变成了深蓝色，尔后随着太阳的升起，厚重的感觉逐渐消失，云海还原成了真正的云。

这个过程其实每天都在重复，但我还是忍不住为它叫好起来。对每一个看到金顶日出的人来说，它一定是最美的。谁说太阳底下没有新鲜事呢？就是日出这件事，每天都是新鲜的。

金顶对于峨眉山的意义，就如同圆满光明的结局对故事的意义一样。峨眉山此刻如同一个宽厚的老人，容纳下了所有的东西。一株杜鹃，一群猴子，一帮游客，他们在山中都可以自得其乐。

再次考虑关于上山路线与方式的问题，我突然发现了自己先前的错误。其实，不论以任何形式上山，看到的始终是大美至哉的峨眉山！

所谓仁者乐山，也是在这般景象下才能产生的语言吧！

都会浸染着那融和的气氛，自然与人工都可以达到壮阔的境地，二者又如此不分，欣赏这美便有了多重的视角。

登临金顶，眼见这一大片平地，仿佛是飞来的巨石，硬生生地嵌在山顶上。3000米的海拔，高得刚刚合适。在山脚时，我们还穿着短袖，此刻已经把防寒服裹了起来；它就这样穿云越雾，揽冬入夏，一并收纳。难怪它也意欲成

青海湖水浪打浪，在广袤的青藏高原上，青海湖演绎着海的故事。

■ 摄影／葛玉修

China's Five Most
Beautiful Lakes

中国国家地理推出

中国最美的五大湖

排行榜

1. 青海湖（青海）
2. 喀纳斯湖（新疆）
3. 纳木错（西藏）
4. 长白山天池（吉林）
5. 西湖（浙江）

选美中国

入围名单
（按首字拼音顺序排列）

巴松湖（西藏）
博斯腾湖（新疆）
长白山天池（吉林）
达里诺尔湖（内蒙古）
东湖（湖北）
呼伦湖（内蒙古）
镜泊湖（黑龙江）
喀纳斯湖（新疆）
泸沽湖（云南、四川）
玛旁雍错（西藏）
纳木错（西藏）
青海湖（青海）
然乌湖（西藏）
赛里木湖（新疆）
太湖（江苏）
西湖（浙江）

评选标准

前提条件：湖必须是自然成因的，不是人工造成的水库。

■ 湖面与周边环境的视觉关系好（包括近景和远景），给人以独特的美的感染力：（0～30分）

■ 湖区（指包括湖面在内的该湖的集水区）的水生与陆生物种丰富：（0～30分）

■ 湖区拥有丰富独特的人文积淀，湖与湖周居民之间存在着某种独特的人文关联：（0～20分）

■ 湖水受污染的程度小，湖水的透明度高：（0～10分）

■ 湖区的旅游开发以不破坏自然美为原则。（0～10分）

评委介绍
（按姓氏笔画排列）

吕　斌　北京大学城市与区域规划系主任，教授
主要从事城市与区域规划、区域旅游规划的研究。近年主持完成了国家六部委委托的《长江三峡区域旅游发展规划》、《山东半岛城市群总体规划》等区域规划。

李玉祥　自由撰稿人，摄影师
现就任北京"生活·读书·新知"三联书店特约编辑。曾承担《老房子》画册的拍摄和编辑工作，并策划编辑《乡土中国》系列图文书、《一生必去的五十个地方（中国卷）》、《中国民俗之旅》（十卷本）等书。从事摄影多年，尤其关注事物的审美等方面的人文属性。

沈道齐　中科院南京地理与湖泊研究所研究员
中国地理学会委员，国际地理联合会委员。主要从事人文地理方面的研究。

姜加虎　中科院南京地理与湖泊研究所研究员
主要从事湖泊湿地资源与环境方向的研究工作。1999年以来主持中国科学院知识创新项目专题"中国湖泊动态变化研究"。《洞庭湖》、《中国五大淡水湖》等书主编。

袁国映　新疆环境保护科学研究院研究员
中国生态学会理事，新疆生态学会理事长。多年参加自然保护区和环境生态科研项目。

刘　晶　《中国国家地理》编辑

湖泊名	面积（平方公里）	平均水深（米）	最大水深（米）	集水面积（平方公里）	蓄水量（立方米）	湖水颜色	透明度（米）	pH值	矿化度（克/升）
青海湖	4340.0	17.9	27.0	29661.0	778×108	蓝绿	5-10	无记录	13.84
喀纳斯湖	44.78	120.1	188.5	1900.0	53.78×108	淡绿	2-3.1	7.4	0.046-0.067
纳木错	1961.5	20.0	55.0	8648.5	无记录	深蓝	5-9	7.8-9.5	0.173-1.732
长白山天池	9.82	204.0	373.0	21.4	20.04×108	湛蓝	5.2	7.29-8.16	0.247
西湖	5.66	1.84	2.43	21.22	0.1042×108	蓝绿	0.3-0.5	8.5	0.152

以上资料由沈道齐研究员根据《中国湖泊志》（科学出版社1998）汇总提供

注：湖水透明度指湖水能使光线透过的程度，表示水的清澈情况，是水质评价指标之一。

湖水矿化度指湖水含盐量，用一升湖水中所含各种盐类的总重量来表示。当湖水的矿化度小于1克/升时，味觉没有咸味，当矿化度在1-35克/升时则具有不同程度的咸味；若矿化度在35克/升以上时，矿化度愈大湖水愈接近卤水或盐水，并逐渐有固相盐类析出，故名盐湖。

可以比较之美

当我把给湖评分的想法讲给一位专家听的时候，他的第一反应就是："这太难了！你们给景观打分，就像在给感觉打分，尺度容易模糊，不好打！"当我继续追问的时候，他又说："不同的湖，处在不同的地理环境里，有着不同的功用，它们的美是无法比较的的，如果一定要评，最好分成几类。"

这位专家一语中的，在我随后与多位专家的交谈中，美的量化和不同美感之间进行比较这两个问题始终是交流的障碍。

这个障碍也促使我更仔细地考虑杂志社为什么评选最美的湖。当然大前提是要选出中国最美的景观，湖泊是景观类型之一。如果考虑专家的建议，我们把中国的湖分成东部的湖、西部的湖、淡水湖、咸水湖、城市里的湖和郊野的湖等类别分别评比的话，事情似乎变得简单了，我们将评出好几个"最美的湖"，这么个湖由于事先规定的不可比较性，这样似乎是一个比较安全的做法。

可是安全的代价是，我们失去了寻找人们心中最美的湖的机会。美果真是不可比较的吗？在不同文化背景的人群之间，这句话也许是真理。尚黑的民族喜欢黑，尚白的民族喜欢白，这两种喜好一定是平等的，没有高低贵贱之分。但是对于尚黑的民族来说，黑与白这两种完全对等的色彩却引来了高低好恶的不同对待，尚黑的民族一定认为黑色是最美的。

由此我相信，对于全体中国人来说，由于审美的文化背景是相同的，所以在不同类型湖的美感之间，一定存在着某种共性，它的共性隐藏在人们心里，当你刻意寻找它的时候，就一定能把它找到。

我把这个想法和专家们沟通过之后，他们都能理解并同意这种做法。于是事情开始向前推进。至于美能否量化，我觉得这是一个不得已的选择，我们只能把感觉用代表权重的分数表达出来，才能把抽象的比较可视化。

由于编辑部对于这次"选美"有一个大的审美尺度，那就是景观给人的第一印象要好以及景观所在地方的生态环境因素要以环保和可持续发展为原则，所以，我们在选择入围名单的时候，就淘汰了许多传统观念中十分著名的湖，如湖南洞庭湖、江西鄱阳湖、江苏洪泽湖等。原本我们认为很有希望进入排名的台湾日月潭、浙江千岛湖和福建大金湖等，也因不符合我们的前提条件"湖必须是自然成因的"而落选。

我在制定湖泊的评选标准和打分办法时，强调了我们的审美尺度。并听取了每一位专家的意见，他们纠正了我分配分数时的不合理之处，同时指出了评选标准的叙述中不严谨的地方。

比如，原来的标准中有一条是"湖水的颜色要美"，沈道齐老师就问我："什么颜色是美的？不具体。蓝的？绿的？有污染的湖也是美的？"这个问题我也回答不上来。的确，什么颜色才算是美的呢，如果说不清楚的话，好事的人就会把因污染而变色的湖也说成是美的。为此我询问了姜加虎老师，他具有湖泊研究的专业知识，他说除去污染这个因素，湖水的颜色也是由很多因素造成的，我国的湖就有好几种颜色，如果我们要力推某一种颜色的湖，那另当别论，否则这个标准的含义就匪夷所思了。姜老师建议我把它改成"湖水的透明度要高"，因为透明度在科学上是有数据可以查询的，同时普通人也能真切地感受到这一点，用这个指标来衡量一个湖，是可行的。

类似的调整在每一条标准里都有，我就不一一述说了。当这次历时半年之久的评选接近尾声的时候，我遇到了最后一个难题：青海湖和喀纳斯湖的得分几乎不相上下，微小的分数差距只能说明在评委们的心目中，这两个湖地位相当。为了确定第一名的位置，我分别征求了每位专家的意见，他们有的说青海湖好，有的说喀纳斯湖美。最后，李玉祥先生说了一句话，让我坚定了青海湖第一的信心。

他说："青海湖有一种东方的气质；看似简单，但简单中蕴涵的东西却很深广……"这句话让我回到了我的出发点：寻找中国人心中最美的湖。我觉得我终于找到它了，这个结果让曲折的过程变得有了意义。

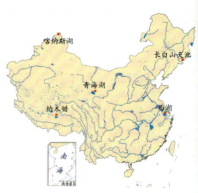

中国最美的五大湖泊位置示意图
暨中国湖泊分布图

青海湖
陆心之海

撰文/井 石　摄影/葛玉修 等

青海湖最长久的居民应该说是这些鸟们，它们与湖水与岸风相得益彰。人类只需远远观望，尊它们为青海湖的主人，就是对它们最高的赞美了。

专家评语

青海湖有一种东方的气质：看似简单，但简单中蕴涵的东西却很深广。

——李玉祥

每年一过11月，羊群就可以自由走在结冰的青海湖上了。冰封的湖面缩短了两岸草场的距离，聪明的牧人还会在迁徙途中把冰面凿开一个洞，让羊群喝到冰下的湖水。

■ 摄影/单之蔷

有一个美丽的传说：1000多年前，唐蕃联姻，文成公主奉命远嫁吐蕃王松赞干布。临行时，唐王赐她日月宝镜，说，日后若思念家乡，就拿出宝镜来看，家乡长安就会出现在你的面前。文成公主千里跋涉，来到唐蕃分界地的日月山，眼看就要进入吐蕃领地，公主思念起家乡父老，便拿出日月宝镜，果然宝镜里显出了家乡长安，公主想到此一去再也回不了长安，一时泪如泉涌，难以成行。然而，这位公主突然记起了自己神圣的使命，便将日月宝镜扔出去，没想到那宝镜落地之时闪出一道金光，变成了美丽的青海湖。公主翻过日月山继续朝西，她的眼泪变成河，随她西流，变为有名的倒淌河。

古人称青海湖为"西海"，藏族同胞称青海湖为"措温波"，蒙古族同胞称青海湖为"库库诺尔"；由于青海湖一带早先属于卑禾族的牧地，所以又叫"卑禾羌海"，西王母是3000多年前生活在青海湖一带的古羌人部落的女首领，她宴请乘八骏之辇来看望她的周穆王于瑶池，而这瑶池就是美丽的青海湖。西王母是青海湖的主神，替王母"殷勤探看"穆王行踪之三青鸟，就是生活在鸟岛之上的万千候鸟。

青海湖以其美丽的神话传说被我国历代皇帝视为圣湖。据史料记载，从唐代开始，历朝许多皇帝都为青海湖祭海活动题词立碑，唐玄宗曾题青海湖神为"广润公"，封号青海湖。清代的祭海活动规模日盛且逐渐制度化，从遥祭发展到近湖祭海。因民间传说农历七月十八为西王母的诞辰日，祭海的日子便选在这一天，自唐玄宗以来，每年的这一天都有祭海活动。民国时期，宋子文、马步芳曾先后担任过祭海大员。现在，祭海仪式又被恢复，但它已经衍化为民间活动。

专家评语

作为我国最大的咸水湖与最大的内陆湖，青海湖是生物多样性的宝库，但伴随经济发展，生态与环境的保护任重道远。

——吕斌

传说固然美丽，但我们知道，青海湖是我国第一大内陆湖泊，也是国内最大的咸水湖，她的形成，是距今4千万年前，印度板块和欧亚板块的碰撞挤压，喜马拉雅海上升为陆地的结果。地质学研究的成果表明，青海湖原为外泄湖，周围百川之水尽汇湖中，湖水又从东面外泄注入古黄河。后来，因地壳断裂形成的造山运动的继续作用，湖东地势渐渐隆起，造就出日月山，使湖水的出口被山脉所阻隔，东向河水倒淌向西，青海湖便成为只进不出的大湖。现今日月山西的倒淌河便是这段地壳变迁史留下的痕迹。

青海湖湖面海拔为3260米，总面积

4340平方公里，环湖周长360多公里，蓄水量达778亿立方米。她的四面被群山所包围，北为大通山，南为青海南山，西为橡皮山，东面则是举世闻名的日月山，倒淌河水由东向西，注入青海湖。

编辑评语

众多湖泊都以瑰丽秀奇为人所爱，青海湖单单把瑰丽舒展为平淡、把秀奇换成一种壮阔。在这里，草原和大海得以对接。草原的优美、海的浩瀚与湖的沉静交织在一起，成就了青海湖的博大之美。

在没到过青海湖的人的想象中，青海湖是蓝色的。但是，只要你走近青海湖，你就会发现，青海湖绝非是单色的，在不同的地方，不同的角度，不同的时间，不同的季节里，青海湖的颜色或青或蓝，或绿或灰，或赤橙黄绿青蓝紫，多彩的颜色同时出现在浩渺的烟波、荡漾的碧水中，会让你理解为什么汉代时又将青海湖称"仙海"，发出"此景只应天上有"的感慨。

和青海湖相映成趣的，是湖中小岛海心山。它距南岸约30多公里，全岛东西长2.3公里，南北宽0.8公里，面积为1平方公里，山顶高出湖面数十米，海风如刀，将岛上岩石削割得瘦骨嶙峋，状如宝塔。海心山也称龙驹岛，传说，古时候，到冬天青海湖湖面结冰的时候，将母马赶到海心山，母马就会怀上"龙种"，产下的马矫健俊美，称为"龙驹"。实际上，青海湖环湖地区因冬春多雪，夏秋多雨，水源充足，雨量充沛，是辽阔而丰美的天然牧场。青海湖一带所产的"秦马"因雄壮和善驰，在战国时代就很出名，隋时，人们用这里产的土种马经过与"乌孙马"、"汗血马"交配改良，发展成为独具特色的良马"青海骢"。此种马神骏善驰，

青海湖畔的油菜花要到7、8月间才进入盛开的时节，青海湖在展示她最亮丽的风景时也是如此恢宏大气！然而此时青海湖的候鸟们却跃跃欲试，准备南飞了。

■ 摄影／马培华

图中的场景是要在3至5月时才能见到的，候鸟们来湖畔或湖中的小岛上越冬和繁殖，给寂静的青海湖增添了无限生机。

为军中良驹。唐时在日月山开"茶马互市"以茶易马，这些用茶叶从牧民手中换来的马，就是用来充军征战的。

唐天宝年间，名将哥舒翰夜屠石堡城，攻破吐蕃后，占领环湖地区，并在海心山上筑过一座"神威城"。然而，随着时光的流逝，此城已了无踪影。但是，因海心山四周环水，远离尘世，美若佛界，早从汉代起，就有信徒在上面建庙修神，他们于冬季湖面结冰时带了口粮进海心山，面壁颂佛，整年不出。此俗延续至今，仍有僧人在海心山上礼佛诵经，期望修成正果。

除了海心山外，青海湖中还有三座石岛，三块巨大的岩峰鼎足立于湖中，当地百姓形象地将它称为锅叉石，传说当年唐僧取经路过这里，将锅架在上面烧过饭。三座石岛由于远离陆地，无人干扰，是鸟儿们嬉戏繁衍的天堂。

而最具魅力的是蛋岛和海西皮。这两个岛屿在青海湖的西北隅。距入湖第一大河布哈河三角洲不远，左右对峙，因岛上候鸟众多而被人称之为"鸟岛"。

蛋岛也叫小西山、海西山，岛顶高出湖面7.6米。岛上鸟类数量最多，约有十几万只，是斑头雁、鱼鸥、棕颈鸥的世袭领地。每年春天，棕颈鸥、鱼鸥、斑头雁等随季风飞来，在岛上各占一方，筑巢垒窝，全岛布满鸟巢。由于在产卵季节，岛上的鸟蛋一窝连一窝，密密麻麻数也数不清，所以，人们就将此岛称为蛋岛。

海西皮东高西低，面积比蛋岛大4倍多，约4.6平方公里。岛上地势较为平坦，游人如织，岛之东悬崖峭立湖面。岛前有一秃顶岩兀然而立，如一口巨大的铁钟倒扣在青海湖中，万千只鸬鹚在它那浑圆的脊背上建成一个紧挨一个的窝，抬眼看去，俨然是一座鸬鹚王国的湖中城堡。

鸟岛的主人大都是候鸟，很少当地居民。每年春天，当印度洋上的暖流涌来时，南亚诸岛的鸟儿们便越过冰雪皑皑的喜马拉雅山向北迁徙，它们中的一部分便以青海湖为目的地，这时候的鸟岛，就成了鸟儿们的天堂。眼目所及，全是鸟儿们的上下翻飞，觅食造窝、产卵孵化的壮观景象。由于它的这一奇特景观，成了来青海湖的旅游者最喜欢观光的地方。

而这些候鸟的主食，便是盛产于青海湖的湟鱼。湟鱼学名为"青海湖裸鲤"，是青海湖特有的鱼种，该鱼以肉质细腻、口味香浓而闻名。

青海湖的周围，是广袤的大草原，风吹草低见牛羊，和青海湖形成了谁也离不开谁的共生关系。族源为古羌人的藏族同胞世世代代生活在环青海湖地区，美丽的格桑花和藏族青年表达爱情时所唱的"拉伊"一起，盛开在青海湖边上。

为了保护鸟岛的自然生态环境，1975年，有关单位在鸟岛南部的布哈河正式成立鸟岛管理站，1980年，鸟岛被划为自然保护区。然而，由于多年来政府错误地往环湖地区迁入农业人口，建立农场，大面积开垦耕地、拦河筑坝，加上青海湖流域草场超载放牧等不合理的人类活动，造成青海湖湖面水位以平均每年9.6至12.7厘米的速度下降，使本来四面环水的鸟岛和沙湖岛都变成了半岛，从而造成湟鱼产卵场缩小，产卵鱼群因水浅不能进入各河道产卵场产卵繁殖。而过度捕捞和滥捕亲鱼使濒临枯竭的湟鱼更是雪上加霜。

湟鱼资源的急剧下降，严重破坏了青海湖"鱼鸟共生"的生态平衡。调查显示，斑头雁、棕头鸥、鱼鸥和鸬鹚这4种大型水鸟的数量已较1982年平均下降了72.80%。

这是一只普氏原羚（中华对角羚），属于世界极濒危动物，国家一级保护动物，全世界可观察到的仅有300只左右，它们全部生活在青海湖附近。

青海省政府注意到了这一严峻的现实，便在新世纪之始发出通告：从2001年1月1日至2010年12月31日的10年内，青海湖封湖育鱼！禁止任何单位、集体和个人到青海湖及湖区主要河流及其支流湟鱼产卵场所捕捞湟鱼；并开始在青海湖环湖周围进行全面的退耕还湖还草的工作，在已修建的拦河大坝上补建放水节制闸，严禁在布哈河、沙柳河、哈尔盖河、泉吉河、黑马河等河流上新建拦河大坝。政府还将划用30年时间，斥资50亿元人民币，治理青海湖的生态环境。这些环湖流域生态环境综合治理工程规划实施后，可以有效保护青海湖区珍稀濒危物种，使生物多样性增加，高寒生态系统更趋稳定。

与此同时，青海湖的环境保护问题越来越受到国家的重视，被列入联合国《国际重要湿地手册》，同时加入了《水禽栖息地国际重要湿地公约》。

青海湖是青海高原的圣湖，保护了青海湖的生态环境，就保护了我们自己。

愿有关青海湖的美丽神话和青海湖同在。 ◐

也许是为了躲避蛋岛上候鸟们的侵扰，鸬鹚们把家安在了蛋岛对面的海西皮。这块著名的孤岩几乎成了鸟岛的标志，它的蛮荒与野生鸬鹚的生命力，令人想起青海湖的辽阔和舒远。

■ 摄影/张德海

喀 纳 斯 湖
上帝的调色板

摄影／李学亮

这个深藏在阿尔泰山友谊峰下的亚寒带高山河谷型湖泊，其实是额尔齐斯河支流喀纳斯河上最宽的一部分。发源于喀纳斯冰川，穿过丛山峻岭、奔腾而下的喀纳斯河，在流入这个豆荚形的凹陷湖区之后，就变得平缓而柔和。湖的东西两岸，尽是漫山遍野、直插云天的以欧洲泰加林为主的原始针叶林和白桦林，渲染出一派恍如北欧与俄罗斯林野的异域情趣。

从湖区延伸开去的2000多平方公里的原始河谷山林地带，是我国惟一的古北界高寒带动植物分布区。这里生存着1000多种植物，300多种兽类和100多种野禽，其中不少是受国家保护的珍稀生物。喀纳斯湖中还生长着八种我国罕见的冷水型鱼类，其中的哲罗鲑（即大红鱼）因硕大、凶猛，能吞噬水中野鸭、岸边牛犊而以"湖怪"著称，更给喀纳斯增添了神秘的色彩。

专家评语

不同的时间来，你看到的喀纳斯湖是不同的：水清时的湖为蓝绿色，冰川融水注入时湖为淡绿色，薄云下的喀纳斯湖是粉红色的，阴天时的湖水则为蓝灰色。　　　——袁国映

编辑评语

　　谁也不会拒绝喀纳斯湖的美丽，与青海湖不同，它恰恰属于瑰丽秀奇的典范。喀纳斯湖很难让人真正平静下来，因为你的心总会被一帧又一帧美景所激荡。🄲

纳木错
与神耳语的地方

撰文/金志国　摄影/王建军　张超音

有人说纳木错的天象也是有脾气的，当你快乐时，它会加增你的幸福，当你悲苦时，它会给你安慰。到了纳木错，你会丧失游山玩水的心境，你所能做的，只是放松和冥想。

专家评语

世界海拔最高的湖，远离现代文明的污染，保持着自然原始生态，理所当然成为朝圣者心目中的圣地。
　　　　　　　　　　　　　　——李玉祥

　　被誉为"天湖"的纳木错，位于藏北高原，念青唐古拉山脉主峰的北面。它的面积1961.5平方公里，海拔4720米，是西藏三大圣湖中海拔最高的湖，也是我国第二大咸水湖，最深处约55米。

　　距今200万年以前，由于地壳的强烈运动，青藏高原大幅度隆起，岩层受到挤压，有的褶皱隆起，成为高山，有的凹陷下落，成了谷地或山间盆地。纳木错就是在地壳构造运动陷落的基础上，又加上冰川活动的影响形成的。早期的湖面非常辽阔，湖面海拔比现在低得多。那时气候相当温暖湿润，湖水盈盈，碧波万顷，就如同一个大海。后来由于地壳不断隆起，纳木错也跟着不断上升。在距今1万年以前，高原气候变得干燥，湖水来源减少，湖面大大缩小了。现存的古湖岸线有三道，最高的一道距现在的湖面约80余米。

　　夏天的纳木错最为欢腾喧闹，野牦牛、岩羊、野兔等野生动物在广阔的草滩上吃草，无数候鸟从南方飞来，在岛上和

湖滨产卵、孵化、哺育后代；湖中的鱼群时而跃出水面，阳光下银鳞闪烁；牧人扬鞭跃马，牛羊涌动如天上飘落的云彩，悠扬的歌声在山谷间回响。整个纳木错湖区显得生机勃勃，意趣盎然。

由于气候高寒，湖面从10月份开始结冰，一个冬天下来，结成很厚的冰层，至翌年5月开始融化，融化时冰裂发出巨响，声传数里，这也是纳木错的一大景观。

念青唐古拉山脉延绵在纳木错南岸，7162米的主峰在云层中时隐时现。这就是纳木错，一个雪山与湖泊交映成趣的地方。山神与湖神相依相伴，共同护佑着前来朝圣的人们。

编辑评语

念青唐古拉山脉的冰雪融水，不仅养育了纳木错，也养育了湖畔的草场。有洁白的雪峰和碧绿的牧场镶边，纳木错像是被盛入了华丽的圣杯一样，神秘而高洁。

湖中盛产鱼类，细鳞鱼和无鳞鱼成群结队在湖里游弋，主要是鲤科的裂腹鱼和鳅科的条鳅。这些鱼和平原地区的同类鱼不一样，是200万年以来，由湖中原有的鱼类因适应高原的特殊环境，逐步演化而来。有些鱼还保留着头大尾短的原始特征。

湖畔半岛遗留有众多各个教派高僧大德的圣迹，有许多灵石异木，湖边的山体上还留存着很多古老奇异的岩画。在这里，不光可以饱览湖光山色，一种神秘的恬静气息也如影相伴。湖畔有两根兀立的石柱，高约30米，间距约8米，一根浑然一体，一根有一人宽的空缝，有人说这是阴阳的象征，也有人称其是纳木湖的门神。在藏传佛教信徒的眼里，羊年转纳木错并朝拜念青唐古拉神，具有十分重大的意义，因为天湖东岸的半岛扎西朵（吉祥岛）是佛主释迦牟尼"身"之圣地，有三千神佛会聚在此；天湖主神多吉贡扎玛是佛主释迦牟尼"语"之化身，她又是念青唐古拉神的王后，而藏历羊年，是念青唐古拉山

神和多吉贡扎玛共同的本命年。这一年转湖朝山，会得到极大的加持。绕湖完整地转一圈，不包括探奇观景，大约要一周左右的时间。在转纳木错时，有一种检验诚意并预示未来吉凶的仪式，朝圣者来到佛主"身"之圣地吉祥岛，在这里煨桑祷告之后，便将一条表达自己心愿的洁白哈达抛入湖水中，如若哈达立即沉没，即证明你是清白诚信，神佛完全接纳了你的意愿；如果哈达漂在水面，或者要沉不沉，说明你心地乏善或有不愉快的事等着你。有些游人到此，得知有此一说，也想试试，但总左顾右盼，待近旁没有熟人，才扔条哈达下去，紧张地观看着哈达的沉浮与否。

除此之外，在天湖还有一种祭祀水族之神——鲁的仪式。藏族认为，"鲁"是隐形的，它无处不在，即使一个马蹄大的水洼里，也有数十个。而它们的首领鲁王，则居住在圣湖中。"鲁"这种神灵摇篮有无穷的财富，却又极端小气，而且还特别爱生气，稍微对它们不好，它不仅让你得不到财富，还会给你带来疾病和灾难。祭祀时祭品中除了五谷珍宝之外还必须上供名贵药品。所以，前来圣湖朝拜的人们几乎都要携带"鲁本"（献给鲁王的宝瓶，内装供品和经书），投进圣湖。◎

4

长白山天池
盛怒之后的平静

摄影/桑玉柱

专家评语

天池是我国第一深湖和面积最大的火山口湖。天池所在的长白山风光奇绝，是我国的绿色宝库、名贵药材之乡和藏有众多珍禽异兽的天然动物园。

——姜加虎

在远古时期，长白山原是一座火山。据史籍记载，自16世纪以来它又爆发了3次，当火山爆发喷射出大量熔岩之后，火山口处形成盆状，时间一长，积水成湖，便成了现在的天池。而火山喷发出来的熔岩物质则堆积在火山口周围，成了屹立在四周的16座山峰，其中7座在朝鲜境内，9座在我国境内。长白山天池是火山喷发自然形成的我国最大的火山口湖，也是松花江、图们江、鸭绿江三江之源。因为它所处的位置高，水面海拔达2150米，所以被称为"天池"。

风雅西湖

撰文/金志国 摄影/王建军 张超音

春来白堤，柳绿花红。

专家评语

没有一座城市能够像杭州那样，拥有一个人文如此丰厚、风景又如此优美的湖。古往今来对一个湖赞誉的美文佳句之多，绝对只有西湖。

——李玉祥

西湖风雅，其位在杭州之西，千百年来，从浅海之湾到潟湖，又至独立的内陆湖，唐以前已成形状，宋元明清，历代至今，西湖屡修屡现，至上世纪末，水面达五六平方公里。新世纪开拓湖西，重建杨公堤，恢复本来水域，又增至为6.5平方公里，水深从1.65米增至2.27米。因此说西湖今天的风雅，从湖西开始，也许是再顺理成章不过的事情了。

"西"是一个迷人的指向，一个浪漫的地方，西湖之西，是西的重叠，是西的强调，是西的极致。在西湖的西边，我预感了那种令人怦然心动的神秘的美。

在语焉不详中寻找历史；在茅道芦巷中叩访遗踪；在锈迹斑斓中擦拭亮光；与长眠的人文、历史和自然共同经历苏醒，与这块城市的湿地共同呼吸绿

西湖里的每一滴水都有文化，历史在湖水里沉积，氤氲着湖畔每一寸土地，也滋养着湖边居民的心灵。万家灯火与西湖静波轻奏出一曲感人的夜曲。

古往今来，西湖的景色永远是这样柔美。"水光潋滟晴方好，山色空濛雨亦奇"，诗的力量是永恒的，它守住了西湖的美，也守住了我们的回忆。

色空气，并沉醉在其间，那是一种怎么样的感受呢？

朋友们若第一次到杭州来，由我引领游西湖，我首先带他们去的，必定是孤山。我个人以为，凡到杭州来的游人，首先到的应该是孤山。用一到两天时间，把孤山初品之后，再散向湖上各处。都说纲举目张，孤山，就是西湖的纲。

因为你在这里领略到了西湖的深度——文澜阁与《四库全书》是标志；你在这里见识了英雄美人，这里有苏小小的爱情和秋瑾的碧血；这里有高僧与处士，梅妻鹤子与春雨尺八让你尘虑尽消；你在这里将领略中国文化的博大精深，西泠印社的金石书画会让你知道什么是艺术的高山仰止；你也在这里丈量了西湖的宽度，见识了高度。在这里鸟瞰西湖，从四照阁上投下你的目光到三堤与三岛，你才知道什么是天城；你应该参观浙江博物馆和美术馆，一部浙江的文明史大致领略；然后，你到楼外楼去品尝西湖。当你缓缓归去的时候，无论走灵隐路，走白堤，还是走北山路，都是美不胜收的路径。

尽管西湖有许多迫不及待就要看到的地方，我还是以为，对西湖的水的游历是本质的。因此，湖上，是你走向西湖的核心部分。

湖上，在地理概念中，并非一般意义上的西湖的湖面上，近现代社会生活中，江浙一带文人，往往喜欢把上海称为海上，把杭州称为湖上。

虽然如此，我这里的"湖上"，依旧是以湖水为根本要义的。湖上的白堤和苏堤，那就是天才大诗人写在西湖湖面上的大诗行，我们不去亲历，怎么心领神会呢？湖上的三岛，那海上仙境、理想世界的人间再现，是一定要登临的。由此，我们可以加深中国文化中关于至美至善世界的心身感受。

上世纪上半叶，有人评点杭州的市色，说应该是湖色。而所谓的湖色，就是一种类似于林黛玉的"黛"，那样的颜色，就应该是偏于碧色的吧。

杭州三面环山，山山各有风貌，我选中的那一座，则是人文和自然含量相对丰富的。我总是偏向于那些有人的精神渗透其间、有人的印记分布其间的景观。你浏览其间，甚至不知不觉，把山本身都给忘了。因此，对杭州的山的欣赏，真的是从山脚的第一步就开始了，从山门就开始了。高度在这里，不是标准，山不在高，有仙则名。杭州的山是不高的，杭州的山，又是极高的，这就要看你用哪一种态度去登临了。

为什么如此飘飘欲仙的轻盈的西湖，却又有雷霆万钧之重？

人在西湖，不由自主就想品茶、读书，西湖是存在于人们的生活里的。

编辑评语

我们并非想要刻意打破传统，但当我们不得不放弃一个个名湖的时候，西湖却以它穿透历史的和谐力量坚守住了地位。在这里，我们找到了中国人的记忆。

西湖是没有人敢轻薄的地方。因为西湖，已经光荣地被英灵们选中，西湖是伟大的心灵最好的栖地息。由此我想起了瓦雷里面的诗句：多好的酬劳啊/经过了一番沉思/你终得放眼远眺于神明的宁静。也想起了钱塘乡亲袁枚的诗：赖有岳于双少保/人间始觉重西湖。

要把游戏的心情放下，要带着虔诚的信仰去那里，要像朝圣一样地去朝拜岳庙那样的地方……而西湖的有些地方，则是智慧之地。

杭州在历史上是曾被称为东南佛国的。杭州的佛事之盛，有目共睹。环湖的寺院，如今已经云散了许多，那存在的，便就越发的庄严国度了。杭州的道教与基督教，也有它们各自的渊源，它们同时相安无事地聚集在湖上，各有各的信徒，各有各的欣赏者。有许多人并非因为相信来世而去烧香，就我个人而言，所有的宗教寺庙，都是艺术殿堂。西湖集中了三大宗教中的一些重要事件，是人们在湖上游历时增长知识、开

阔眼界又启发智慧的好去处。

杭州，岂是那三言两语说得清楚的。我从小生活在杭州，自以为"家在西子湖上"，我依然说不清杭州。但杭州是可观的，杭州与西湖一体，游湖带着了城，游城又带着了湖。在那样的重叠之中，你一次次地游历，你会爱上这座城市。

比如，很少有人游杭州到孔庙去，而孔庙的碑林，实在是值得一去。你去过热闹的市民的清河坊，再走几步路，你就能看到那读书人的秀才们的孔庙了。你还非常应该去问一问杭州的茶，你在湖上喝到的茶，在别处是的确喝不到的。

至于各个博物馆，至于胡宅，至于大师们的画室，它们都会引你走进这座城市的心脏部位，让你听到这个城市的心弦的跳动，这个城市的灵魂的呼吸。

这些镶嵌在城市深处的珍珠，是要你做个有心人，一粒粒去拣起来，穿起来，再挂在脖子上的。

西湖是一座书院，我们是书院的学子，我们在湖上走读。　◎

红色是大地的沉积，黑色是流水的冲刷。观赏丹霞，需要一种读诗的心态，或许，你可以从中领略到地壳运动的神奇节奏。

■ 摄影/陈迅

China's Seven Most
Beautiful Danxia Landscapes

中国国家地理推出

中国最美的
七大丹霞地貌

排行榜

1. 仁化丹霞山　（广东）
2. 南平武夷山　（福建）
3. 泰宁大金湖　（福建）
4. 鹰潭龙虎山　（江西）
5. 资江－八角寨－崀山丹霞地貌（广西、湖南）
6. 张掖丹霞地貌（甘肃）
7. 赤水丹霞地貌（贵州）

评选标准

■ 丹霞地貌景观在成因、年代及地貌特征上具有典型性；
（0－30分）
■ 造型地貌的形态、线条、色彩、类型以及与周围景观的结合具有美学观赏性；（0－40分）
■ 自然地貌与人文景观和谐统一，具有较高的文化价值：
（0－15分）
■ 自然原貌是否保持完整、良好，未经破坏性开发。
（0－15分）

入围名单
（按首字拼音顺序排列）

郴州飞天山（湖南）
赤水丹霞地貌（贵州）
桂平白石山（广西）
尖扎坎布拉（青海）
剑阁剑门山（四川）
江津四面山（重庆）
江山江郎山（浙江）
连城冠豸山（福建）
南平武夷山（福建）
平凉崆峒山（甘肃）
仁化丹霞山（广东）
泰宁大金湖（福建）
通道万佛山（湖南）
休宁齐云山（安徽）
鹰潭龙虎山（江西）
永安头头源洞（福建）
玉龙黎明丹霞地貌（云南）
张掖丹霞地貌（甘肃）
资江－八角寨－崀山丹霞地貌
（广西、湖南）

评委介绍
（按姓氏笔画排列）

尹泽生　中科院地理科学与资源研究所研究员
从事区域地貌、旅游资源研究。

陈安泽　中国地质科学院研究员
旅游地学学科带头人。中国地质学会旅游地学与地质公园研究会副会长，国土资源部国家地质公园评委，建设部风景园林专家。

黄　进　中山大学地理科学与规划学院教授
曾任中山大学地理系主任、中国地理学会地貌专业委员会副主任、丹霞地貌旅游开发研究会理事长，现为终身名誉理事长。长期从事地貌学（特别是丹霞地貌）及河流动力学的教学与科研工作。是中国全面系统研究丹霞地貌的第一人。

彭　华　中山大学城市与区域规划系、城市与区域研究中心教授
中山大学规划设计研究院风景与旅游研究所所长。全国丹霞地貌旅游开发研究会理事长，中国地理学会地貌与第四纪专业委员会副主任，中国地质学会旅游地学与地质公园分会委员，中国旅游协会区域旅游开发专业委员会委员，中国地理学会旅游地理专业委员会委员。长期从事旅游规划与丹霞地貌的教学和研究工作。

尤联元　中科院地理科学与资源研究所研究员
长期从事流水地貌、区域和环境地貌的研究工作。

黄秀芳　《中国国家地理》编辑

这个世界有多么美丽

经过6个月的辛苦，没日没夜的工作，终于把"选美中国"专辑编辑完成送进印厂，并且以前所未有的气势——1期相当于4期的量，几乎占据了印厂所有的空间，以至印厂不得不分批发货。

有人说电影是一门遗憾的艺术，编杂志又何尝不是？由于时间匆忙，在考虑参评的单项时，我们忽略了两个极为重要的地貌类型——丹霞和峰林地貌。

根据一些专家的建议，这个遗憾在做增刊精装修订版时得到了弥补。而评选"中国最美的丹霞地貌"的任务，落在了我的头上。说实话，这期"选美中国"特辑的编辑工作，几乎已耗尽了我所有的精力，已经过去的日子又要重过一遍，个中滋味难言。

记得过去常爱说一句话："人民，只有人民才是真正的英雄。"现在我要说："科学家，只有科学家才是我的救世主。"（其实，对于其他人乃至我们的杂志，科学家、学者、研究者永远都是我们坚强的后盾。）

感谢在杂志社工作了30多年的李志华老师，她迅速地为我提供了一份研究地貌、地质、地理方面的专家名单。更要感谢那些专家，当天联系上，当晚就开始为我们工作。第二天就已经拟定出"中国最美的丹霞地貌"评选标准草案，讨论候选名单。陈安泽先生在我的"逼迫"下，是出发前一天在为我们忙乎，出差回来还没到家，又被我左一个电话、右一个短信地打扰。这些专家几乎都是六七十岁的老人，我如此叨扰，真是罪过。

在北京的几位专家一再向我建议：一定要请远在广东的黄进先生参与，并充分听取、采纳他的意见。这是一定的，编辑部也是这么认为的。黄进先生可谓中国研究丹霞地貌的著名学者。

如今已78岁高龄的黄进先生几乎跑遍了中国各地的丹霞地貌，并一再以自己的调查、发现和研究刷新中国丹霞地貌的数量，现在这个最新数字是"715"。

不过，和黄先生的联系却颇费周折。他没有手机，不用电脑，现代人平时司空见惯的联络方式，在他面前卡壳了。

有一天晚上，我正在加班，手机忽然响了，接起来，传来一个很沉稳却有浓重南方口音的声音："你是黄秀芳同志吗？我是黄进。"我的天哪，期待了整整一天的电话终于来了！

在电话里，黄先生一个一个地将他推荐的丹霞地貌念给我，然后再说出他对每一个地方的评语。因为口音的问题，有时我听不清，就得反复地询问是哪个字。为此黄先生想了许多词汇来解释。电话打了大约40分钟，还有没弄清楚的问题，黄先生就说，再考虑一下，约定第二天再通话。而第二天是周六。

没过两天，黄先生突然又来了一个电话，询问事情进展得如何，他说："评选中国最美的丹霞地貌是很重要的事，对当地人民有好处，只要对人民有好处的事，一定要认认真真对待。"然后又特意交代：每一处丹霞地貌的介绍说明写好后，用传真发到中山大学地学部转交，"文章我不修改，我只是在科学上给你把把关。不能弄错了。"我很感动，但是除了"谢谢"，已经找不到更好的词汇来表白。

上帝和佛都说，当你怀着感恩的心情去做事时，你会发现这个世界有多么美丽。这一次，我们在中国960万平方公里的陆地和300万平方公里的海洋上评选中国最美丽的地方时，我们发现，天地有大美。现在我想说，人又何尝不是如此？

中国最美的七大丹霞地貌位置示意图

南方的丹霞地貌区向来与人类的居住地杂糅在一起，峭壁之下就是村庄和田地，孤绝的地势往往又被避难的人们视作天堑，被虔诚的信徒奉为神佛居所。

专家评语

中国几代学人前仆后继，驻足此地，在这个原来偏远的山地丘陵间，对这片面积广阔、景观壮美、造型奇异的赤壁丹崖，进行了孜孜不倦的探讨，终于使"丹霞"作为一门学问进入了科学殿堂；使"丹霞"成为一类标记，美化了神州辽阔的大地。

——尹泽生

　　18年前，当我在广东省韶关市东北郊第一次看见那一片神奇的群山时，就再也无法将它忘记：红色的石头，红色的山崖，看去似赤城层层、红霞片片，宛如一方红宝石雕塑园，这就是被誉为"中国红石公园"、"色如渥丹、灿若明霞"的丹霞山。它如金城石堡，峭壁直立，气势磅礴；又似玉宇琼楼、巍巍宝塔、擎天巨柱。晨雾之中，赤城层层

为轻纱萦绕，烟云飘来，山峦隐现而虚无空濛。从此我便爱上了它，并十几年如一日地守身于它。

　　很早以前，人们就已经发现丹霞山与众不同。20世纪30年代，已故中国地质学家、中科院资深院士陈国达教授在对华南地区的红石山地作了深入研究之后，以发育最典型的丹霞山为名，将这一类地貌命名为"丹霞地形"，即现在所称的"丹霞地貌"。这一概念很快为学术界接受与采用，并逐渐演变成被广为接受的地学专用名词。70多年来，中国的地质、地理学家经过不懈的努力，在国内已经发现了715处（据黄进最新统计）丹霞地貌，丹霞地貌学在中国已经成长为地貌学的一个分支学科，丹霞山也成为中国丹霞地貌的研究基地。

　　狭义的丹霞山仅限于北部的长老

峰、海螺峰和宝珠峰构成的山块。广义的丹霞山却包括了这里由红石组成的290平方公里（其中典型丹霞地貌180平方公里）的丹霞山区，即丹霞山世界地质公园。它位于南岭山脉南侧的一个山间盆地中，北部是丹霞山景区，东南部为韶石山景区，西部是巴寨景区，中部为锦江景区。整个地质公园整体呈现出一种红层峰林式结构，有大小石峰、石堡、石墙、石桥400多座，山石林立，高低参差，错落有致。

习惯上人们常认为高大者才为雄，但高大是相对的，主要在于其气势。丹霞山最高峰是主峰巴寨，海拔618米，就山高而论过不是个小字辈，但丹霞山的山峰个个由悬崖峭壁构成，许多崖壁高达几百米，拔起于平川或河岸之上，危崖尽露，气势磅礴，雄浑而富有力

要想弄明白什么是丹霞地貌，建议你先去广东的丹霞山，因为这种地貌就是在那里命名的。这是一种由红色的砂砾岩层经崩塌、风化而形成的地貌，这类地貌有一些共同的特点，比如说顶是平的或者缓缓倾斜的、一面或几面的山坡是近乎垂直的陡崖而坡麓却又缓缓地倾斜下来。

这种状似蘑菇的地貌是由岩石中不同性质的岩层差异风化造成的，它们虽然不是典型的丹霞地貌造型，却也给丹霞山增添了意趣。

在丹霞山，你可以轻易看到许多象形的地貌造型，比如说"阳元石"和"阴元石"，

度，充满阳刚之美。就是小尺度的石峰，也似有擎天之力。

丹霞山以赤壁丹崖为其地貌特征，大多直立或呈反坡，令人望而生畏。大部分悬崖都无法攀登，直到今天可供游人攀登的悬崖道只有不多的几条，可登上的崖顶也只有几个，可谓"飞鸟回翔不敢度"，也有人说它"不是华山，险过华山"。但山区内400多座山头大部分却都有古人留下的登山小道和崖顶山寨。目前可攀登的悬崖道均是在这些古

代小道、栈道的基础上修复的。虽然拓宽并安装了护栏、铁索，但仍不失其强烈的刺激性。

专家评语

万古丹霞冠九洲。　　　　　　——黄进

色如渥丹，灿若明霞，奇峰怪石，碧水相映，又有丰厚的历史文化，洵地质上之奇观，人世间之美景也，膺世界地质公园之选绝非偶然。

——尤联元

天下名山各有奇致，而丹霞山遍山皆奇，古人有"山水有殊致，大块钟灵奇"之叹。丹霞山的山奇、崖奇、石奇、洞奇、桥（天生桥）奇，沟谷也奇，奇得让人不敢相信，又不能不信。纵目丹霞的山，堡状、锥状、墙状、柱状、塔状形象各异，组合有序，似"万古金城"，若千年石堡。尤其晨雾之中或云海之上，仿佛海市蜃楼，又如仙山琼阁。丹霞的山石个个象形，拟人拟物，拟兽拟禽。让你觉得它们是雕塑大师的艺术杰作，但却无一不是出于大自然的鬼斧神工。比如阳元石已公认为"天下第一奇石"。锦石岩内的龙鳞石，由几千个蜂窝状的小洞连成条带，其上附生的苔藓植物随冷暖干湿而变色，宛若蛟龙附壁，它和阳元石、阴元石、望夫石被称为"丹霞四绝"。

人说中国的山是北雄南秀，丹霞山是既雄又秀，形成阳刚与阴柔的统一。整个山区保存着良好的亚热带常绿林，四季郁郁葱葱，苍翠欲滴。而丹霞之秀，又主要秀在锦江。一江碧绿的玉液，出自于南岭的万顷林海，在丹霞山群中迂回南流，一路翠竹夹岸，树木婆娑，近石倒映，远山逶迤。富有岭南情调的山村田园掩映其间，用古人的诗

来形容是："一水浮青碧，千峰竞翠微"，其秀丽不下"江作青罗带，山如碧玉簪"的桂林山水。

"径僻苔痕湿，林深暑气消。松间时舞鹤，树底乱鸣蜩"。丹霞山山高谷深，山崖围闭，谷中林木葱郁，清泉长流，行走在林间小道上，便会产生一种超脱、隐逸之情。是修心养性、怡然自乐的风水宝地。这也是为什么从隋唐时期起丹霞山就成为岭南风景胜地的原因，文人墨客常来赋诗题字，留下了荟萃夺目的摩崖石刻和碑刻；僧道居士纷纷进山修行，仅目前发现的石窟寺遗迹就达40多处。如今已修复一新并有较大影响的寺庙有丹霞山上的别传寺和锦石岩石窟寺。

丹霞地貌是一种以赤壁丹崖为特色的红色陆相碎屑岩（砂岩、砾岩等）地貌。而丹霞山是怎样形成的呢？根据专家研究，在距今1亿年前后，南岭山地隆起时，这里相对下陷，形成一个山间湖盆，周围山上的泥沙碎石被流水带到盆地内沉积下来，由于当时地球上的温度比较高，盆地内部降水较少，高温干燥的环境，使沉积物被氧化成铁锈色，并在距今7000万年以前，形成了一套厚度约3700米、粗细相间的红色沉积地层，即白垩系地层。其上部1300米厚的坚硬砂砾岩被称为丹霞组，丹霞山的群峰就发育在这丹霞组地层上。

大约距今3000万年以来，随着地壳运动，整个湖盆发生了多次间歇性抬升，流水顺着断裂对这一红色沉积物下切侵蚀，山坡崩塌后退，保存下来的岩层就成为现在看到的红色山块，即丹霞地貌。据专家研究，丹霞山地区的地壳还在抬升，在最近的50万年中，平均每万年上升0.87米。美丽的丹霞山还是一座在成长的山。◯

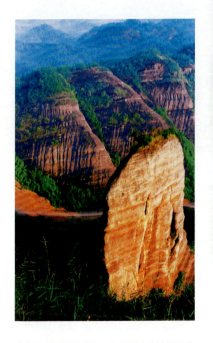

它们的成因并不神秘，与丹霞山比比皆是的孤峰和山崖大同小异（上图），后者仿佛是大自然不太成功的雕刻作品。

中国最美的七大丹霞地貌

武夷山
碧水丹山甲东南

摄影/刘世昭

许多人欣赏武夷山九曲溪的蜿蜒流转，而秀丽的九曲溪两岸的山峰却是典型的丹霞地貌。36奇峰、99岩，千姿百态，气势磅礴。而温润的气候又令群峰翠绿葱茏。

专家评语

武夷山的美景，是她无比秀逸、精美的山岩，清幽、平和的溪流和满山满谷的绿林、秀竹，但搭起武夷山水骨架的是这里玉女、天游、大王等丹霞群峰，是它们体现出了武夷山水的精华。

——尹泽生

九曲溪流天籁韵，三六丹峰舞翩翩。

——彭华

山水皆胜的武夷山位于福建省北部的武夷山市，从古至今即拥有许多美誉。人们赞之兼有黄山之奇、桂林之秀、泰岱之雄、华岳之险、西湖之美等。武夷山风景区面积70平方公里（其中丹霞地貌面积为54.4平方公里），山峰平均海拔350米，又有一条9.5公里长的溪水曲折环绕，形成了"溪曲三三水"（九曲溪）、"山环六六峰"（三十六峰）的山水皆胜的自然景观。武夷山是由红色砂砾岩组成的低山丘陵，九曲溪两岸即为典型的丹霞地貌，顶缓斜、壁陡峭，山峰峭拔。温润的气候与优良的生态环境，又令峰顶葱茏，翠绿与绛红，丹山与碧水，组成了罕见的自然山水景观。登山可以望水，临水可以赏峰。山光水色，处处佳境。

大金湖
水上丹霞奇观

3

摄影/曲利民

专家评语

湖中有山、山中有湖，山环水、水绕山，把分散于崇山峻岭之中的奇峰异石通过湖水联结在一起，是"天下第一湖山"。　　——尤联元

千顷碧波，万朵金莲。　　　　　　——彭华

观赏大金湖的丹霞地貌是一定要坐船行于水上的，在水声的潺潺中仰视绿树红岩的错落景致，时而惊叹于造型的奇特逼真，时而陶醉在优美如画般的湖光山色里。

　　大金湖丹霞地貌位于福建武夷山山脉中段的泰宁县境内，以丹霞地貌自然景观为主体，总面积达461.8平方公里，其中丹霞地貌风景区面积166.9平方公里。由东北向西南分布着上清溪、金湖、龙王岩、八仙崖4个丹霞地貌区。其中金湖、上清溪又是中国面积最大的水上丹霞地貌区。大金湖丹霞地貌类型齐全、造型丰富。其深切峡谷之深、深切曲流之曲、之多，属全国罕见。大金湖丹霞地貌在不同方向断裂的基础上，受崩塌、流水侵蚀及风化作用影响，形成了赤壁丹崖、方山、尖峰、石柱、石墙、深切曲流、巷谷、峡谷等地貌景观，组合成块状山地、峰林、峰丛等独具特色的丹霞自然景观，而这些又因蜿蜒百里的金湖水的串联，令湖中有山，山中有湖，可谓"山为锦屏何须画，水作琴声不用弹"。是中国罕见的"水上丹霞"奇观。

4

龙虎山

炼丹之处红崖显

摄影/金 龙

山立水边，水绕山转。分布在龙虎山泸溪河两岸的群峰因为有了水的环绕，柔和温婉。而这些山峰就是典型的丹霞地貌。地貌的发育和人一样，也是有年龄段的，如果你想深刻地理解龙虎山的景物，就请把眼前的山水想象成一位岁暮的老人吧！

龙虎山位于江西省鹰潭市，丹霞地貌的面积约为80平方公里，是我国丹霞地貌发育程度最好的地区之一，地质构造上属于中生代断陷盆地，形成了紫红色河湖相厚层块状砾岩、砂岩及火山岩，后期又经流水沿裂隙冲刷和重力崩塌，形成平顶山、单面山或猪背山、石寨、石墙、石梁、石崖、蜂巢状洞穴、竖直洞穴、石柱、石峰和峰丛、峰林等，并伴之以一线天、天生桥、石门、象鼻山等造型。

中国大多数的丹霞地貌由于地形高差相对较大，故以雄奇险峻为特色。而龙虎山属于发育到老年期的丹霞地貌，山块离散，呈峰林状，地形高差相对较小，最大只有240米左右，因此总体显得秀美多姿。龙虎山丹霞地貌类型也较为多样，集中分布在龙虎山和仙水岩景区约40平方公里的范围内。景区内又有泸溪河流过，将两岸的丹崖地貌景观串联一体，也有碧水丹崖的特点。与此同时，龙虎山还是中国道教的发祥地和活动中心之一，东汉中叶，第一代天师张道陵曾在此山肇基炼九天神丹。而龙虎山还有大量春秋战国时期的古崖墓群分布在仙水岩一带的山崖上，它们与独具特色的碧水丹崖构成了龙虎山自然景观和人文景观的"三绝"。 ◎

5

资江-八角寨-崀山丹霞地貌

青峰赤壁丹霞魂

摄影/陆穗斌

在湘桂交界处的越城岭腹地，由南至北展布着形成于1亿年前的中生代白垩纪早期的红色砾岩、砂岩组成的狭长盆地。分布着跨湖南新宁和广西资源两县的资江—八角寨—崀山丹霞地貌区，其中资源县丹霞地貌分布面积125平方公里，新宁县分布面积77.5平方公里。资江—夫夷江从盆地中由南向北流入洞庭湖，两岸风景如画。

崀山以密集式分布的丹霞峰林为特点，侧看如万笋插天，横看若万马奔腾；众多狭窄幽深的巷谷是其突出特点；因红层岩石含较多的石灰岩砾石，丹霞地貌发育中的喀斯特化比较明显。中国丹霞地貌的命名人、著名地质学家陈国达院士说，崀山可以与丹霞地貌标准地丹霞山媲美，是典型的丹霞峰林地貌景观。

八角寨景区内有上百座奇峰怪岩巍然耸立，方山、丹峰、石柱、赤壁、壁洞、巷谷等形态万千。螺丝山（亦称群螺观天）由4座一两百米高的巨大锥状石峰——顶尖、座圆、带有线条生动优美的圈状螺纹，犹如大海螺；站在开凿在悬崖绝壁上的全景区的制高点龙头香环视八角寨全景，正是万山连绵，起伏如潮。 ◎

所有动人心魄的自然景观都是天地的造化。在这里，群山无语，耳畔却似传来万马奔腾的喧嚣。领略这一处丹霞的奥妙需要登高，找到制高点俯瞰全景。

6

张掖丹霞地貌
宫殿式丹霞天地造

摄影／郑复新

专家评语

宫殿丹霞冠华夏。 ——黄进

天然去修饰，四季见秋山。 ——彭华

像大地喷洒炽焰烈火，似山岩披上五彩霓裳，

这是一处与众不同的丹霞景观。

——尹泽生

具有魔幻色彩的彩色丘陵是张掖丹霞地貌的美丽陪衬。

由于干旱缺水，所以这一处丹霞地貌呈现出与南方迥然不同的格调：没有植被、干燥、巍然屹立、苍凉。地理学家形象地称呼它为"窗棂式和宫殿式丹霞地貌"。

张掖的丹霞地貌集中分布在甘肃临泽、肃南两县境内，是中国干旱地区最典型和面积最大的丹霞地貌景观之一。

位于肃南裕固族自治县康乐乡大肋巴沟、冰沟等地的丹霞地貌，是目前中国发育最好的窗棂状和宫殿式丹霞地貌，这种地貌只在甘肃、青海的干旱区才有发育。在丹霞地貌的周围还有成片的彩色丘陵，如起伏的波浪，突显在苍茫的大地上，不同色彩的岩层错落交替、色彩斑斓,其场面壮观、气势磅礴、富有动感。张掖宫殿式丹霞地貌与彩色丘陵的面积合达300多平方公里。黄进教授给予的评价是，张掖的宫殿式丹霞地貌全国第一；彩色丘陵色彩之缤纷、观赏性之强冠绝全国。 ◯

7

赤水丹霞地貌

银瀑飞泻映丹崖

摄影/李贵云

如果说大金湖丹霞的水是静的，赤水丹霞的水就
是动的。丹霞地貌在中国分布之广、景观类型之
复杂、观赏价值之多样，可以就此窥见一斑。

千道丹霞举世稀。 ——黄进

红岩、绿树、银瀑、清泉在广达1000多平方
公里的范围内汇聚在一起本身就是一种奇
观，巨大的岩廊和洞穴更是这一美丽画卷中
的亮点。 ——尤联元

有着闻名于世的赤水河的赤水市，
分布着面积达1000多平方公里、由1亿
年前后的侏罗纪、白垩纪红色地层发育
的丹霞地貌。红色厚层块状长的石英砂
岩，经流水切割和重力崩塌，形成了令
人惊叹的峡谷陡崖和急流瀑布景观。风
溪沟的十丈洞瀑布足可与黄果树瀑布相
媲美，有"中国丹霞第一瀑"之誉。

赤水属于四川盆地南缘与黔北高原
交接地带的砂岩型丹霞地貌区，因气候湿
润，植被茂密，水源涵养较好，故处处是
瀑布、溪流，并有洞穴发育，构成了艳丽
鲜红的丹霞赤壁和拔地而起的孤峰、巨大
的岩廊洞穴和峡谷飞瀑流泉相融一体的景
观。可谓红岩、绿树、银瀑、清泉相映成
趣。特别具有景观价值的十丈洞瀑布，规
模与黄果树瀑布相当。

责任编辑/黄秀芳 刘 晶 图片编辑/何 亮
版式设计/介 彬 后翊翊

广西桂林喀斯特峰林

■ 摄影/姜江

4

China's Five Most
Beautiful Peak Forests

中国国家地理推出

中国最美的
五大峰林

排行榜

1. 桂林——阳朔漓江山水（广 西）
2. 武陵源石英砂岩峰林（湖 南）
3. 兴义万峰林（贵 州）
4. 三清山花岗岩峰林 （江 西）
5. 罗平峰林（云 南）

评选标准

■ 景观奇特，形态丰富，具有突出的美学价值；（0－40分）
■ 发育完整，具备该种地貌的典型特征，具有较高的地学研究价值；（0－20分）
■ 分布集中，具有较大规模；（0－20分）
■ 景区或周边有独特的人文价值；（0－10分）
■ 自然环境保存良好，没有过度开发。（0－10分）

入围名单
（按首字拼音顺序排列）

白石山大理岩峰林（河北）
封开砂页岩峰林（广东）
桂林－阳朔漓江山水（广西）
拒马河十渡峰林（北京）
罗平峰林（云南）
荔波峰林（贵州）
三清山花岗岩峰林（江西）
双鹅山峰林（广西）
水城峰林（贵州）
桃渚熔岩峰林（浙江）
武陵源石英砂岩峰林（湖南）
兴义万峰林（贵州）
英西峰林走廊（广东）

评委介绍
（按姓氏笔画排列）

朱德浩　中国地质科学院岩溶地质研究所研究员
长期从事地貌景观和洞穴学研究工作，已发表岩溶地貌和洞穴学方面的学术论文、学科综述等六十多篇，参与完成《中国岩溶学》一书的编写。

张寿越　中科院地质与地球物理研究所研究员
　　　　　中科院地质专业委员会副主任
长期从事岩溶地貌研究。

陈安泽　中国地质科学院研究员
中国地质学会旅游地学与地质公园研究会副会长，国土资源部国家地质公园评委，建设部风景园林专家。

林均枢　中科院地理与资源研究所研究员
近50年来一直从事岩溶地貌研究。

熊康宁　贵州师范大学地理与生物科学学院教授。
先后主持大规模的贵州喀斯特及洞穴国际科技合作19次，在国内外合作出版专著报告7本、发表论文91篇。

杨浪涛　《中国国家地理》编辑

美和科学的平衡

评选中国最美峰林的难度在于确认峰林的概念。

根据中科院地理所林均枢的意见，峰林是指高耸林立的碳酸岩石峰。他认为该词源于15世纪上叶的《徐霞客游记》，在书中徐霞客将我国西南部典型的喀斯特峰林称为"峰森"和"石峰"。

在此基础上，陈述彭先生于1954年将它定名为峰林，并绘出了峰林在我国西南地区的分布图。

1957年，著名地理学家曾昭璇进一步将它分为孤立的峰林和联坐的聚丛峰林（简称峰丛）。

"一般说来，峰丛区分布在黔南、桂西；峰林则分布在桂中、桂东为主。" 林均枢说，"这是因为贵州高原系上升区，地势高，地表水不断下渗入地，所以这里地下水运动是以垂直运动为主。到了广西东部地势低落，地下水改为水平方向运动，于是才有大量河川出现在石灰岩区，成为峰林生成的动力。"

因此，中国地质科学院研究员陈安泽认为，峰林地貌应是喀斯特的专用术语，在这次评选分类中应将其单列，不要与其他岩类形成的柱峰地貌混在一起。

问题似乎简单了，最美峰林的评选范围应该界定为喀斯特峰林，但新的矛盾又出现了，不但路南石林、元谋土林等景观无法入选，甚至连武陵源、三清

山、黄山这样具有重要影响力的其他岩类峰林地貌也被排除在外，无疑将影响中国最美峰林评选的广泛性和客观公正性。

实际上，峰林地貌的概念在国内已经扩大化了。

中科院院士陈国达先生曾撰文认为，丹霞峰林、黄土峰林、石英砂岩峰林、玄武岩峰林也应该属于峰林地貌的范畴，并认为它们在综合观赏价值上，丝毫不逊于喀斯特峰林。

我带着这个问题，咨询了中科院地质与地球物理研究所研究员张寿越先生，他认为石林和土林无论从成因还是形态上，都与喀斯特峰林相去甚远，而像武陵源、三清山这样其他岩类形成的柱峰由于其形态与喀斯特峰林较为相似，具有很高的审美价值，同时在国内学术界又具有一定认同度，因此本次评选可以列入。

评选范围一旦确定，接下来的评选结果倒表现了惊人的趋同性，桂林-阳朔漓江山水无可争议地名列榜首。

最美峰林的评选，实际上是我们力求在科学的准确性、评选的公正性和审美的最大化之间找到一个平衡点的过程，对此我有深刻的体会。

**中国最美的五大峰林
位置示意图**

中国最美的五大峰林

桂林 阳朔

山水相依的画廊

撰文/杨 杨 摄影/姜 江等

漓江两岸聚居着壮、瑶、侗、苗、水、毛难
等少数民族，千百年来，他们独特的文化传
统和风俗习惯与如诗似画的漓江相映成趣，
不知陶醉了多少文人墨客。

大约在三亿二千五百万年以前，桂林阳朔原是一片汪洋大海，由于地壳运动，海底沉积的石灰岩上升为陆地，经过风化剥蚀和雨水溶蚀，形成了独具特色的峰林、峰丛、地下河和溶洞。

专家评语

应把世界第一流的桂林——阳朔典型喀斯特峰林和壮乡风情，推荐作为联合国世界自然与文化遗产。
——林均枢

丛生如林的塔状石峰与漓江相组合，构成了"江作青罗带，山如碧玉簪"的山水奇观，美学价值极高。
——陈安泽

漓江属珠江水系，发源于华南第一高峰猫儿山，全长437公里。

　　漓江最美的景色，当数从桂林的象
鼻山伊始到阳朔的碧莲峰这段83公里的水
呈了。

　　骤雨初歇,扁舟一叶,将我送入这百
里画廊。

　　清澈如镜的漓水蜿蜒萦绕在青山峰
林之间，江畔风光旖旎，碧水萦回，削
壁垂河，青山倒影，山水相映，构成了
一幅绚丽的自然画卷。

　　漓江山水是典型的喀斯特地貌，是
广西亚热带岩溶的典型地区，融峰林、

溶洞、深潭、险滩、危崖、飞瀑之美于
一体；漓水旁如画的峰林，正是海底石
灰岩隆升之后，在经年不断的高温和雨
水作用下，褪去了坚硬和突兀，融合了
万物的生机勃勃，变作了"拔地参天起
一峰，当空高插碧芙蓉"的美丽景象。

　　"江作青罗带，山如碧玉簪"；漓
江之美，美在水之清丽，山之神奇。

　　或直或曲，船下的漓江总是清澈动
人的。阳光下的漓水时而碧似翡翠，
时而绿如青梅，那丰腴的绿总是色泽

万千，不断呈现出变幻的风情。漓江不仅造化了周边的万物，而且把水这一无色无趣的物质，变成了挑人心弦的美丽精灵。

专家评语

画中山水的塔状峰林，地貌演化的详尽释义。

——张寿越

世界最典型、发育最完美的湿润热带亚热带岩溶峰林地貌，峰林平原更是世界陆地上分布面积最大、景观美学价值最高、具有珍稀性和垄断性的自然遗产。

——朱德浩

桂林-阳朔之美主要在其峰丛、峰林，加之漓江在其间蜿蜒流动，更具备了水墨山水的魅力。

——熊康宁

漓江像一条青绸绿带，盘绕在群峰山峦之间，奇峰夹岸，碧水环绕，充满了浓郁的乡土气息。

这里的山峰不高也不险，它们在两岸错落排列，青黛色的线条柔和而曲折。尽管山峦重重叠叠、此起彼伏，但每座山都有自己的内涵，它们全然不似张家界石峰的桀骜不逊，而只愿意肩并肩、头挨头地守住这方水土，厚泽无边地注视着沧海桑田的变迁。

站在船头，前方的象山正静静伫立，悠然吮吸着清澈碧透的江水；一抬头，陡壁上又忽然跃出两只展翅飞翔的蝙蝠；碧莲出水，惟妙惟肖；九马嘶鸣，疾驰如飞；五指山、笔架峰、观音台……

奇峰间怪石嶙峋，溶洞高悬，暗河幽深，直叫人目不暇接，叹为观止。

当水汽和阳光交融出朦胧的白雾，在山峦间轻轻荡漾时，群峰变得朦胧起来，散布的山尖峰峦又好似云雾里的琼洲仙岛、海市蜃楼。

"分明看见青山顶，船在青山顶上行"。漓江之美，美在山因水而灵，水依山而秀。

平静的河水犹如一面透亮的明镜，无数峰林将身影轻盈地投下，水上是景，水下也是景，婆娑婀娜的凤尾竹倒映水中，就像壮家少女正在沐浴那洒落一肩的青丝黑发，一只只古香古色的小渔舟无语地静靠在水面上，有几只缓缓地在水面上滑行。

水在山下绕，舟在水里行，相偎相依的山水与天色混为一体，让人如坠仙境。

山水相依的缠绵悱恻，在这里挥洒到了极致，漓江的山水，从诞生之日起，便注定了生生世世的不离不弃。

中国最美的五大峰林

武 陵 源
失落深山的丹青

撰文/若 水　摄影/孙建华

　　如果说世间有这样一幅超过300平方公里的丹青画卷，它的美足以震惊世界，那它必然就是我今次造访的武陵源。

　　清晨出城，而后一径向西，漫山遍野的红叶在山间薄雾中轻轻招摇，深秋的湘西，意在向我们展示出它那成熟的韵致。

　　内心有隐约的失望，毕竟车窗外的景致与平日所见相比，实在称不上特别。忽然间车厢内有人"啊"的一声呼叫，随着他的目光看去，无数庞然大物惊现前方，座座伫立苍穹，如万夫当关。心中一惊，未及多想，那些山峰的气势顷刻间便俘虏了我。

　　作家叶梦的散文《青岩山遐想》中对武陵源有这样的描写："乍见这山怪般的奇峰，我惊呆了，丹田之气按捺不住涌上来，一个个'啊'字脱口而出。除了一个个'啊'字，别的字眼我一个也想不起了。"

　　是的，走进这千峰耸立、万峰峥嵘的壮观之中，很难有人可以保持住矜持。

　　这些峰不似黄山的俊朗，而是随心所欲、潇洒不羁；它们更不似其他峰的青葱黛绿，只由着性子涂满浓浓的红，带出周身熊熊燃烧的野性之

虽然直到上世纪80年代初，武陵源才得以扬名海内外，然而它很快便凭其境内的奇峰耸立、峡谷蜿蜒而被人们惊叹为"失落在深山的一颗明珠"。

美，就连自然在造就它们时也不青睐柔美的弧度，反而另辟蹊径，启用了一条一条的刚劲有力的直线。

眼前英武挺拔的万千奇峰，正是被称作地质博物馆的武陵源。

武陵源这个名字，起源于它的地理位置恰处于湖南和贵州交界的武陵山脉北段。中晚泥盆纪时期，正刚处于海陆交界的武陵源地区沉积下了大量的石英砂岩。岁月悠悠，沧海桑田，随着地壳的抬升以及侵蚀、风化等因素，有些隆起的台地慢慢变作了峰丛、峰林，有些地方却被慢慢夷平，剥蚀成了峡谷和沟间。无论从规模的大小、发育的完整性、形态的丰富，以及生物的多样性等各方面，武陵源都是大自然存留人间极其珍贵的遗产。

如今，作为世界自然遗产的重要一员，武陵源风景区的范围包括了张家界、天子山、索溪峪以及其他一些新近开发的区域。

在武陵源，有一个游人必至的去处，那便是天子山脚下的"十里画廊"。

专家评语

由3.5亿年前泥盆纪石英砂岩构成的3000多座柱状石峰，拔地而起，丛列成林，是全国乃至全球最典型的石英砂岩峰林地貌，科研价值极高。

——陈安泽

"十里画廊"绵延近十里，皆是山间小路，无画亦无廊。然而峡谷侧山峰屏列，岩石从溪根擎天叠起，叠出了200来尊"似人似物、似鸟似兽、无一不神、无一不绝"的奇妙造型，人行其中，移步换景，真是如画又如诗。

云影山色，在张家界涂染出一幅天然的丹青画卷。阳光斜映峰群，云雾飘移山腰，郁郁葱葱的原始森林在山峰与峡谷之间飞青滴翠，"苍劲虬曲挂绝壁，松枝摇曳三千峰"。

经过一番努力，我们攀至了山腰。令人陶醉的薄薄云雾却忽然变作了恼人的密密雨丝。正为前路犯难，立时就有人上前兜售雨衣——原来当地人对此状况竟早有准备。

套上雨衣，一行人兴致不减，举步待发。这时，一对穿蓝色布依服饰的夫妇快步上前，齐声道，"妹子，要听民歌吗……"

正犹豫间，那湘妹子极爽快地笑了，"十块钱，三首，不乱讲的……"

倒显了我的小人之心，我红着脸停下了脚步。

那男子坐在一块青石上，将一块蜡染的蓝布铺在腿上，架好二胡，微闭了双眼，一串悠扬的音调随他的手腕倾流而出。

湘妹子启唇唱道，"冷水泡茶慢慢浓呦……"

高亢却不乏柔美的声音回荡在青山绿水之间，安静的景色，又添了生机……

同"十里画廊"一样，金鞭溪亦属于一步一景的路程，只是它较之前者的壮观奇伟显得恬静怡然了许多。漫步溪旁，林海苍翠之间，溪水呈碧，彩石莹莹，很容易令人生出一种幻觉，认为溪水的尽头，便一定会是陶公笔下的"落英缤纷"的桃花源。也许正因为赋予了游人这样美好的念想，溪畔才永远不缺少纷至沓来的脚步。

攀登上由群峰环绕的天子山"天台"，可以俯视整个武陵源。在千变万化的苍茫云海掩映下，武陵源以峰为魂，艳冠人间。

武陵最动人，当属峰奇。

在武陵源360多平方公里的面积

中，砂岩柱和砂岩峰分布有3000余座，大部分的高度都超过了200米。当千百座耸立挺拔的砂岩高峰组成的峰林奔涌呼啸而来，突兀地陡立在面前时，真有不知如何书写"万千气象"这四个汉字的茫然。

这里的峰，又似与世间万物形神相通。

从最高的"兔儿望月"，到低处的"水绕四门"，那些高高低低、大小不一、形态各异的奇峰，有的如仙女起舞，有的似老人采药，有的如蛟龙出海，有的似剑刺长空。大自然曾在这里随意挥洒过它的真性情，不经意间便留下了无尽的想象给凡俗的人群膜拜顶礼：南天柱、金鞭岩、五指峰、定海神针……林林总总，不胜枚举。

在这里，每一座石峰都是一个生命。尤其是雨后天晴，山谷中生出的云雾缭绕在层峦叠嶂之间，石峰若隐若现，整个武陵源都是上天遗漏下的仙境，即使再没风雅之性的人，也不会对此存疑。

这里的峰，"三千峰林八百水"。

三千奇峰之间，竟有八百条溪流碧泉奔波流淌。水从高崖上飞扬而下，如飞珠溅玉；水在草丛间蜿蜒游走，如白蛇过隙；水在林间聚集成湖，载舟便能游。

武陵源独特的石英砂岩峰林直立而密集，给人以层峦叠嶂的磅礴气势与恢宏大观。峰石名称很多，大如"神堂湾"、"西海长卷"、小如"天女献花"、"屈子行吟"、"罗汉峰"，而无名的山峰一样自成文章，同样使人产生无拘无束的畅想。

峰因水更奇，林因水更秀。不论是石缝间的山泉，幽谷里的潜流，树阴下的碧潭，还是悬崖处的飞瀑，皆与红岩相映相伴，妙趣天成。

从踏入武陵源的那一刻起，"美"，便散落在了行程之中。先有张家界，继而是索溪峪，随后再天子山，"美"不仅无处不在，且行程也如"冷水泡茶"愈发心旷神怡起来，由按图索骥的找寻变成了怡然自得的游走。

举目皆是景，无景不动人。过去，我总认为中国画是虚构的，现在才知道，自然界中真有它的蓝本，难怪我国著名植物学家吴征镒会说张家界就是一幅"天然图画。"

这样的山水，已不再需要路标来指引，就任游人一路走过，惊呼，赞叹，沉迷，陶醉，岂不是人生能有几何的快事一件！

山水之美不在于刻意，而在于挥洒自如。人为的一切对于极美而言只是徒劳，只有随心感悟到的心动才是永恒。

山水如此，人生亦然。

万峰林
高原上的心跳

摄影/李贵云

专家评语

兴义万峰林从高原向斜坡地带分异清晰，发育完美，早被明朝徐霞客所重视，布依族和苗族风情更增添其情趣。

——林钧枢

兴义万峰林是中国准备向联合国申报南方喀斯特锥状喀斯特峰林世界自然遗产候选地，其美学价值无可争议。

——熊康宁

　　贵州兴义，是中国喀斯特地貌发育演化的典型地区之一。坐落于此的万峰林总面积达2000平方公里，它东至坡岗，南达广西，西到滇、黔、桂三省区交界的三江口，北接乌蒙山主峰，占了兴义约三分之二的面积。

　　3亿年前，万峰林地区是滇黔古海的一部分，经历了燕山、印支、喜马拉雅等多次造山运动以后，隆起的石灰岩在烈日、雨水、二氧化碳和有机酸的共同作用下，逐渐形成了溶洞、峰林、天坑、裂谷、地缝、钟乳石、石笋等奇观。不论从美学价值，还是从喀斯特地貌发育演化过程的完整性、存留下来

峰林屏障与万顷田园交相辉映，组成一幅奇特、秀丽、开阔的自然画卷。

遗迹的丰富性、锥状峰林集中连片的面积，还是景观的典型性等方面，万峰林都堪称奇景。

在人们普遍的理解中，"喀斯特"几乎是贫瘠和荒凉的代名词，而万峰林，则无疑为纠正这种观念的偏颇提供了一个重要的依据。

公元1638年，风尘仆仆的徐霞客在万峰林脚下吟出了"天下山峰何其多，唯有此处峰成林"的诗句，万峰林这处"磅礴数千里"的"西南奇胜"由此为天下人广知。

万峰林地处"地球最美丽的伤疤"——马岭河峡谷的中下游，分为东峰林和西峰林。峰林从海拔2000多米的云贵高原边沿成扇形展开，根据形态不同通常被分为五大类型：列阵峰林、宝剑峰林、群龙峰林、罗汉峰林、叠帽峰林。

万峰林延伸至南盘江大裂谷断层地带后，因部分被淹没又形成了别具情致的万峰湖，山水相依，嶙峋的岩溶石和苍翠的奇木点缀其间，奇伟动人。

万峰林山势皆不高，然而林立的峰笋比肩接踵，却形成了无法抵挡的壮观之势。登高远望，青灰色的峰林屏障与黄绿相间的万顷田园交相辉映，弯弯曲曲的纳灰河如一条银练，把沿途的村寨像珍珠般地串连起来，构成了一幅秀丽开阔的自然画卷。难怪在当地布依族和苗族同胞传唱的民歌里，万峰林就是他们心中的桃花源。

东峰林以田增色，西峰林以水夺人，整个万峰林以它世外人间般的田园风光，传递出云贵高原上一声声最美的心跳。 ◎

三清山三排尖

■ 摄影/钟明积

专家评语

景区内峰峦林立，其中"女神峰"、"琵琶峰"、"巨蟒出山"为稀世胜景，是国内最典型的花岗岩峰林地貌之一。 ——陈安泽

受垂直节理、近水平节理、地壳间歇抬升、岩石差异风化、构造裂隙疏密程度的控制，形成了形态各异的花岗岩石峰和大量的造型地貌、象形山石，具有很高的美学价值。

——朱德浩

三清山位于江西省东北部德兴市、玉山县交界处，总面积229平方公里，因玉京、玉虚、玉华三大主峰"如三清列坐其巅"而得名。海拔1816米的玉京峰为怀玉山最高峰，又被赞为"高凌云汉江南第一仙峰，清绝尘嚣天下无双福地"。

三清山地处扬子板块与华夏板块的结合带，经历了10亿多年的地质演变，形成了举世无双的花岗岩峰林地貌。

美在古朴自然，奇在形神兼备。三清山在大自然这个艺术大师的精心塑造下，形成了世界罕绝的司春女神、巨蟒出山等山岳奇观。

这里的花岗岩裂隙和节理发育最为齐全，是花岗岩节理的地质博物馆，被专家称作西太平洋边缘最美丽的花岗岩。 ●

罗平峰林
金色的花园

专家评语

区内锥状石峰排列如林，地貌典型。周边平坝梯田万顷，每到春季油菜花开，酷似金黄色海洋，碧峰金波相映成趣，其美无比。

——陈安泽

记录了云南高原的夷平—隆升过程与低海拔古热带到高原亚热带的环境变化。

——林钧枢

滇桂黔三省区交界的层峦叠嶂之中，隐藏着一处奇丽的风景——罗平峰林。

罗平位于云南省东部，因其特殊的地理位置，素有"滇东门户"、"滇黔锁钥"之称。

菜花、村落、青峰，缺一不可而又自在地构成了罗平这座风光明媚的天然大花园。

■ 摄影/刘建明

阳春三月，罗平的20万亩油菜花竞相怒放，有的"成片成块"，有的"高低起伏"、有的"曲折迂回"、有的"螺旋盘落"，在流光溢彩间，铺就了一望无垠的金色花海。

花海中的玉带湖、腊山湖、湾子湖像三面闪亮的银镜，衬托着青翠葱茏的白腊山；此起彼伏的喀斯特锥形峰点缀在花海间，如笋似柱，峰峰错落有致、千姿百态；青山在白云间时隐时现，溪流在村落中静静流淌……

雅鲁藏布大峡谷是世界最大的绿色大峡谷。

■ 摄影／田捷砚

China's Ten Most
Beautiful Gorges

中国国家地理推出

中国最美的
十大峡谷

排行榜

1. 雅鲁藏布大峡谷 (西藏)
2. 金沙江虎跳峡 (云南)
3. 长江三峡 (重庆、湖北)
4. 怒江大峡谷 (西藏、云南)
5. 澜沧江梅里大峡谷 (云南)
6. 太鲁阁大峡谷 (台湾)
7. 黄河晋陕大峡谷 (内蒙古、山西、陕西)
8. 大渡河金口大峡谷 (四川)
9. 太行山大峡谷 (北京、河北、河南、山西)
10. 天山库车大峡谷 （新疆）

入围名单
(按首字拼音顺序排列)

长白山大峡谷
（松花江上游的吉林抚松、松江境内）

长江三峡
（瞿塘峡、巫峡、西陵峡）

大渡河金口大峡谷
（四川乐山市金口河—汉源县乌斯河）

大宁河小三峡
（重庆巫山县、巫溪县境内）

贡嘎山大峡谷
（四川泸定县海螺沟、燕子沟、南门关沟）

黄河晋陕大峡谷
（内蒙古托克托县河口镇—山西禹门口）

金沙江虎跳峡
（云南香格里拉县虎跳峡镇—丽江市大具乡）

昆仑山大峡谷
（新疆喀什市塔什库尔干县境内）

澜沧江梅里大峡谷
（云南德钦县佛山—燕门）

南盘江大峡谷
（贵州兴义市马岭河峡谷）

怒江大峡谷
（西藏察隅县察瓦龙—云南怒江六库）

帕隆藏布大峡谷
（西藏波密县古乡湖—林芝县门中）

秦岭大峡谷
（陕西周至县黑岭峡谷）

太行山大峡谷
（拒马河峡谷系—北京房山、河北涞源；漳河峡谷系—河北阜平、井陉、赞皇；漳河峡谷系—河南林州、山西长治；沁河峡谷系—河南焦作、山西晋城）

太鲁阁大峡谷
（台湾花莲县立雾溪）

天山库车大峡谷
（新疆库车县）

乌江大峡谷
（重庆武隆—贵州源河）

雅砻江大峡谷
（四川木里县白碉—盐源县周家坪）

雅鲁藏布大峡谷
（西藏米林县派乡—墨脱县巴昔卡）

浙西大峡谷
（浙江临安天目山东南坡）

评选标准

■ 峡谷地貌形态具有震撼性；（0—30分）
■ 峡谷中的河流具有动态美；（0—25分）
■ 峡谷的深度、长度特征突出；（0—20分）
■ 峡谷没有受到人类活动的破坏；（0—10分）
■ 峡谷地区具有生物多样性；（0—10分）
■ 峡谷地区历史文化悠久。（0—5分）

评委介绍
(按姓氏笔画排列)

尤联元　中科院地理科学与资源研究所研究员
长期从事河流地貌、区域和环境地貌的研究工作。特别对于长江、黄河、澜沧江等大河的河源确定、河谷地貌和河床演变等方面有独到的见解。

张青松　中科院地理科学与资源研究所研究员
长期从事青藏高原、南极和北极地区地貌与第四纪环境变化的考察与研究。是中国第一位在南极越冬的科学家。

杨逸畴　中科院地理科学与资源研究所研究员
长期从事青藏高原和塔克拉玛干沙漠的探险考察，曾任南迦巴瓦峰登山科考队副队长和雅鲁藏布大峡谷科考队副队长，几乎走遍了祖国的山山水水。是世界第一大峡谷——雅鲁藏布大峡谷的论证者之一。

范　晓　四川省地质公园与地质遗迹调查评价中心总工程师
长期从事中国西部地质调查、地质遗产保护与地质公园建设，还倡导和致力于河流自然景观的保护。是一位深具责任感的环保主义者。

康育义　南京大学地质学和美术学双学科教授
长期从事地质学和山水画的教学科研与创作研究。创立了文理交叉新学科——山水地质学，被誉为"一位在科学与艺术之间架设金桥的设计师"。

易　水　《中国国家地理》编辑

天地有大美而不言

在来《中国国家地理》工作之前，我是个闲散的自由作家，左手写作、右手做着职业的文学编辑。多年来，这种以"创造美"和"发现美"为准则的生活和职业，自然而然地把我变成了"美"的信徒，让我从审美的角度来看待人生与世界，但我的审美范畴大多聚焦在社会和人文层面上。直到有一天，我忽然想从那种抽象的精神世界中走出来，看看这个世界的广阔和她丰富多彩的美。于是"改行"到了这里，从此便走进了另外一个美不胜收的世界，那便是"天地有大美而不言"。她作为社会和人生的对立面或补充物，以其生生不灭，无限永恒地矗立在人的面前，相对于短暂的人生而言，她始终是一种可望不可及的终古之美。

这次，做"选美中国"专辑，便让我有了一次全景式扫描中国最美的峡谷的机会，在被中华大地上的美所淹没的同时，我们的峡谷评委们对于峡谷美的评选标准的争议与分歧，是我这次编辑们工作过程中遇到的最大障碍。

由于以前职业的影响，我对峡谷的美的理解倾向于峡谷地区历史文化和民族文化的独特价值和意义，我更喜欢那种留下过人类生活痕迹的峡谷，那种被人类文化和精神深深浸染过的峡谷。但是，在杨逸畴老

师的眼里，凡自然的都是美的，因为他几十年来都和大自然亲密无间。他认为峡谷美是没有标准的，完全是个人感受。如果非要标准，那便是峡谷的定义和峡谷的深度、长度、宽度等特征数据。而康育义老师则坚定地认为，自然美有标准，四十年的研究和考察已形成了他的山水美学理论，比如自然景观"四绝"：石、树、水、云，他最为推崇的峡谷的美是峡谷中的河流是否有动态美。他认为水是大地的血液，是峡谷的灵魂。与之相关的则是张青松老师的意见，他认为有水的峡谷，没有水的旱谷也算是峡谷，他觉得峡谷美最重要的标准是人与自然和谐平衡的程度。而尤联元老师认为峡谷的美体现在峡谷地区生物多样性上。范晓老师则把峡谷地貌形态是否具有震撼性作为第一标准。他觉得如果在看某个峡谷第一眼时，被她"震"住了，那么这个峡谷肯定是美的。

大家都各执一端，每个人都认为自己抓住了峡谷美的精髓。经过很多次的电话"会议"后，终于达成了共识：每个人的观点都是片面的，把所有的片面结合起来才构成了完整。最后整合完大家的意见，按侧重不同，给了六条评选标准以不同的评分等级。积分前十位的便是中国最美的十大峡谷。纲举目张，随后的峡谷排名变得水到渠成。

中国最美的十大峡谷位置示意图

● 峡谷段长小于30公里
— 峡谷段长大于30公里

雅鲁藏布大峡谷

撰文：杨逸畴

雅鲁藏布大峡谷在墨脱段的水汽通道现象，
水汽萦绕、气象万千。

■ 摄影/杜泽泉

雅鲁藏布大峡谷和南迦巴瓦峰及南迦巴瓦峰西坡的则弄隆冰川浑然一体，美不胜收。

■ 摄影/杨逸畴

专家评语

就像藏传佛教中幻化缥缈的香巴拉圣殿一样，雅鲁藏布大峡谷对我们大多数人来说，是一个永远充满未知与期待的秘境。南迦巴瓦峰的雪霁云雾之下，是地球表面永恒的魅力之一。

——范晓

百余年来，美国的科罗拉多大峡谷一直顶着"世界第一大峡谷"的桂冠享誉全球。近年来，秘鲁推出了科尔卡大峡谷，以其3200米的深度提出了挑战。随后，尼泊尔王国又推出了在阿纳普那（海拔8091米）和德哈乌拉给日（海拔8167米）两座高峰所夹峙的谷地——喀利根德格

大峡谷，以4403米的深度刷新了世界第一深峡谷的纪录。但是，科尔卡大峡谷和喀利根德格大峡谷尽管在深度上胜出，但雄伟壮观却显得不足，从整体上均无法与科罗拉多大峡谷媲美。放眼地球，惟一可以直接向科罗拉多大峡谷提出挑战的只有中国的雅鲁藏布大峡谷。

专家评语

无论是从峡谷的长度、宽度、深度、水量，还是从景观的雄奇、险峻等多方面的因素综合考虑，雅鲁藏布大峡谷称之为峡谷中的全能冠军应无疑义。

——尤联元

雅鲁藏布大峡谷雄伟、险峻、奇特、秀丽，具有伟大、崇高、圣洁、神奇、神秘之美。

——康育义

雅鲁藏布江在藏东南的米林县以派乡为入口，生生切开了横亘于前的喜马拉雅山，围绕南迦巴瓦峰形成一个举世无双的奇特马蹄形大拐弯后入墨脱县，最后到巴昔卡，这便是雅鲁藏布大

峡谷。它的实际长度为504．6公里。峡谷最深处位于南迦巴瓦峰和里勒峰与雅鲁藏布江交汇处——宗容村，谷深6009米，单侧峡谷最深处在得哥村附近，谷深7057米，大峡谷平均深度为2268米，核心地段平均深度为2673米。大峡谷江面从入口处的660米，逐渐收敛至最窄处的35米，江面最大坡降(河段高程差与距离之比)为75.35‰。这些数据是长370公里、深2133米的科罗拉多大峡谷，及长90公里、深3200米的科尔卡大峡谷所无法比拟的。

另外，大峡谷拐弯地区，地幔体上涌，构成地球上为数不多的地球"热涡"，上升量达30毫米／年，是世界上上升最强烈的地区。这种内营力的条件也是科罗拉多峡谷和科尔卡峡谷所无法相比的。科罗拉多峡谷所在的地下岩浆作用已溢露地表，玄武岩以夹层方式出露，这里的年上升量不过6～15毫米／年；而科尔卡峡谷所在地下岩浆作用以火山爆发的形式出现，形成峡谷一侧的火山岩高山。雅鲁藏布大峡谷作为世界上最大最雄险的峡谷是当仁不让的。

雅鲁藏布大峡谷内独特的栈桥。

■ 摄影/杨逸畴

专家评语

世界上最高的河流雅鲁藏布江拦腰切开世界上最高的山脉喜马拉雅山脉，弯弯曲曲流经西藏南部，并且在南迦巴瓦峰形成了一个举世无双的大拐弯，神秘壮阔之美无与伦比。它是地球上"最后的秘境"。如果没有见过它，你就不能说你见过了最壮美的峡谷。

由于雅鲁藏布大峡谷恰好切开了喜马拉雅山，成为印度洋季风进入高原的

雅鲁藏布大峡谷八玉河段，河床切入基岩，谷坡直立，急流奔涌，陡壁如削，壁上有瀑布从200米高处如匹练下挂。

■ 摄影/李渤生

最大水汽通道，水汽量的强度竟与夏季自长江以南向北输送的水汽强度相当。有了沿大峡谷的水汽通道，热带山地环境北移6个纬度，出现藏东南的一片绿色，现为仅次于东北和云南的我国第三大林区，青藏高原60－70%的生物物种集中在大峡谷；出现了从极地寒冻带到低河谷热带季风雨林带世界上最齐全、最完整的垂直自然带，以及高山发育的季风型海洋性(温性)冰川，峡谷河床的四处大瀑布群以及单位河段拥有世界河流最丰富的水力资源等，是世界上最绿色的峡谷。这些又都是世界上其他著名峡谷所不具备的。美国西部的科罗拉多峡谷和秘鲁的科尔卡峡谷出现在干旱、半干旱的环境下，具有植被稀疏、景观单调的荒漠景观，流水的侵蚀切割作用弱，形成峡谷的外营力条件也远远比不上雅鲁藏布大峡谷。

如果单从流量比较，雅鲁藏布大峡谷入口(派乡附近)的年径流量为2000立方米／秒，出口处巴昔卡平均流量为5200立方米／秒，而科罗拉多河年平均流量不过几十到几百立方米／秒，科尔卡峡谷亦然，实难与雅鲁藏布大峡谷相匹敌。如果以水道而论，雅鲁藏布大峡谷河段，河水平均流量达4425立方米／秒，远远超过67立方米／秒的科罗拉多河和另外两条河流。其河流流速高达16米／秒，水流湍急，跌宕相连，水流的险恶程度也远在诸峡谷之上。

其次，雅鲁藏布大峡谷的美更是无与伦比的：奇特的大拐弯和青藏高原最大的水汽通道，这两大特点本身就构成世界上最珍奇的自然奇观之一。独特的自然环境，丰富的生物多样性，构成雅鲁藏布大峡谷多姿多彩而又独一无二的景观：原始、自然、质朴、魅力无穷。

它的撼人风光可以用10个字来概括："高壮深润幽，长险低奇秀。"

高　雅鲁藏布大峡谷两侧，壁立高耸的南迦巴瓦峰(海拔7782米)和加拉白垒峰(海拔7294米)。其山峰皆为强烈上升断块，巍峨挺拔，直入云端。峰上冰川悬垂，云雾缭绕，气象万千。

壮　从空中或从米林拉等山口鸟瞰大峡谷，在东喜马拉雅山无数雪峰和碧绿的群山之中，雅鲁藏布江硬是切出一条笔陡的峡谷，穿越高山屏障，围绕南迦巴瓦峰作奇特的大拐弯，南泻注入印度洋，壮丽奇特。

深　在南迦巴瓦峰与加拉白垒峰间的雅鲁藏布大峡谷最深处达5382米，围绕南迦巴瓦峰核心河段的平均深度也在5000米左右。

润　大峡谷南段年降水量高达4000毫米，北段也在1500－2000毫米之间。故整个大峡谷地区异常湿润，布满了郁密的森林，形成了世界上生物多样性最丰富的大峡谷。

幽　雅鲁藏布大峡谷林木茂盛。由于地势险峻、交通不便、人烟稀少，而且许多河段根本没有人烟，加上大峡谷云遮雾罩、神秘莫测，所以环境特别幽静。

长　雅鲁藏布大峡谷以连续的峡谷绕过南迦巴瓦峰，长达504公里。

险　雅鲁藏布大峡谷中许多河段两岸岩石壁立，根本无法通行，所以1998年以前从无人全程徒步穿越峡谷。

低　系指雅鲁藏布大峡谷最低处的巴昔卡，海拔仅有155米。

奇　雅鲁藏布大峡谷最为奇特的是它在东喜马拉雅山脉尾闾，由东西走向突然南折，沿东喜马拉雅山脉南斜面夺路而下，注入印度洋，形成世界上最为奇特的马蹄形的大拐弯。它不仅在地貌景观上异

常奇特，而且又成为世界上具有独特水汽通道作用的大峡谷，造就了青藏高原东南缘奇特的森林生态系统景观。

秀 整个大峡谷的自然景观可以用"雅鲁藏布大峡谷秀甲天下"来形容。谓其秀甲天下，主要是指无论是在秀的广度、深度和力度上都独领风骚。就广度而论，大峡谷是山秀、水秀、树秀、草秀、云秀、雾秀、兽秀、鸟秀、蝶秀、鱼秀、人秀、村秀……不仅如此，大峡谷的秀还有其深远和雄伟的内涵。例如大峡谷之水，从固态的万年冰雪到沸腾的温泉，从涓涓溪流、帘帘飞瀑直至滔滔江水，固态、液态、气态、溪流、大江，秀丽深入到水的各种形态、各种尺度规模。而从力度来看，数百米的飞瀑，16米／秒的流速，4425立方米／秒的流量，其力度甚为壮观。再如大峡谷之山，从遍布热带季风雨林的低山一直到高入云天的皑皑雪山无一不秀：茫茫的林海及耸入云端的雪峰给人感觉更如

神来之笔。生于斯长于斯的众多的生灵，更以其独特的形体和生命的活力迸发出秀丽的光彩。

通过综合性的对比，事实和科学的感受，无论在气势上、自然属性上、感观上、科学内涵上、力度上、美感上……都使你觉得世界第一大峡谷非雅鲁藏布大峡谷莫属。美国的科罗拉多峡谷，秘鲁的科尔卡峡谷，乃至尼泊尔的喀利根德格峡谷等都只能退居世界河流峡谷的次席。今天的雅鲁藏布大峡谷将不再是藏于深闺无人识的险山恶水，它将如出水芙蓉般屹立在世界的东方，是大自然对人类的最慷慨最丰盈的馈赠。

金沙江虎跳峡

撰文/于坚

专家评语

金沙江是"三江并流"中的大哥，而虎跳峡则是"大哥"身上的一颗明珠。其汹涌澎湃之势不只是让你叹为观止，而是实实在在的心灵上的震撼。　　　　　　　——尤联元

金沙江沿着东北走向的断裂，在玉龙雪山和哈巴雪山之间冲决而出。由于巨大的落差和陡峭的河床，使得虎啸龙吟、汹涌澎湃的峡谷交响乐在此达于极致。　　　　　——范晓

虎跳峡具有激情热烈、奔放汹涌、粗犷豪迈的阳刚之美。　　　　　　　　——康育义

这便是著名的虎跳石。她把激流截分为二，咆哮的江水宣泻其间。

■ 摄影/陆江涛

虎跳峡是个有世界影响的峡谷，它在世界上的影响甚至比在云南还要大。世界许多地方，人们不知道中国的云南省，但知道虎跳峡。就像我不太清楚尼亚加拉瀑布在世界何处，但我知道这个瀑布。

这是一个可以养浩然之气的峡谷。我曾经多次在这个伟大的峡谷中行走，记忆最深的就是两年前的夏天，我在时

断时续的暴雨中步行20多公里穿越了整个峡谷。

那次我从香格里拉乘车出发，在即将进入虎跳峡的时候，地势忽然开阔，可以看出玉龙雪山和哈巴雪山原来是一体的，现在分裂了，像巨大的幕布那样拉开，成为对立的石壁，其间露出深远的阴天，心灵震撼，我好像听得见亿万年前，大地向两边退去时，泥沙、大石头和洪流滚滚而下的声音，那峡谷的入口保持着巨大的动感，金沙江却很安静，藏在最下面，一切都是为了它。

虎跳峡的金沙江江面海拔1630米，江岸的最高点有3733米，落差达2100多米。共分三段，上虎跳、中虎跳和下虎跳。我们的越野车沿着峡谷边的公路前进，公路很危险，白色、黄色的乱石滚得到处都是，远古的巨变依然在进行，突然，前面的路被哈巴雪山泻下的洪水冲断了，几块巨石横在中间。大水把公路淹没了一大片。民工说，路至少得两天才能通。如果要继续坐汽车的话，就只有退回到中旬。我当场决定放弃汽车，步行穿过虎跳峡。民工说，走路非常危险，山上随时会有石头滚下来。我根本不听，这就是大地啊！民工们在洪流上搭了几块摇摇晃晃的木板，交费10元才可以走过去。我渡过洪流，开始步行。塌方一处接着一处，散发着新鲜的石头气味。天空乌云密布，峡谷昏暗，暴雨再次袭来，我立即浑身湿透。冒雨走了几公里后，雨又停了，峡谷安静下来。忽然听见一串响声由高处下来，定睛看时，一队石头，大大小小，一个跟着一个足球般蹦跳着，在我前面数百米的地方滚进了金沙江。

空中俯瞰虎跳峡，那是金沙江在玉龙雪山和哈巴雪山之间切开的缝隙。

■ 摄影/陆江涛

险雄壮闻名于世的。险中蕴藏着一种夺人心魄、令人敬畏的威严之美。

峡谷里杀机四伏，不知道什么时候石头会再次滚下来，我非常紧张，走得飞快，似乎正在被那些石头组成的党卫军追捕，每一步都是在逃离危险。路非常难走，碎石、泥巴、水坑，但我如履平地。大约两小时后，（我不能肯定，我已经失去了时间感，只是感到天色渐晚）我走到了虎跳峡风景区，28公里的峡谷，游客活动的区域主要是在这里，著名的虎跳石就在下面。已经筋疲力尽，但峡谷下面百万老虎咆哮的声音使我再次振奋起来。又下雨了。虎跳石已经被吞没。我站在巨流旁边，水汽逼人，形成一股吸力，使你不敢太靠近。可以看见金沙江在上游那边还是平如镜子，到了虎跳石一带，一条巨川忽然塌下、爆炸、碎裂、喷泻，积蓄在漫长时间中的什么都爆发了，汹涌奔泻，呼啸奔突，几条水流如疯狂的长舌头或者旗帜上下飘着，那个叫惊心动魄，那个叫狼哭鬼嚎，那个叫风雨雷电，那个叫

编辑评语

虎跳峡是世界上落差最大的峡谷之一，以奇

惊天动地。我害怕得发抖，后退着，担心那百万猛虎忽然朝我转过头来。回到公路上，心中有一种经历了大悲喜的平静，我到过虎跳峡了，我不再是过去的那个我了，我的生命又开阔了许多，重了许多，我的生命更自然了，所谓修身养性，养浩然之气，感通天人合一，这在书房里是无法达到的。

天已经晚了，一个纳西族的司机载我连夜去丽江。他沉默地开车，我在黑暗的车厢中默想：这次经历令我再一次领悟到中国文化的魅力。自然世界是中国精神的教堂。伟大的诗人、画家无不从自然世界获得关于人生的领悟，诗歌的灵感，自然世界成就了他们的伟大作品。从这个意义上

说，虎跳峡是一个伟大的中国教堂，一个归宿，它就像巴黎圣母院一样，是个令人心灵安息的地方。 ◎

两岸如刀削斧砍，陡峭险绝。江水湍急奔腾，夺路而出。峡内涛声如雷，浪花飞溅，惊心动魄，惊险奇绝。

■ 摄影/陆江涛

3

中国最美的十大峡谷

长江三峡

编辑评语

两岸连山、隐天蔽日、一川激流、水急浪高的三峡如同一幅巨大的天然山水画卷。它的一山一水，一景一物，是诗、是画，流淌在几千年的中华文化的血脉里，浸染了世世代代中国人。

黄昏中的巫峡，在夕阳的余晖中如梦如幻，是三峡中最为幽深奇峭的一段。
■ 摄影/郑云峰

长江三峡，是中国第一大河上最富传奇色彩的峡谷。它西起重庆奉节县的白帝城，东至湖北宜昌市的南津关，全长192公里，但它并不是一个完整的峡谷，其中峡谷段总长约90公里，多段峡谷间以宽谷相隔。

西端的瞿塘峡，由白帝城至大溪，长约8公里，在三峡中最短，却最雄伟。赤甲、白盐两山夹江而立，河谷最窄处仅数十米，谷深大于1000

水，构成夔门，是为三峡上口，形似
巴蜀咽喉。杜甫有言："众水会涪
万，瞿塘争一门。"中间的巫峡，西
起大宁河口，东至官渡口，全长45公
里，是三峡中最长最完整的峡谷，俗
称"大峡"。它以幽深秀丽、云雨变
幻而著称，两岸的巫山十二峰，屏列
绵延，尤令人神往。东端的西陵峡，
严格说应该是两段峡谷，西边是香
溪至庙河的兵书宝剑峡——牛肝马肺
峡——崆岭峡，长15公里；东边是南
它至南津关的灯影峡——黄猫峡，长
20公里；其间隔以三峡最长的庙南宽
谷，三峡大坝即位于该宽谷中的三峡
江面最宽处——三斗坪。

专家评语

长江三峡，不仅是中国，而且是世界上人流和
物流最大的峡谷。雄伟的瞿塘峡、惊险的巫峡
和秀美的西陵峡紧密相连，构成世界上最神奇
的峡谷。
　　　　　　　　　　　　　　——张青松

长江三峡区别于其他峡谷的最大特点是：规模
宏大，不仅峡谷长度长，谷底河床的宽度和水
深均比较大，自然情况下可以航行两千吨级的
轮船，这在全世界的峡谷河流中无出其右。
　　　　　　　　　　　　　　——尤联元

这里似乎永远是中国峡谷的一个情结。朝发白

瞿塘峡是三峡中最短的一段峡谷，但群山嵯
峨，水势磅礴，集险峻雄伟于一身，两岸丝萝
悬垂、层林尽染，将画面渲染得淋漓尽致。
　　■ 摄影/郑云峰

帝，暮至江陵，极见其江流迅疾；巫山云雨，
高猿长啸，极见其深壑凄异。　　——范晓

长江三峡妩媚与雄险并存，崇高与秀丽相济。
　　　　　　　　　　　　　　——康育义

　　三峡的形成也是地质大背景使然，
四川盆地上的千溪万河要东流入海，却
在中国的二级至三级地形阶梯的阶坎
上，遭遇了七曜山和雪峰山脉的阻拦。
但起伏褶皱的岩石门槛，抵挡不住至柔
却至刚的滔滔江水，长江终于杀开一条
出路，奔向了海阔天空的汪洋世界。◎

　　（编者按：长江三峡之所以位居第
三名，其一，是因为三峡的平均深度远
远不及雅鲁藏布大峡谷和金沙江虎跳
峡。其二，三峡大坝的修建使得"高峡
出平湖"，峡谷的水体景观和气势打了
折扣。其三，三峡大坝影响和破坏了原
生的自然状态和文化状态。）

怒江大峡谷

怒江出西藏进云南，一路南下，在丙中洛孜当村附近遇王菁悬崖绝壁阻挡，由原来的从北至南急转为东至西，西转300米后，又遇丹拉大陡坡阻挡，拐了一个180度的大弯后向东流去，形成了"怒江第一弯"。

专家评语

怒江在碧罗雪山和高黎贡山两条海拔四五千米的山系夹峙下，形成了南北纵贯数百里的富有传奇色彩的大峡谷。峡谷长度和深度都远超于美国的科罗拉多大峡谷，被称为是世界上最神秘和最原始古朴的"东方大峡谷"。

——杨逸畴

这里江面宽阔，水流平缓，让人根本感觉不到眼前的是"怒"江，而是一片人与自然和谐相处的天然图画。

■ 摄影／罗定来

怒江峡谷山高谷深，在"三江并流"的三兄弟中原始状态保存得最为完全，因此也最具有神秘感。

——尤联元

一个"怒"字，最好地体现了这段峡谷河流的性格特征。也许没有哪个峡谷能像怒江大峡谷那样，有着如此斑斓多姿的民族与历史文化，这是生长于斯、延续于斯的怒江之魂。

——范晓

和横切山脉的太行山峡谷、太鲁阁峡谷等"横谷"不同，怒江（还有澜沧江）大峡谷则是与山脉走向平行的"纵谷"，由此才形成了诸如"三江并流"的自然奇观，而这是因为印度板块东北缘与欧亚板块相挤压时，在滇西北和藏东产生了一系列南北走向的大断裂所致。怒江大峡谷北起西藏察隅县的察瓦龙，南至云南怒江傈僳族自治州首府六库，长约300余公里。由于东、西两岸碧罗雪山和高黎贡山的逼峙，这一河段成了怒江最为险峻的峡谷段，平均谷深在2000米以上，最大谷深在滇藏交界处的高黎贡山主峰鹿楚腊卡峰（5128米）和碧罗雪山主峰竹子坡峰（4784米）之间，谷底海拔1650米，高差可达3478米。怒江大峡谷河床宽度一般为100至150米，最窄处仅数十米。深谷中的怒江，不断地克服着一座座石门、隘谷、峭壁的封锁，而一道道险滩，更是不断激起了怒江惊天动地的怒吼。

空中俯瞰怒江大峡谷，如梦如幻。这是世界上最神秘的的峡谷之一。

■ 摄影/田捷砚

编辑评语

怒江大峡谷是世界上最为奇特的一个峡谷，它有一种可怕的精神魅力。站在怒江最为险峻的峡谷上，会因为峡谷的景象、声音、气氛混合而成的奇怪的"场"，而迫切地想从悬崖上飞身跃入激流，这是一种无法控制的冲动，一种将自己投身于毁灭之中的强烈欲望。

怒江大峡谷地区以民族文化的多样性而著称，它是傈僳族的最大聚居地，怒族和独龙族的惟一聚居地，还有普米、白、彝、纳西、藏、景颇、傣等一共20多个民族，沿峡谷而行的茶马古道有近千年的历史。尽管诸多民族、诸多宗教共存，但基督教和天主教却在不同的民族中都占有主要地位，这是颇值得玩味的文化地理现象。 ◐

澜沧江梅里大峡谷

澜沧江是一条国际河流，被称之为"东方多瑙河"。位于德钦县境内的澜沧江梅里大峡谷，走峭的高山纵谷地形，奇异绝妙的地理构造，实为罕见。

■ 摄影/陆江涛

专家评语

深邃的谷地，高耸的雪山，汹涌澎湃的水流和郁郁葱葱的茂密森林是本段澜沧江大峡谷的特色，而被藏族同胞视为神山的梅里雪山在一旁的衬托更是增加了大峡谷的神秘感。

——尤联元

大跳度的高差起伏，令江流汹涌咆哮，翻起巨澜，峡谷区内雪山映照，更显圣洁与神圣。具有神奇、圣洁与葱郁、波澜之美。

——康育义

云南之巅的梅里雪山和云岭之奇的白马雪山一起，静静地注视着脚下这条永不宁静的大峡谷。澜沧江在这里孕育了波澜激越的动力，才有资格成为了中南半岛的大动脉。

——范　晓

　　澜沧江大峡谷位于云南德钦县境内，北起佛山乡，南至燕门乡，长100余公里，这里是云南省高差最大的地方。峡谷江面海拔2006米，左岸的梅里雪山卡瓦格博峰海拔6740米，右岸的白马雪山扎拉雀尼峰也高达5460米，峡谷的最大高差达4734米，而坡面距离仅为14公里。澜沧江由西藏入梅里峡谷后，江面束窄，水流湍急，无以为渡，历史上全靠竹篾溜索过江，因此江边有村庄得名"溜筒江"。虽如此险危之处，历史上人马财物坠江损失不计其数，但实为滇藏交通之咽喉，竟有"溜筒锁钥"之称。梅里大峡谷区是我国最大最重要的自然保护区之一，以保护滇金丝猴等珍稀物种，以及横断山典型山地森林垂直带自然景观为主。 ◯

编辑评语

我站在澜沧江东面，眺望对岸的卡瓦格博峰，晶莹峻峭的雪峰被原始森林簇拥着，森林之下是雄险如削近乎垂直的澜沧江梅里大峡谷。在如此的伟岸与崇高面前，任何词语都显得苍白无力，只能用心灵去感受那种亲历亲见的巨大震撼！

太鲁阁大峡谷

峡谷的类型中有一种为嶂谷，两侧谷坡十分陡峭，甚至接近于垂直，谷地宽度上下近乎一致，谷底主要为河床所占据。在地壳强烈隆起的地区，河流沿坚硬岩层的节理强烈下切，形成为嶂谷。太鲁阁大峡谷便是典型的嶂谷。

■ 摄影/萧云集

编辑评语

如果说美国的科罗拉多大峡谷是令人震慑的壮观，那么太鲁阁大峡谷就是让人惊艳的美，大自然以立雾溪为雕刻之手，鬼斧神工地造就了陡峭和险峻的太鲁阁峡谷。

壶穴是山区河流挟带砂砾石,在构造破碎和岩性软弱处冲刷、旋磨形成的深穴,可以在河床底部,也可以在河道的两侧。图中便是太鲁阁大峡谷河床底部的壶穴。

■ 摄影/萧云集

专家评语

太鲁阁大峡谷是雄伟壮丽的青年期的峡谷,又是独步全球的大理石峡谷。大理石岩经千万年地壳隆起、河流下切形成今天这举世罕见的峡谷。
　　　　　　　　　　　　——张青松

太鲁谷给我留下的是终生难忘的印象。令人叫绝的是在峡谷底部河床及其两侧由流水侵蚀所造成的一系列称之为"壶穴"的地貌,有很好的研究价值。
　　　　　　　　　　　　——尤联元

太鲁阁大峡谷在这里纳太平洋之云气,融阿里山之晶莹,成就了一条惊世骇俗的宝岛画廊。
　　　　　　　　　　　　——范晓

峡谷窄而幽深、峡壁耸立、刚劲雄峙。具有雄伟险峻、浩瀚蓝色之美。
　　　　　　　　　　　　——康育义

　　如果把台湾岛横切一个断面来看,就会发现东西两侧的地形是如此的不对称:中央山脉偏于东侧,西坡山势较缓,山前有宽阔的平原,而东坡多为陡峻的悬崖,在太平洋西岸拔地而起。这都是因为太平洋板块向西俯冲,把台湾岛顶托成一个向西倾斜的断块。立雾溪,从奇莱山海拔3440米的源头下泻,直至海平面,正好在台湾东海岸举世闻名的清水大断崖上,刻凿出了鬼斧神工的太鲁阁大峡谷。大峡谷循立雾溪而走,东起太鲁阁,西至天祥,长约20公里,坡降比高达59‰,峡谷最大深度约1660米,宽度最窄处仅一二十米。由于峡谷崖壁皆由脆硬坚固且极富纹理之美的大理岩构成,故尤显其崔巍壮丽。太鲁阁大峡谷的原住民为泰雅族,在流域内曾建有97个部落,形成独特的文化,太鲁阁,即泰雅语"伟大的山脉"之意。◯

黄河晋陕大峡谷

黄河流经黄土高原，摄影师在空中拍到了晋
陕峡谷的苍凉之美。

■ 摄影/惠怀杰

这是黄河晋陕大峡谷中山西陕西交界处的乾坤湾。峡谷的弯曲之美在这里展现得淋漓尽致。

■ 摄影／惠怀杰

编辑评语

黄色的峰峦似凝固的波涛，黄色的波涛似起伏的峰峦。黄河之水在这里演绎了自然天成的黄河大合唱，尽显一种苍凉与浑厚。

专家评语

黄河深切基岩之中，气势磅礴。"黄河在咆哮"不仅是一种自然的现象，而且代表着中华民族坚韧不拔永远向前的崇高精神。

——张青松

论雄奇、论险峻，黄河晋陕峡谷或许稍逊于其他著名的大峡谷。该段峡谷的最大"亮点"无疑是峡谷出口的"禹门口"。

——尤联元

黄河峡壁，犹如一篇长文。它们书写着五千年中华文明的辉煌历史，迸发出中华民族的伟大气魄。具有悠远之美，奔腾咆哮之美。

——康育义

黄河走出青藏高原后，穿山过岭，

九曲十八弯，跌宕下行，至郑州桃花峪，面目骤变，由开沟凿谷转为沉砂造陆，因此桃花峪就成了华北大平原这个全球最大的陆上三角洲的顶点，而黄河的峡谷都分布在桃花峪以上。

黄河河源至内蒙古托克托县河口镇的上游河段，以及中游下端的禹门口至桃花峪，虽也有诸如龙羊峡、积石峡、刘家峡、红山峡、青铜峡、三门峡等著名峡谷，但它们都被一系列宽谷盆地分隔。惟有内蒙古河口镇至山西禹门口，才构成了黄河干流上最长的连续峡谷——晋陕大峡谷，它长达725公里。在河套地区呈东西走向的黄河，此段急转为南北走向，由鄂尔多斯高原挟势南下，左带吕梁，右襟陕北，深切于黄土高原之中，谷深皆在100米以上，谷底高程由1000米逐渐降至400以下，河床最窄处如壶口者，仅30至50米。

由于黄土丘壑泥沙俱下，晋陕大峡谷河段的来沙量竟占全黄河的56%，尽管它的流域面积仅及黄河的15%。可以说真正的"黄"河是在这里成就的，深涧腾蛟，浊浪排空，黄河峡谷的典型风貌尽集于此，其中又以禹门口以上的龙门峡最为壮观。李白谓之"黄河西来决昆仑，咆哮万里触龙门"，恰好点出晋陕大峡谷在此达于最后的高潮。 ◎

8 中国最美的十大峡谷
大渡河金口大峡谷

编辑评语

大渡河金口大峡谷，是一个旷世深峡并堪与三峡雄峻风光媲美的绝尘幽谷，两侧壁立千仞、千姿百态、如画如雕。她的旷世之美，还养在深闺中，鲜为世人所知。

大渡河金口峡谷上的渡桥。

■ 摄影／王家福

专家评语

这里的地质构造属于古老的"康滇地轴"，分布了各种太古代的变质岩系和后来的岩浆岩侵入体，它们暴露在峡谷两侧，犹如一个天然的地质博物馆。　　——尤联元

源于巴颜喀拉山，奔腾于横断山的大渡河，在进入四川盆地之前，在这里跨越了最后一道门坎——大瓦山，奏出了一段绝尘幽谷的华彩乐章。　　——范晓

大渡河源于四川与青海接壤处的巴颜喀拉山，其上游的大金川和小金川在丹巴汇合后，始称大渡河。它在横断山脉东部的崇山峻岭中奔腾而下，沿途几乎都为奇景叠出的峡谷河段，然而只有到了金口大峡谷，大渡河的峡谷景观才达于极致。金口大峡谷西起汉源县乌斯河，东至乐山市金口河，长26公里，谷底宽一般70至200米，局部小于50米，谷肩最大宽度约8公里。峡谷出口处河谷最低海拔约580米，峡谷北岸的大瓦山海拔3222米，使峡谷最大谷深达到2600余米，其连续完整的峡谷长度和险峻壮丽程度世所罕见。由于地处横断山东缘地壳强烈上升地段，又是我国一、二级地形阶梯陡坎上高差极大的部位，加上构成峡谷的基岩主要为坚硬的、层理呈水平状的白云质灰岩，使得金口峡成为我国大型河流上最为典型的嶂谷和隘谷，其特点是谷坡直立、谷地深窄、谷底几乎全为河槽占据，河滩不发育。而两侧的众多支沟，更是呈现深不见底、窄如刀缝、绝壁深涧一线天的奇观。金口大峡谷有罕见的立体通道可供进入：沿河有金乌公路和成昆铁路并行，山上有二战时修建的乐西公路盘旋于惊险万状之中。◖

大渡河金口大峡谷是典型的河流侵蚀峡谷地貌，罕见的自然奇观。

■ 摄影/王家福

太行山大峡谷

编辑评语

太行山大峡谷山高谷深，形成大起大落、大空间大节奏的雄伟景观。将山的静态美与水的动态美鬼斧神工地融为一体，衍生出美学价值极高的地质地貌景观。

下图为山西陵川县的王莽岭。她西拒黄土高原，东镇华北平原，是黄土高原与中州平原断裂带之最险要处。绝壁千仞，群峰林立，危岩相迭，深峡纵横。

■ 摄影/秦红宇

专家评语

谷底急流飞穿，谷壁瀑布高悬是太行山大峡谷的特色。地壳阶段性的强烈断块隆起，配合流水下切是造成太行山大峡谷这种独特地貌景观的根本原因。

——尤联元

太行山大峡谷是山西高原与华北平原之间沟通的廊道，流水的刻刀在这里留下了深深的沧桑，一道道险关要隘，开启了一扇扇中华文明的时空之门。

——范晓

峡谷高耸，山顶陡崖绝壁一字排开，犹如铁壁铜墙。具有雄壮之美。

——康育义

在太行山峡谷系中，有一些十分典型的代表。列如，地处南太行以太行八陉之白陉为主线的峡谷群。它位于山西壶关、平顺与河南林州、辉县之间，该段山岭高度一般在1000至2000米，最大谷深可达千米以上。左上图为河南焦作的张良峰陡壁。

■ 摄影/秦玉海

太行山大峡谷之不同凡响，不在于某一段峡谷，而在于以拒马河、滹沱河、漳河、沁河以及太行八陉为脉络，构成了一个在南北长600公里，东西宽250公里的范围内，气势恢宏、博大精深的太行山峡谷系。这也是国内外罕见的、具有独立美学单元特征的、其杰出品质具有区域性的峡谷群。

太行山的山体在垂向上表现为多元结构，太行山中南段由下往上大致有三层：年龄在18亿年以上的古老变质岩——片麻岩，构成太行山的"基底"；年龄约10亿年左右的紫红色石英岩；年龄约5亿至6亿年的石灰岩。峡谷主要形成在中上部的石英岩与石灰岩中，但在地貌形态上，整个太行山峡谷系却表现出惊人的一致性，即都是在山西高原相对于华北平原的强烈抬升中，形成山体断块，并经流水快速下切侵蚀，形成了诸如嶂谷、瓮谷、悬沟、长崖、阶梯状台栈等典型组合，又由于岩石质地、色彩、纹理的变化，便挥洒勾勒出苍凉冷峻、刚健质朴的太行山峡谷画卷。◯

河南辉县八里沟峡谷。

■ 摄影/王树洲

（编者按：太行山大峡谷不是某一段峡谷，而是作为一个峡谷系，入选十大之列。其一，是因为在地貌形态上，整个太行山峡谷系表现出惊人的一致性，是一个整体。其二，在中国东部地区具有美学价值如此之高的峡谷群是极其罕见的。其三，中国文化及众多历史事件在这里留下了痕迹。）

专家评语

这是一处独树一帜的奇异峡谷，组成峡谷区的岩石普遍带红褐色，一扫大多数峡谷的阴森之气而给人以阳刚之美。

——尤联元

在塔里木盆地北缘，奔流而下的天山冰雪融水，在新生代的红色砂岩层中，切割雕塑出了诡异神秘的红色大峡谷。展现了大西北另类自然景观的独特吸引力。

——范晓

峡谷内曲折藏秘，怪石嶙峋，涧流潺缓，风声呼号，具有惊天地泣鬼神，伟岸刚劲，怆然壮烈之美！

——康育义

库车，为"龟兹"之转音。库车的古龟兹国文化遗产为丝绸之路上的一朵灿烂奇葩。巧合的是，库车大峡谷内还新发现有盛唐时期的千佛洞遗址，石窟内的壁画艺术水平可与同时代的敦煌壁画相媲美。在天山主峰托木尔峰南侧的温宿，有与库车峡谷类似，但规模更大的库都鲁克峡谷，在天山乃至西域的广袤的大地上，还会有更多的峡谷奇景在期待着与我们邂逅。◐

天山库车大峡谷位于天山南麓，新疆库车县城以北约64公里处，属塔里木河支流的库车河谷，当地的维吾尔族人称之为"克孜利亚"，意为"红色的山崖"。大峡谷全长5公里多，由主谷和7条支谷组成。当地平均海拔1600米，最高山峰2048米，峡谷深一般150米到200米，峡谷最窄处仅1.2米，呈典型的地缝式隘谷。整个峡谷皆由古近纪的红色砂岩、砂砾岩构成。在天山强烈上升的过程中，这些红色岩层发生了各式各样的褶皱弯曲，加上流水侵蚀和风蚀，造成峡谷内奇峰异石，嶙峋百态。虽为内陆干旱地区，但峡谷内却常年有泪泪清泉，而每当朝夕之际，风起之时，峡谷中或有雾气升腾，或有谷鸣之声，加上光影变幻，其神秘诡异不可言状。

天山库车大峡谷充满了魔幻的色彩，峡谷内有着数不清的"天然雕塑"，这些都是天山的冰雪融水切割出来的"杰作"。有的形似"执杖老人"。有的则像"一线天"。

■ 摄影／宋士敬

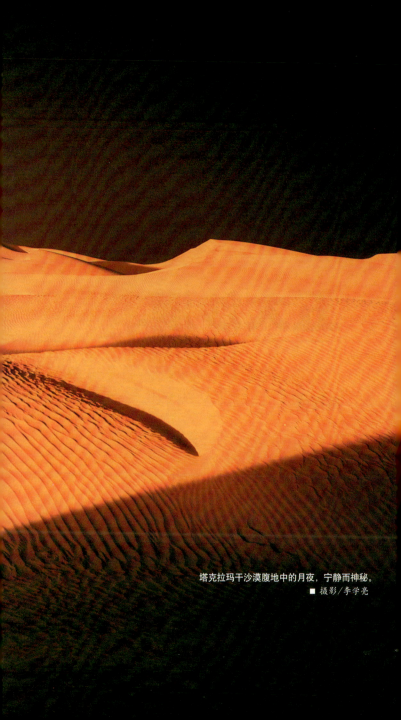

塔克拉玛干沙漠腹地中的月夜，宁静而神秘。

■ 摄影／李学亮

China's Five Most
Beautiful Deserts

中国国家地理推出

中国最美的
五大沙漠

排行榜

1. 巴丹吉林沙漠腹地（内蒙古）
2. 塔克拉玛干沙漠腹地（新疆）
3. 古尔班通古特沙漠腹地（新疆）
4. 鸣沙山、月牙泉（甘肃）
5. 沙坡头（宁夏）

评选标准

■ 给人以特殊的审美体验； （0－40分）
■ 沙丘类型多样； （0－20分）
■ 某一种沙丘类型发育得特别好； （0－20分）
■ 具有一定的历史文化背景； （0－10分）
■ 人与沙漠和谐共处。 （0－10分）

入围名单
（按首字拼音顺序排列）

巴丹吉林沙漠腹地
（内蒙古）
古尔班通古特沙漠腹地
（新疆）
呼伦贝尔沙地腹地
（内蒙古）
浑善达克沙地腹地
（内蒙古）
科尔沁沙地腹地 （内蒙古）
库布齐沙漠腹地 （内蒙古）
库姆塔格沙漠腹地 （新疆）
鸣沙山、月牙泉（甘肃）
沙湖（宁夏）
沙坡头（宁夏）
塔克拉玛干沙漠腹地
（新疆）
腾格里沙漠腹地 （内蒙古）

评委介绍
（按姓氏笔画排列）

伍光和 兰州大学教授、自然地理学家
主要从事干旱区自然地理及荒漠绿洲的研究，主张"善待沙漠"。

汪久文 内蒙古农业大学生态环境学院教授
《干旱区资源与环境》杂志主编，1959年参加中科院治沙队，长期以来一直从事沙漠研究工作。

吴 正 华南师范大学教授
先后在中科院地理所、兰州沙漠所等单位任野外研究队队长、风沙研究室主任等职，长期从事沙漠与干旱区环境研究工作。

郑 度 中科院院士,中科院地理科学与资源研究所研究员
现任中科院沙漠与沙漠化重点实验室学术委员会主任，甘肃省荒漠化防治重点实验室学术委员会主任。

杨根生 中科院寒区旱区环境与工程研究所研究员
主要从事干旱、半干旱地区沙漠、沙漠化及防治研究，先后参加或主持研究课题25项，填补了沙漠及沙漠化研究领域空白。

夏训诚 中科院新疆生态与地理研究所研究员
曾先后担任新疆生物土壤沙漠所、兰州沙漠所所长,长期从事沙漠和沙漠化研究及治理工作。

耿菲琳 《中国国家地理》编辑

善 待 沙 漠

我对沙漠美的最初体验，来源于儿时所读的唐诗：大漠孤烟直，长河落日圆。每读到这句诗，我的脑海中就会出现一幅清晰的画面：茫茫的大漠黄沙，远处一缕淡青色的孤烟直指苍天，天上是一轮红彤彤的落日，把一带长河染成了淡金色。后来，听到一首新疆民歌：“哪里来的骆驼客哟，沙里洪巴哀……”从此，翰海中的驼队，在我脑海中定格成最典型的沙漠景观。直到这次评选“中国最美的沙漠”，我才了解到，沙漠的美，远不止这些。

在评选过程中，我先后咨询了二十几位研究沙漠的专家，在他们的眼里，每个沙漠都有着各自不同的美丽，要让他们评出“最美”来，还真是不容易。中科院寒区旱区研究所的董光荣老师、北京师范大学的刘连友老师等都极力推荐巴丹吉林沙漠腹地，认为那里高大的沙山与沙间湖泊“是沙漠当中的极品，在世界上也首屈一指”；华南师大的吴正老师和新疆生态与地理研究所的夏训诚老师却对塔克拉玛干沙漠腹地赞赏有加，认为只有这片一望无际的浩瀚沙海才当得起“最美”的称号；而兰州大学的伍光和老师对古尔班通古特沙漠腹地的春天情有独钟。

在评价这些沙漠的时候，专家们反复强调的是“善待沙漠”的观念。对于科尔沁沙地、浑善达克沙地等，专家们打分普遍偏低，他们认为科尔沁沙地和浑善达克沙地都是在不应该出现沙漠的地方形成的沙地，既是人们恶待自然的结果，也是自然对人的惩罚。伍光和老师告诉我，科尔沁沙地原本是历史文献当中提到过的科尔沁草原，它曾经肥沃而美丽，但近200年来，尤其是1950年以来，由于土地利用不合理，过度垦殖和过度放牧，终于导致普遍的沙漠化。在今天，科尔沁沙地接近90%的农业用地和超过70%的放牧用地正是当地称为“坨子”的固定半固定沙丘。看来，在这里实现人与自然的和谐还有很长的路要走。

“善待沙漠”的一个正面例子是沙坡头。正如伍光和老师所分析的，沙丘不高（一般仅10米左右）和移动速度慢（通常只有5—10米／年）是沙坡头的格状沙障阻止沙丘移动的前提条件。因此，我们与其像从前一样把这一工程当作人类战胜自然的成就，不如实事求是地把它视为人类顺应自然规律、人与沙漠和谐共处的典范。

中国最美的五大沙漠位置示意图

中国最美的五大沙漠

1

巴丹吉林沙漠腹地
上帝画下的曲线

撰文/董培勤 摄影/杨 孝

巴丹吉林沙漠腹地，沙山连绵起伏，那波浪一
样的纹路，仿佛上帝随手勾画的曲线。
■ 摄影/高东风

巴丹吉林沙漠腹地

布 雅

赖 山

北 大 山

准格力克

莎日台

巴丹吉林沙漠位于内蒙古阿拉善盟的阿拉善高原西部，面积4.4万平方公里，是我国第三大沙漠，其中，流动沙丘面积占83％。位于沙漠腹地的巴丹吉林庙附近是整个巴丹吉林沙漠中最美丽的地方。

专家评语

巴丹吉林沙漠腹地不仅以高大的沙丘闻名于世界，而且众多高大沙山与沙间湖泊相伴形成独特的沙漠景观。

——夏训诚

具有独特的雄浑苍凉之美，这里沙山高大，湖泊秀美，给人以无尽的遐想，综合看，巴丹吉林沙漠腹地名列第一是当之无愧的。

——汪久文

一直想去巴丹吉林。

觉得那个梦真的遥远极了。

当我和蒙古族向导巴图骑着骆驼沿着西努尔盖一路进入蔚蓝和沙子，我才知道那个梦即将成真。然而此时却没有了最初远足抑或涉险的激情和浪漫，而是仿佛注定要进入一片陌生的美丽，那里正闪烁着挡不住的无限诱惑。

面前是无垠的空旷，连绵的沙峰，博大，寂静。世界在这里已被简化为沙丘、骆驼和高远。

在巴丹吉林沙漠里走路，感觉是在穿越几千年的历史；又感到是去朝圣，面对的是危乎高哉的阿拉善沙漠金字塔。

在巴丹吉林沙漠里走路，感觉是在穿越几千年的历史；又感到是去朝圣，面对的是危乎高哉的阿拉善沙漠金字塔。

沙峰平地崛起，层峦叠嶂，陡峭险峻。在这里路是"之"字形的，路标则是风干了的发白的驼粪，或全凭感觉。路多半是挂在沙坡上抑或倾斜在沙坑里，驼蹄踩上去便踩塌一片流沙，几乎是进两步退一步，人的上身几乎是趴在骆驼的前峰上，生怕后仰掉下驼背。一座沙峰，骆驼喘息着要爬大半天，全没了在戈壁滩驰骋时的随意。

没有驼铃，驼铃多在诗人笔下。

沙漠中走路不能着急，需要耐心，其实又着什么急呢，反正前面还是沙子，还是寂寥，还是一天又一天。不过在沙漠中走路便于思考，便于海阔天空，在这样恢宏的背景下，实在胜过许多高山流水。猛然，看到远方沙丘上几峰驼影，便感到一阵亲近。不过瞬间，那飘动的驼影又消逝得无影无踪。

黄昏时分，蒙古族向导说不走了。不走了就不走了，便卸下骆驼身上的行囊，在周围拣些柴禾，准备取暖和烧

被沙山环抱着的海子幽深碧蓝，在沙子簇拥下，像母亲脸颊妩媚的笑靥，又若天幕上的一颗泪珠，晶莹剔透，含情脉脉。

茶。梭梭柴燃着了，噼噼啪啪地作响，火苗呼呼地窜起一丈多高。铜茶壶里水也煮沸了，蒙古族向导不慌不忙地掏出皮口袋里装着的羊杂碎和熟肉，用锋利的蒙古刀一片一片削进碗里，然后泡上热腾腾的砖茶，递给我一碗。他说，好好吃，走了一天了。猛然，我一阵感动，其实周围只有我和他，还有骆驼。感动的是在这种特殊的情境下同类间的这种依赖，那时忌妒、自私等人类的劣根性全然没了踪迹。

前胸被火烤着，后背还是沁骨的凉意，当一碗茶泡杂碎进肚，人已是浑身舒坦了。此时篝火已烧成红红的木炭，向导将羊血灌肠一节一节挂在火枝上炙烤，滋滋地流着油。羊血灌肠算额鲁特蒙古族的传统美食，额鲁特蒙古族是蒙古族的一个支系，巴丹吉林沙漠里居住的大多是额鲁特人。我们就着武威粮白的酒瓶，一口酒一口灌肠，吃着喝着聊着……从那一刻起，我懂得了亲近寂寞也是一种享受。喝多了，火也快灭了，我们便钻进毛毡被窝，偎着已暂停反刍的骆驼取暖。

只有在巴丹吉林，你才会看到这种神奇的景象：光与影在高大沙山的山脊与山凹处追逐变幻。看这座沙山形成的阴影，像不像一张人脸的侧面相？

今夜踏实……

人生有无数的夜晚，或平淡或浮躁或苦短或缠绵或酣畅，然而这一夜我却露宿在巴丹吉林沙漠腹地的乌珠木，生出几仿珠穆朗玛西坡的感觉。乌珠木是巴丹吉林最高点，海拔在1700米以上，相对高程达528米，是中国最高的沙山，真正的中国秘境。这里还有世界最大的响沙，滑动时轰鸣声如雷鸣一般，壮观骇人。

头枕着巴丹吉林，枕着西部苍凉的岁月，难以入眠。

专家评语

高大的沙山和晶莹的海子相映成趣，湖光沙色，加上绿油油的草地和白色的羊群，叫人心旷神怡。
——吴正

以流沙为主，但仍有沙生植物稀疏分布，沙山高大，景色雄伟、壮观。
——郑度

夜陷入深邃。

在一个神话般的世界独步也是一种幸福。满天的星斗展示着前所未有的灿烂和丰富，想想明天能到巴音诺尔，心中便不由地驿动着一种新鲜的渴望。

一夜无眠，无眠的并不是我们，而是世界。

临亮却迷糊了，睁开眼才发现人驼皆无，不免一惊。放眼远眺，见向导已赶着驼群在沙凹处吃草。骆驼饮足了水，肚子鼓得大大的，驼眼扁圆有神，睫毛长得如女人般修长俊丽。

骑上骆驼，我们向位于巴丹吉林腹地的巴音诺尔海子进发。

这里的沙峰更加高大，滩道长满梭梭，与黄沙黄绿夹杂，交相辉映。望得见前方的一顶蒙古包，但就是这段看起来很近的路，又走了大半天。

脚下的海子幽深碧蓝，在沙子簇拥下，像母亲脸颊妩媚的笑靥，又若天真

上的一颗泪珠，晶莹剔透，含情脉脉。
这样的海子在巴丹吉林有140多个，水面
达一万多亩，组成大漠一道亮丽湿润的
风景线。而其中又分咸水海子和甜水海
子，有的出碱有的出盐，还出卤虫。有
一眼盐海子，咫尺之遥的边上却喷涌甜
水，神奇得不可思议。就是这些沙窝里
的盐碱，让阿拉善右旗的牧民在困难年
月有了零花钱和烟火钱。

　　落日时分，来到巴丹吉林巴音诺尔
海子边，牧羊狗兴奋地汪汪，而此时主
人家都在为了来客而忙碌，甚至顾不上
寒暄。

　　巴雅尔家有200多只山羊，十来只峰
驼，日子过得恬淡。

　　奶茶喝毕，比一袋烟工夫稍长，新
鲜的羊杂碎、血灌肠已端上来。主人先敬
酒，叫垫肚子也叫壮胆子。两大杯，一抿
干，敬得气魄喝得豪爽，真诚得让人心
跳。你不喝，便长久地举杯恭候。

　　酒至半酣，菜过五味，沙葱沙芥羊
月子沙米凉粉，在浓郁的阿拉善长调民
歌的氛围里，在主人虔诚的祝愿声中，
羊背子盛在大木盘中旋转着端上来。这时
主人操利刃切割一番，说着千万不要

巴丹吉林沙漠的高大沙丘间分布有140多个内陆小湖，当地人称为海子，多为咸水，其中最大的海子面积为1.5平方公里。在海子的周围是沼泽化草甸和盐生草甸，是重要的放牧场，还有两个固定的居民点。

客气之类的话后避让。这些额鲁特民俗
过后，便是牧歌和美酒，便是豪放地吃
肉，想吃哪块吃哪块，肥瘦听便。有人
把一块又一块鲜美滋润的肉块敬于你掌
中，吃得人满嘴流油。最后善刀法者把
肥羊尾切成细条置掌中让人吸食，如能
利落地一口吸尽，常招来喝彩。就这样
在长调牧歌的旋律里，人们尽兴潇洒，
直到深夜。大漠中食肉喝酒的经历，使
人们仿佛回归到久远，忘却了掩饰与虚
伪。多少年过去了我都能想起那情那景
那人那酒那歌。

　　在巴丹吉林颠簸了十几天，凝望沙
峰上的敖包和五色经幡的飘动，便生出
无数感慨无数悲壮无数回肠荡气。走进
巴丹吉林，是我一生的幸运，因为这里
才是世界上最美丽、最神奇的地方。◎

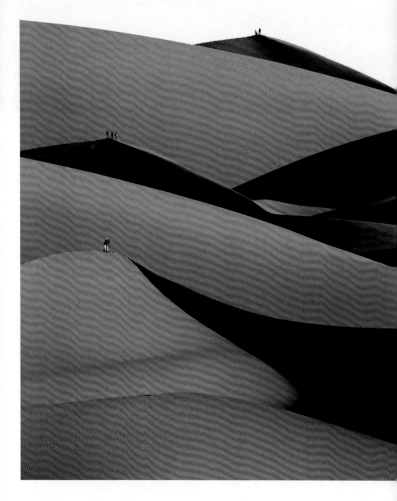

沙丘高大是巴丹吉林的一大特征，沙丘一般高
200-300米，最高的达到500米，是世界上沙
丘最高大的沙漠。

塔克拉玛干沙漠腹地

大地的天体营

撰文/沈苇

在塔克拉玛干，大地敞开了怀抱，无遮无拦地
袒露着自己。

■ 摄影/李学亮

塔克拉玛干沙丘类型复杂多样，包含了我国沙漠几乎所有的沙丘类型，沙丘形态类型之丰富为其他沙漠所不及：金字塔型沙丘、穹状沙丘、鱼鳞状沙丘群、塔型沙丘群、各种蜂窝状、羽毛状沙丘等，几乎无所不有，变幻莫测。

■ 摄影/居建新

专家评语

塔克拉玛干沙漠是我国热量条件最好的沙漠，日照时数也长，有人乐于宣传塔克拉玛干是"死亡之海"或"生命禁区"，这是错误的。负责任的媒体不应人云亦云。沙漠公路修通了，油田建成了，这就证明人们可以在这个沙漠腹地生存而且创造财富。而不尊重自然规律，如最热的季节进沙漠，偏要在盐壳地区找淡水等，遭遇不幸就难免了。

——伍光和

33万平方公里的塔克拉玛干沙漠是仅次于撒哈拉沙漠区中的鲁卜哈利沙漠的世界第二大流动性沙漠。作为一个"文明的大墓地"，在上个世纪初，塔克拉玛干一度成为世界性的探险乐园。从塔克拉玛干沙漠和塔里木盆地挖掘出的宝物，至少收藏在全球十几个国家的博物馆里。

它是世界上最大的地下文化宝库。沙漠吞噬了不计其数的城镇、村庄，吞噬了生命、传奇和细节，但留下了废墟和遗址，留下了遥远的回声、零星的记忆和无限的遐想。楼兰、尼雅、小河、米兰、热瓦克、丹丹乌里克……这些著名的古城记录了丝绸之路的繁华和兴盛，并且经过了时间之手的精心打磨而熠熠生辉，成为大荒中的火种，重新播进人类的心田。有翼天使壁画、五星出东方利中国织锦、罗马柱、印度的佛像、楼兰美女……这些地下出土的信息透露：这里是地球上惟一四大文明交融的地区。

无论是地理的、生态的，还是心理

的、象征的，塔克拉玛干都是一幅可怕的地图，令人心惊胆战，恶梦联翩。塔克拉玛干沙漠被称作"死亡之海"，硗瘠和荒凉是沙漠的主宰，最可怕的是缺水，更可怕的是它的一望无垠，对于疲惫不堪形容枯槁的旅行者来说，它似乎永远没有一个尽头。而沙尘暴一旦形成，就呼啸着，咆哮着，遮天蔽日，其威力能把大地连根拔起，它的狂暴正是"上帝的愤怒"……倒毙在沙漠里的人、马、骆驼变成了一堆堆狰狞的白骨，秃鹫在高空盘旋，不停地寻找动物腐尸，一只荒漠狐蹲伏着，鼻子还留着几小时前猎物的鲜血，蜥蜴为了躲避袭击，用松散的沙子隐藏自身，一只母蝎背负一窝小蝎急窜，而狼蜘蛛面如鬼怪，八只眼睛中两只打盹，其余六只闪着吓人的光芒……然而这一切并未吓退人们跃跃一试的决心。千百年来，进入沙漠的探险队、商队、寻宝者、劫匪、朝觐者络绎不绝，心怀的目的也各不同，吸引他们的也许不是湮没的文明、黄金宝藏和别的什么，而恰恰是沙漠令人恐惧的魅力。

斯文·赫定把塔克拉玛干的流动沙丘比作没有十字架的坟墓，每一次探险队的出征如同出殡。1895年春，他率领5人探险队，带着8匹骆驼、2条狗、3只羊、10只母鸡和1只公鸡，从喀什出发深入塔克拉玛干沙漠，去寻找传说中的达克拉·马康古城，并绘制这一未知区的地图。这是一次名副其实的死亡之旅，斯文·赫定称之为"我在亚洲东奔西跑中最悲惨的时刻"。可怕的灾难发生在17天之后，探险队已滴水不剩，只能用羊血、鸡血和骆驼尿来解渴，人和动物都疲惫不堪，奄奄一息，每走一步（确切地说是爬）都变得十分艰难。断水的第5天，斯文·赫定抛弃他的探险队和一切辎重，独自去寻找生还的希望。这是一次神助，在绝望的尽头，死神的地平线上出现了一道深绿——树林！和田河！水！当听到水鸟拍打翅膀的起飞声，斯文·赫定知道自己得

塔克拉玛干沙漠位于塔里木盆地中央，面积为33.76万平方公里，是我国最大的沙漠，也是世界上第二大流动沙漠，在沙漠腹地的克里雅河与和田河之间，浩瀚的沙海一望无际，景色非常壮观。

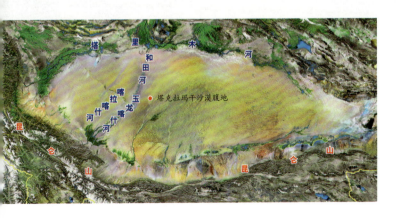

救了。他写道："我喝、喝、喝，不停地喝……我身上每一个毛孔和纤维组织都像海绵似地吮吸着这给我以生命的流质。我干瘪得像木头似的手指，又显得膨胀起来。像经过烘烤的皮肤，又恢复了湿润和弹性……"

人在沙漠，因为绝望，因为死的恐惧，他更加频繁虔敬地祈祷上帝，指望上帝将自己从死神的手掌中解救出来。当他终于逃过劫难，得以生还，他由衷地赞美上帝，将奇迹归于上帝，他对上帝就越发坚信，也更加忠贞——宗教就是这样诞生的。我们注意到世界三大宗教中的基督教和伊斯兰教正是脱胎于沙漠背景，因为沙漠催醒并保护了人的宗教意识。沙漠对于自然来说，是一种荒芜，对于宗教来说，却是一片沃土。

专家评语

浩瀚的沙海，形态各异的巨型沙丘，雄浑壮美。
　　　　　　　　　　　　——吴正
以其浩瀚、广袤和可达性差而引起广泛关注。
　　　　　　　　　　　　——郑度

9世纪末的某一天，喀什噶尔喀拉汗王朝16岁的索图克·布拉格汗在塔克拉玛干沙漠中游猎，看到一队来自中亚的穆斯林商人们到了日课时间，将自己的行装和货物散放四周而不顾，却面向西方不停地起跪礼拜。他大为惊奇，认为这种虔诚信仰和严格纪律可帮助自己成就大业，就毅然皈依了伊斯兰教。几个世纪后，伊斯兰教已成为整个塔克拉玛干地区惟一的宗教。这是一次奇缘，诞生于阿拉伯沙漠的伊斯兰教在塔克拉玛干沙漠找到了回家的感觉。

世代生活在沙漠腹地的克里雅人和牙通古斯人表明，塔克拉玛干并非是一个不可居住的地方。有些当代探险者在穿越沙漠后开始自吹自擂，把自己描绘成为一个勇敢无敌的"独行侠"，在他们的叙述中（特别是付诸文字之后）带领他们穿越沙漠的当地向导消失不见了。这是以讹传讹。直到不久以前，于田县的维吾尔牧民还常常赶着羊群、骆驼，沿克里雅河古河道穿越沙漠，去沙雅塔里木河畔放牧，羊肥驼壮之后再赶回于田。对于他们来说，沙漠中干涸的河道就是道路，是联系生命和绿洲的纽带。

塔克拉玛干被叫作"死亡之海"。斯文·赫定将它翻译为"进得去出不来"，而维吾尔语的解释却是——"古老的家园"。

塔克拉玛干沙漠腹地有和田河、克里雅河、尼雅河、安迪尔河等河流，这些河流有些穿越沙漠，如和田河，有的深入到沙漠内部之后断流，并以三角洲扇形水系的形式逐渐消失，在沙漠腹地形成天然的"绿色走廊"。

　　■ 摄影/阿丑

古尔班通古特沙漠腹地

大漠的血脉

撰文／刘亮程

西部受西北风影响，沙垄呈西北－东南走向，垄体平直，作线状延伸。

■ 摄影／赵承安

艾克里湖
喀斯克尔寨
古尔班通古特沙漠腹地
石河子市
五家渠市

专家评语

古尔班通古特沙漠东西长，南北较窄，是北疆牧民理想的冬牧场，牧民们可随意进出无需担心迷路，更不会像塔克拉玛干沙漠那样发生"进去出不来"的悲剧。

固定半固定沙丘占沙漠面积的97％，沙漠中生长着100多种植物，其中不乏优良固沙植物和牧草。冬季降雪占全年降水量的比重较大，通常接近或达到1/4。

——伍光和

　　我在古尔班通古特沙漠边的一个小村庄长大成人。我还是少年时，喜欢坐在草垛上，向北看几眼沙漠，又朝南望一阵天山。我夹在这两者中间，有种被困住的感觉。玛纳斯河从我居住的地方，挨着沙漠向西北方蜿蜒流去，最终消失在沙漠中。它是沙漠和绿洲的分界可，早年树木葱郁的河岸平原，都变成了棉花田。我没有到过这条河的末端，我长大以后，这条河基本上消失了，在它的中上游，拦河而建的几座水库，把可截断。著名的玛纳斯河如今只留下一

条断断续续的河道，做泄洪之用。

古尔班通古特沙漠留给我的印象是一望无际的敞亮，我对它太熟悉了，几乎没办法说出它。我十几岁时，经常在半夜一个人赶车进沙漠拉梭梭柴，牛车穿过黑黑的雪野，村子离沙漠有七八里路，夜晚连成一片的沙丘在雪野尽头隆起来，感觉像走向一堵墙，到了跟前沙丘一座座错开，让开路，就像走进自己的村子。

进沙漠再走几十里，就可以停车装梭梭柴了。那时沙漠的植被还没有完全毁坏，原始梭梭林长满沙沟沙梁，车都过不去。我们进沙漠主要拉梭梭柴，红柳都看不上眼。半路经过一个红柳沟，原始红柳层层叠叠把沙包覆盖住，看不见沙子。还经过一条胡杨沟，沟里胡杨死树活树纵横交错，各种草木丛生其间，早先拉柴的人用火烧开一条路，车才能过去。

装车前我们先要点一堆火，把自己烤热，壶里的水冻成冰了，馍馍也冻成了冰疙瘩，我们用的铁水壶，直接扔到火里，水烧开了提出来，馍馍用梭梭条插着，伸到火里烤，外表烧糊了，里面

古尔班通古特沙漠位于新疆准噶尔盆地中部，面积居我国沙漠的第二位（4.8万平方公里）。

■ 摄影/赵承安

还是冰疙瘩，就边烤边吃，烤热一层啃一层。牛也在一旁吃草料，嚼草的声音很大。天就在我们的火光里慢慢亮了。开始装柴禾，装好柴已经到半中午，牛车慢慢悠悠往回赶，回去一路上坡，沙漠在准噶尔盆地腹部，尽管坡不大，但牛能感觉到。一般出了沙漠天就黄昏了，人和牛也都没劲了，更缓慢地往村子挪，短短几里路，到家的时候天已经黑了。

专家评语

沙漠里冬季有较多积雪，春季融雪后，古尔班通古特沙漠特有的短命植物迅速萌发开花。这时，沙漠里一片草绿花鲜，繁花似锦，把沙漠装点得生机勃勃，景色充满诗情画意。

——吴正

春季开花的短命植物群落最引人瞩目，冬季的雪景、春季的鲜花、夏季的绿灌都各有特色。

——郑度

古尔班通古特沙漠是西北风的杰作，是无形的风在大地上的显形。由西向东，一场和沙漠等宽等长的西北风，横躺在盆地。我曾沿217国道从奎屯向乌尔禾、和布克赛尔走过许多次，其间穿过的克拉玛依大戈壁，应该是古尔班通古特沙漠的起始地，漫漫的西北风从这里开始吹沙堆丘。一座大沙漠的开头远没有想象的壮观，一望无际的戈壁上，看不见高大沙丘，只有零星的小沙堆，像一些孤兽，头朝东，刮风时感觉它们在奔走，风停下来还在原地。可能在原地的已不是以前的沙丘，它早跑远了。漫天满地的沙，就在这样的奔跑中，在不远处，堆成巨大无比的古尔班通古特。

　　而在西风刮到头的奇台县境内，风减弱沙子落下，这一片的沙丘比别处高大，与将军戈壁的丘陵相接，植被也繁茂，梭梭、红柳、沙米、骆驼刺、胡杨混生其上。几年前，我和画家张永和、奇台作家潘生栋、魏大林、马正国一行，从奇台桥子乡出发，沿当年成吉思汗大军走过的沙漠古道进入古尔班通古特沙漠。我们在桥子乡听一个牧羊人说，在沙漠里发现了一片房屋废墟，地上满是瓦片。我们好奇，便在村子里雇了一辆骡车，进沙漠了。成吉思汗大道的轮廓在沙漠中清晰可辨，几十万铁骑走过的地方，沙丘踩平，沙沟踏宽。路上我们不时看见陶瓷片，多是陶瓷碗碎片，可见这条路上走过多少吃饭的人。听说有个牧羊人发现一个大坛子，口封着，很沉，以为是一坛金子，坛子打烂后却是一个人的完整骨骼，蜷缩在里面。

在古尔班通古特沙漠腹地有上千公顷保护完好的原始梭梭林。

■ 摄影/李学亮

古尔班通古特沙漠沙丘形态单一，主要是以沙垄为主，发育完美，占该沙漠固定、半固定沙丘的80%。

■ 摄影/郝 沛

古尔班通古特沙漠腹地受风向的影响，线状沙垄沿着南北走向延伸，长达十余公里，像自由伸展着的树枝，又像大漠的血脉。

■ 摄影/郝 沛

　　我们走到半下午，人困骡子乏，不时遇到回村的牲口群，牧人骑驴或马跟在后面。成吉思汗大道现今已变成一条牲口道，牧人由此将牲口赶到沙漠深处放牧，这片沙漠中的骆驼刺、沙米、芦苇都是牲口的好食物。我们走得没耐心了，便在路边的一片废墟上停住，掉头返回。

　　西北风刮到将军戈壁，被中蒙边境的北塔山挡住，转头向南，西风变北风，朝哈密方向吹，沙漠也由此向东南蔓延。这场刮过乌尔禾魔鬼城的风，转向后刮过新疆另一个著名的魔鬼城——龙城，进入罗布泊。

　　从克拉玛依大戈壁，到奇台将军戈壁，我看到一座大沙漠的头和尾，看到一场西北风的起始和尽头。而我居住的沙湾县那一片，是古尔班通古特沙漠中部最成熟的一段，沙丘丰满均匀，而且稳定。常年的西北风使沙丘走势一律由西向东。这是很重要的沙漠知识，如果你在古尔班通古特沙漠迷了路，依靠沙漠的走向即可辨出南北东西。记住，沙漠由西往东走，沙丘头向东，尾向西，站在一个大沙丘上就可辨清楚。在我们村西边的龙口，玛纳斯河拐了一个弯，抛下一滩野水，水以沙丘为岸，水边数万亩野生红柳林浩浩荡荡，红柳开花季节，从水边到天边，一片火红。如今沙漠禁伐禁牧，植被逐渐恢复，黄羊、野驴、狼、野猪等动物成群出现，常来此饮水。前几年，石油勘探队在沙漠腹地留下一条东西贯穿的沙漠路，一般越野车即可通行。这条路不像我们小时候拉柴禾走的牛车路，绕着沙丘走。那些巨型卡车从不把沙丘放在眼里，横冲直撞，小沙丘一翻而过，太大的沙丘直接推一个豁口。所以，那条路看上去是给古尔班通古特沙漠腹部开了一个重创的刀口，浑然一体的沙漠不再完整了。尽管它可以让探者很轻易地穿过整个沙漠。◎

鸣沙山、月牙泉
千年的守望

4

沙丘因人登之即鸣，泉水形成一湖，在沙丘环抱之中，酷似一弯新月而得名。在荒漠上，湖泊紧邻沙山而千年不涸，不被掩埋，这种现象相当罕见，又因邻近敦煌城，湖畔建有庙宇而声名大噪。

敦煌市

鸣沙山、月牙泉

专家评语

具有鲜明特色的沙漠风景区，这里既具有沙漠的粗犷，同时又兼有月牙泉的秀美，再加上莫高窟的人文景观与珍贵的艺术品，是别的地方难以相比的。 ——汪久文

鸣沙山沙峰起伏，沙脊如刃，沙坡陡峭，十分壮观。人从山顶下滑，沙随人落，响声如雷。若在晚间登临，不仅能听到沙鸣，还能看到人体移动引起沙粒摩擦所产生的五彩缤纷的火花。 ——吴正

鸣沙山、月牙泉位于敦煌市西南5公里处，是一处神奇的沙漠景观。

沙坡头
曳住流沙的脚步

因河岸边有一个宽2000米、高约100米的大沙
堤而得名。

■ 摄影/李全举

专家评语

采取固阻结合、以固为主的防护措施体系，卓
有成效并经受了较长时间的检验，达到人与自
然和谐相处。　　　　　　　　　——郑度

茫茫的黄色沙海披上了一条宽阔的绿色条带，
十分壮观。沙坡头有一百米沙山，沙坡面坐北
向南，中呈凹形，悬若飞瀑，游人滑沙，能发
出响声，有"沙坡鸣钟"之名。　　——吴正

包兰铁路建成后50年来一直畅通无阻，于是沙
坡头成了人类适应自然规律，人与沙漠和谐共
处的典范。　　　　　　　　　——伍光和

在黄河的两边一边是黄土高原，一边是腾格里大沙漠。集大漠、长河、高山、绿洲于一处，景色壮观，治沙专家为使铁路安全畅通创造的治沙奇迹，使沙坡头驰名中外。

■ 摄影／王正明

沙坡头位于宁夏回族自治区中卫市，地处腾格里沙漠东南缘，黄河北岸。

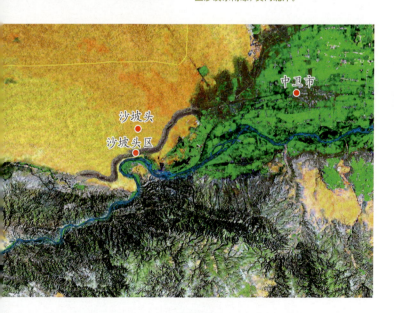

中卫市

沙坡头

沙坡头区

在所有的雅丹地貌中，岩石雅丹乌尔禾最受摄影家们的青睐，这大概归因于它的神奇与瑰丽吧。夕阳中的乌尔禾，似一把天火落下，燃着了整片城堡，那片火红直烧到人的眼睛里去，让你觉得这已不是人间，而是某个奇丽多姿的幻境。

■ 摄影／居建新

7

China's Three Most
Beautiful Yadan Landforms

中国国家地理推出

中国最美的
三大雅丹

排行榜

1. 克拉玛依乌尔禾风城（新疆）
2. 罗布泊白龙堆雅丹（新疆）
3. 罗布泊三垅沙雅丹（新疆）

评选标准

- 形态具有独特新奇的美感；（0－40分）
- 形态类型具有多样性；（0－20分）
- 单体的体量（长度、宽度或高度）突出；（0－20分）
- 雅丹分布面积大；（0－10分）
- 具有独特的历史文化价值。（0－10分）

入围名单
（按首字拼音顺序排列）

敦煌国家地质公园雅丹
（甘肃）
柴达木盆地雅丹（青海）
克拉玛依乌尔禾风城（新疆）
罗布泊白龙堆雅丹（新疆）
罗布泊三垅沙雅丹（新疆）
奇台风城（新疆）

评委介绍
（按姓氏笔画排列）

伍光和　兰州大学教授、自然地理学家
主要从事干旱区自然地理及荒漠绿洲的研究，主张"善待沙漠"。

汪久文　内蒙古农业大学生态环境学院教授
《干旱区资源与环境》杂志主编，1959年参加中科院治沙队，长期以来一直从事沙漠研究工作。

吴　正　华南师范大学教授
先后在中科院地理所、兰州沙漠所等单位任野外研究队队长、风沙研究室主任等职，长期从事沙漠与干旱区环境研究工作。

郑　度　中科院院士,中科院地理科学与资源研究所研究员
现任中科院沙漠与沙漠化重点实验室学术委员会主任，甘肃省荒漠化防治重点实验室学术委员会主任。

杨根生　中科院寒区旱区环境与工程研究所研究员
主要从事干旱、半干旱地区沙漠、沙漠化及防治研究，先后参加或主持研究课题25项，填补了沙漠及沙漠化研究领域空白。

夏训诚　中科院新疆生态与地理研究所研究员
曾先后担任新疆生物土壤沙漠所、兰州沙漠所所长,长期从事沙漠和沙漠化研究及治理工作。

耿菲琳　《中国国家地理》编辑

雅 丹 之 惑

评选"中国最美的雅丹"并非一帆风顺。最开始，在评选"中国最美的沙漠"过程中，我看了大量的图片，结果发现，在一些大沙漠中，有一种景观非常美丽，那就是雅丹地貌。既然我们在评选"最美"，那就不应该错过这么美丽的风景。那么雅丹到底是否可以算作沙漠的景观之一呢？带着这个问题，我咨询了许多专家。

专家们告诉我，雅丹地貌最早是在我国新疆的罗布泊地区发现的。20世纪初，一些赴罗布泊地区考察的中外学者，在罗布荒原中发现了大面积陡峭的小丘，当地人称之为"雅尔当"。发现者将这一称呼介绍了出去，以后再由英文翻译过来，"雅尔当"变成了"雅丹"。雅丹地貌的本意是指松散平坦的湖相地层在风蚀作用下形成的陡峭的小丘，如我国罗布泊地区的雅丹，现在雅丹一词泛指风蚀土墩、风蚀洼地与岩石等多种风蚀地貌形态，如著名的新疆乌尔禾风城，就属于岩石雅丹。我国的雅丹地貌主要分布在甘肃河西走廊西部、青海柴达木盆地边缘、新疆塔里木盆地的罗布泊一带和准噶尔盆地的西部地区。其中，

雅丹的最大分布区是在青海柴达木盆地的西北部。

至于雅丹是否应该与沙漠放在一起评选，专家们分成了两派。一些专家不同意放在一起，他们认为，雅丹应该是荒漠景观的一种，而荒漠包括了沙漠、盐漠、泥漠等多种类型，并不单指沙漠。另一些专家则认为雅丹地貌应该算是沙漠景观的一种，可以在一起评选。华南师范大学的吴正教授就认为，从广义上说，沙漠可以分为两种地貌类型，一种是风积地貌，主要是指各种类型的沙丘；另一种是指风蚀地貌，其中就包括雅丹。

经过一番激烈的讨论，我们采纳了吴正教授等人的观点，把雅丹地貌与沙漠统称为"沙漠景观"，放在一起进行了第一轮的评选。但是到了最后一轮，由十几位院士、专家组成的评审团在审核结果时，又提出了该不该把二者放在一起评选的问题。

既然科学家们会有这种异议，那么广大读者是否也会产生相同的疑问呢？因此，我们经过慎重考虑，最终还是决定把雅丹单列一项，这就是您现在看到的"中国最美的三大雅丹"。

中国最美的三大雅丹
位置示意图

乌尔禾

风爱坎坷不喜平

撰文/孤 岛 摄影/赵承安

乌尔禾风城的岩石雅丹，数量多，密度大。
■ 摄影/居建新

乌尔禾风城是岩性软硬不同的水平互层岩层经风化、流水侵蚀形成的 风蚀残丘地貌,遇有风吹,风在街巷内旋转,风声鹤唳,鬼声森森,人称"魔鬼城"。

■ 摄影/李学亮

在距石油城克拉玛依110公里的旷野上,有一座方圆10公里的天然沙土城。它的名字叫乌尔禾风城。当你坐车奔驰在217国道、途经乌尔禾的时候,你会被乌尔禾风城的壮观神奇所震撼,那一座座从荒漠上拔地而起的裸山、裸沙土堆,被一只神秘的手,错落有致地摆弄于准噶尔大地上。赭红色和灰绿、灰青色杂糅而成的外表,燃起一种似狂欢似愤怒似忧伤的情感,吸引着你,感染着你……

蒙古语称这里是"苏鲁木哈克",哈萨克语呼之"沙依坦克尔西",意思都是"魔鬼出没的地方"。它的造型似城非城,每当大漠风凶猛刮来的时候,这里便沙土飞扬,尘烟弥漫,四下里一片幽暗空溟,风的尖叫怪诞凌厉,令人想起狰狞的魔鬼,感到这是魔鬼居住的地方,因此,当地人称之为"魔鬼城"。

魔鬼城并不是魔鬼居住的地方,城里也没有魔鬼。

在哈密,在巴音郭楞,在罗布泊……一个个戈壁沙漠深处,处处可见这种"魔鬼城",而乌尔禾风城是目前新疆最著名的魔鬼城。

大约一亿多年前,即白垩纪前后,准噶尔盆地是一个巨大的湖泊,白浪滔天,波涛汹涌,乌尔禾剑龙、蛇头龙和准噶尔翼龙在湖中、岸边或天空自由地出没,游水、跳跃、飞翔,它们是那里的王,那里的主人!然而,天地在变化,地壳在运动。随着时空的巨变,湖水消失了,湖底升起为陆地,湖底山或礁石,忽然见上了阳光、风雨,成了陆地上活的雕塑。这些由泥板岩、砂岩等组成的小山和裸露的湖底,经风的手指、雨的手指、太阳的手指岁岁月月的抚摸、打磨,在戈壁荒漠成形之时,土

色的裸山也成形了……一句话，乌尔禾风城也出现了。

专家评语

乌尔禾雅丹历来以魔鬼城闻名于世，恐怖气氛浓郁，神秘色彩颇重。1906年和1909年有一位俄国学者两度来此考察，他仿佛看到了装饰着飞檐和廊柱的亚洲式古建筑、街道、塔楼和宫殿。他说："甚至想象力最贫乏的人，也不由得自然而然地认为，这是从前有人居住而后废弃了的大城市遗址。"

——伍光和

多少个世纪以来，乌尔禾风城被遗弃在沙漠边沿，以一种高傲的姿态遗世独立着，这里无人问津，因为荒凉，也因为恐怖。

这里的山，或大或小，或高或矮，或美或丑，或站或卧，或尖或圆或方，或生或死或朽。它们有的像欧洲中世纪的古城堡，庄严、肃穆；有的似佛家的七级浮

似海豚翘首的风蚀柱。

■ 摄影/李学亮

寒冬的乌尔禾，穿上了洁白的衣裳。

风和雨共同作用下的风蚀洞。

因为受到很强的风蚀，这里的雅丹土质较软，
色彩斑斓的卵石俯拾即是，有时甚至能拣到晶
莹的玛瑙。

■ 摄影／李学亮

暑、悠然、高远；有的如滚滚浓烟立定、有的如缓缓龟蛇匍匐……真个儿是奇形百态，各展其姿。风城的山石之间又有峡谷万道，沟壑纵横，曲径通幽者有之，大道豁开者有之，似通非通者也有之。在明媚的阳光下，乌尔禾风城一片灿烂辉煌，充满着阳刚之美；在阴雨天气，这里又是一片灰暗迷蒙，仿佛凝聚了诸多恐怖与危险。而到了冬天，乌尔禾风城突然变得那么温柔，穿着洁白的衣裳，盖着银色的雪被，像一个孩子一样睡着了，梦里闪现出天国……只有狂风吹来的时候，它才激动得失去理智，飞沙走石狂舞，狼嚎虎啸怪鸣，让你害怕战栗，只想远远地躲避。

乌尔禾，的的确确是天地的杰作，望着它，你不能不惊叹大自然的鬼斧神工。新疆大地上，有许多废弃的古城，交河古城、高昌古城、楼兰古城……乌尔禾与那些古城惟一的不同，是这里只有天然沙土的气息，而没有人间的烟火气息。

乌尔禾风城是可爱的，也是可怕的；是神奇的，也是怪诞的。它笼罩着孤独与荒凉的美，与现代都市的车来人往之繁华构成强烈的对比。一般来说，美应该是和谐的，但乌尔禾风城却以它的错落展现了不和谐的美；一般来说，美应该是柔和、优雅的，但乌尔禾风城却以它的粗野、质朴，带给人们心灵的震撼。

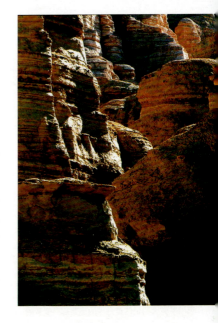

乌尔禾由于地层节理软硬差异，其风蚀形象也各不相同，这是一处较为坚硬的泥岩，露出一层层岩石节理。

■ 摄影／李学亮

2

中国最美的三大雅丹

白龙堆

群龙聚首天涯

摄影/李学亮

白龙堆雅丹位于新疆若羌县北部，罗布泊的东北面，面积为1000平方公里，是到楼兰去的必经地之一。白龙堆雅丹是所有雅丹地貌中最不易到达的一个，到目前为止，真正见过它庐山真面目的人恐怕也为数不多。如果没有向导的带领，白龙堆雅丹就像是一座迷宫，无论是谁要想仅凭大脑记住雅丹中的道路都是徒劳的。

没有人知道这些白色的巨龙为了什么会聚首在天涯，原因难道是为了看守着罗布泊荒原上某个不为人知的秘密吗？

专家评语

主要是在灰白砂泥岩夹石膏层的基础上发育而成，土丘一般高10—20米，延伸很长且有弯曲，一般长200—500米，也有长达几公里的，远远看去好像一条条白色巨龙蜷伏在大漠之中，故有白龙堆之称。 ——夏训诚

这里具有形成雅丹的两个优越条件，一是第四系湖相地层分布广泛，二是年平均风速较大，大风日数多，因而雅丹地貌发育典型。

——伍光和

白龙堆雅丹具有典型性，多呈现为沿风向延伸的土丘背垄或沟槽，形态变化万千，蔚为壮观。这里还有古城、古墓葬与烽燧，更增加了某些神秘的色彩。

——汪久文

三垅沙

开进戈壁的舰队

摄影/李学亮

三垅沙雅丹丘体高大，排列整齐，远远望去，
像是一列列的舰队。

■ 摄影/李学亮

专家评语

密集的雅丹群，呈现出大千世界中的种种映象：楼台亭榭、车舟飞梭、人类鸟兽等，无所不有，是我国雅丹地貌分布区中最独特最美丽的一片。

——夏训诚

三垄沙雅丹形态琳琅满目，惟妙惟肖，是大自然的杰作，堪称鬼斧神工，很有苍凉之美，附近还有著名的楼兰古城遗址，自然与人很好地结合在一起。

——吴正

三垄沙雅丹是罗布泊地区雅丹地貌的一部分，它位于新疆阿奇克谷地三垄沙以东一带，面积在100平方公里上下，中午的时候，看上去像是一个个磨盘，又像是巨大的灵芝，闪闪发光。

■ 摄影/赵承安

日出时，从深圳大鹏半岛的西涌山上看到的锯齿状礁石海岸。

■ 摄影／周 维

China's Eight Most
Beautiful Coastlines

中国国家地理推出

中国最美的
八大海岸

排行榜

1. 亚龙湾（海南三亚）
2. 野柳（台湾基隆）
3. 成山头（山东荣成）
4. 东寨港红树林（海南琼山）
5. 昌黎黄金海岸（河北）
6. 维多利亚海湾（香港）
7. 崇武海岸（福建惠安）
8. 大鹏半岛海滩（广东深圳）

评选标准

■ 在人眼力所能及的各种距离尺度上（远景、中景、近景）都有直观美感；（0—45分）
■ 地貌形态具有独特性；（0—15分）
■ 与人文景观协调一致；（0—15分）
■ 自然景观没有因过度开发旅游或现代化建设而遭到破坏；（0—15分）
■ 价值独特，对公众具有新鲜感。（0—10分）

入围名单
（按地域从北到南排列）

昌黎黄金海岸（河北）
大连金石滩（辽宁）
荣成成山头（山东）
日照万平口海滩（山东）
海宁市盐官镇钱塘江海岸（浙江）
东山岛海滩（福建）
惠安崇武海岸（福建）
漳浦县六鳌半岛抽象画廊（福建）
野柳（台湾）
清水断崖（台湾）
鹅銮鼻、恒春半岛珊瑚礁海岸（台湾）
深圳大鹏半岛海滩（广东）
维多利亚海湾（香港）
钦州三娘湾（广西）
北海银滩（广西）
东寨港红树林（海南）
博鳌（海南）
三亚亚龙湾（海南）
三亚天涯海角（海南）

评委介绍
（按姓氏笔画排列）

王衍用　北京交通大学旅游管理系主任、教授
数十次参加中央电视台、旅游卫视、山东电视台、宁夏电视台、海南电视台等一些地方电视台的旅游专题节目，发表过众多的旅游学术论文。

庄振业　中国海洋大学海洋地质海岸带教授
曾带出过20多位中国海岸学的硕士、博士，负责并完成过三个以海岸、沙坝、潟湖为专题的国家自然科学基金项目。现任中国海洋大学海洋地球科学学院海洋地质教研室主任。

宋朝景　中科院南海海洋研究所高级工程师
曾任海岸带资源综合调查办公室主任。长期从事华南海岸带和南海诸岛地质地貌调查工作。对推荐的中国最美的海岸19个候选景址中的很多做过调查工作，有较深的认识和理解。

姜　平　摄影师
姜平现在可能是中国最为忙碌和最为勤奋的一位摄影师，他几乎每个周末都是在外地拍摄照片。多年来他的勤奋和他拍摄的佳景为他赢得了众多的荣誉。

夏东兴　国家海洋局第一海洋研究所、海岸地貌学研究员
曾用十年时间主持《中国海湾志》的编撰工作，并由此获得山东省部级科技进步一等奖。现任中国海洋学会海岸带分会会长。

朱　彤　《中国国家地理》编辑

遗憾中的美丽

多少年前，我就想知道哪里是中国最美的海岸。我生长在北方一个美丽的海滨城市里，当我离开那里去别处生活时，才知道自己是多么地喜欢大海。在海里游泳和在任何其他地方游泳，在我看来，那是两种截然不同的境界。

在10年时间里，我走遍了中国所有省份的海岸。北方的海水深蓝透凉，一旦游开了，极为畅快而并不觉得冷；南方热带的海水如阳光下的一块碧绿的天空，让你有一种不真实的感觉，但在其内游泳时缺少一种透凉的快感。基岩海岸对游泳者是一个噩梦，但对观赏者则是对大海力量的一个极好的欣赏。海浪撞击礁石所产生的冲天巨浪，一旦喷洒在你身上时，那绝对是大海对你善意的戏弄！这时你一定会不禁自笑着尽快躲开。

但评选中国最美的海岸则是一项知识、感性和技术等于一体的工作。首先是决定哪些地方应该进入到这个候选者的大名单里。为此，我们沿着中国的海岸，从北方向南方一点一点地进行梳理，这一过程我们同时也请教了中国的许多海岸专家，包括海洋学家朱大奎院士。朱院士给我们一个个地讲解并给出候选

名单的建议。多次的编辑会讨论以使得这个候选名单更为全面和客观。下一步就是确定评委专家，最后我们所挑选出来的几位海岸专家，皆为中国著名的海岸研究机构里的学者，他们对中国的整个海岸带都很熟悉。另外我们也试图从有着更为全面知识结构和同样走过很多海岸地方的人中来挑选，于是我们又加了一位旅游专业的学者和一位中国著名的摄影师。评分标准能够直接决定哪些会进入到我们评选出的中国最美的八大海岸里，这又是一个很应该慎重的事情。从我们最后制定出的这个评选标准看，我们是希望达到这样一个理念：全面、客观，更宽泛的美的概念，并有代表性和尽量少的人为破坏。

然而我们发现在海岸带上，越是美的地方，越是开发早的地方，人工恶劣的笔触比比皆是，这让我们感到厌恶和不安。那多是用低俗的审美对最美的自然进行的肆意改造！在这方面，专家评委们和我们的看法是一致的。但即便是这样，我们也很难在我们最后的评选结果中完全排除掉这种低俗的影子，也许我们奢望的仅仅是在现实中，评选尽可能地完美些。一个在遗憾中产生的美丽。

中国最美的八大海岸位置图

中国最美的八大海岸

亚龙湾
跌落在地上的天空

1

撰文/崽崽 摄影/石怀逊

亚龙湾长长的白沙滩

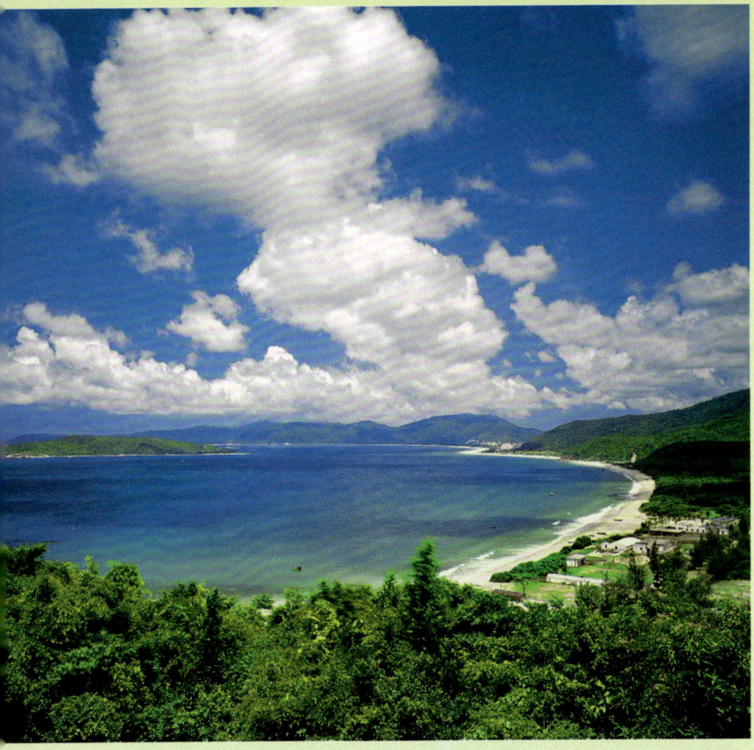

一年四季，这样洁净的沙滩都吸引着来自全国的旅游者。

专家评语

中国境内最美的海湾。碧海白沙是这里最显著的特点，一年四季都适合人们休闲度假。随着旅游项目的过度开发，亚龙湾这片净土有被破坏的危险。
——姜平

水一流，沙一流，环境一流。是中国少有的海岸！
——王衍用

三亚的阳光强烈，如漫天透亮的金属丝片，明晃晃亮闪闪，砸在沙子上、石头上弹跳起来。三亚全是阳光的声音，叮当脆响。三亚的一切都透亮了，山峦葱翠，海水清澈，太阳把她们洗过了。

亚龙湾是平静的，她内敛而且含蓄。她的北面一脉青山，山势逶迤平缓，长满种类繁多的树木。没有肃杀的秋风，树叶子努力主宰自己的命运，年龄各不相同，青蓝绿黄堆满岭，绿的青翠欲滴，黄的金碧辉煌；共同的是，树木习惯了台风的威猛，不敢出头，都谦让着长得平平整整利益均沾、共同富裕的样子。山下是一马平川，自然也是绿油油的升平景象。翠绿中，隐隐露出一些飞檐画栋，藏着的是宾馆，都是一些琼楼玉阁，消费着许多不为人知的良辰美景。月亮一样的亚龙湾就卧在这里。

海湾南面有三岛，从东到西：一曰野猪岛，一曰东排岛，一曰西排岛。岛屿虽小，却阻隔了汪洋的澎湃，形成了一个海中之海。亚龙湾的面积有66平方公里，其中有9平方公里的珊瑚生长区，生长着种类繁多的硬珊瑚和软珊瑚。海水的透明度在10米以上，大大小小、形态各异、色彩斑斓的热带鱼在珊瑚丛里进进出出，它们或是箭一样一闪而过，或是一抖一抖地移动，或是宽衣

长袖缓缓飘浮，都是一副从容不迫的气质，真正是一个令人羡慕的和谐景观。

这些构成了亚龙湾特有的气质：开阔宽广，明朗清爽；微波轻浪，粼粼闪耀；长风万里，清风习习；极目南眺，水天相接，没有一丝一毫人的痕迹，千年前是这样，万年前也是这样，特别滋养人的眼睛和肺腑……

"亚龙湾"并不是她原来的名字，她原名叫玡琅湾，社会发现她时，媒体不知何故把她写成牙龙湾，后来有关当局郑重其事把她改成亚龙湾，就像青年守瑜把自己的名字改为符B 到派出所办交涉一样。亚龙一听就知道是亚洲龙的意思，有点政治争风的味道，但她只是静静的一卧山脉一湾海水，不会理睬别人割断她的历史。

清代光绪年间出版的《崖州志·环海水道》写道："三亚港东二十里至榆林港，……榆林港三十里至玡琅湾，水深二丈五尺内外，有三州，可泊船数十。"三亚到玡琅湾有25公里，古人计算是精确的，但说可泊船数十就不知所云了，可能那时特指一个码头。玡琅湾口有东西岬角，为石峰，石色似玉，伟岸挺拔，护卫着辽阔的海湾。关于玡琅湾有一个古老的黎族传说：海湾里有一个小小黎村，人们过着平静的生活。深海里来了一群海妖，它们兴风作浪，深夜里进村抢劫，杀死反抗者，掳走妇女还牵走牛羊。族里有一英雄，隐入山中，苦练武功，驯养野兽，决心驱除海妖，保卫家乡。英雄苦练九年零九天，带回一群山兽，海妖闻风丧胆，不敢轻举妄动。可是有一夜，狂风大作，海潮汹涌，村人扶老携幼向后山逃生，英雄带着他的山兽在岬角守卫、瞭望……狂风过后，风平浪静，家畜平安。村民回到村子，发现英雄和他的山兽依然屹立在岬角峭壁上，但都已化成岩石，其中牙狼龇嘴舞爪，气势最为凶猛，黎民便称此湾为牙狼湾。因牙狼已变成玉色之石，故称玡琅湾。

编辑评语

亚龙湾之所以能够胜出台湾的野柳和山东的成山头——这两个有着奇美岩石的海岸，是因为亚龙湾更是一处能够让人长时间地感受大海、并可以舒畅地融入到海水里的地方。

地方像人，每一处地方都有她独特的气韵与品质，黎人的传说正是感动于海湾楚楚动人的少女气质。美丽而不张扬，活泼而不风骚，明朗而羞涩无言。女人需要爱护，古人怜爱的是海湾的腼腆与宁静。海湾似乎也在期待着什么……

如今开发风兴，保护风亦兴，无论开发或保护，都是人的一种自以为是。上世纪90年代初，人们在这里大兴土木，建了一个7万平方米的亚龙湾广场。中心建筑是一个高26.8米的图腾柱，上头煞有介事地刻着太阳神和风、雨、雷、电等所谓自然神，还有龙、凤、麒麟、神龟等吉祥物……据说得过国家建筑的最高奖——鲁班奖。十多年过去了，事实好像和它的解说很有出入，只是莫名其妙的一片。最煞风景的是，这里地域很宽，设计者偏偏把广场逼在海边沙滩上，就像发根挨在眉毛上，一个没有额头的人只能与猩猩为伍，上树采果子。大概除了主持者，谁见了都生气。现在进入该广场要支付三五十元不等费用，一些有经验的旅行者就使滑了，他们从附近的宾馆绕进去，既免了费用，还参观了美轮美奂的大宾馆；过屠门而大嚼，虽不得肉暂且快意也。

虽有人为的败笔，并不太过影响地方的美丽。玡琅湾，今日的亚龙湾，风轻浪细，海水喃喃地刷上沙滩，又羞涩地缓缓转身，好像是一首诗说的，静静地去，正像静静地来，来去间留下好些心痛。沙滩因海浪起伏像是少女的一挂酥胸，玉质的白沙，从东到西蜿蜒，展8公里长，沙白，而且细，细得非常均匀。有游人喜欢把细沙装进水瓶里，灌进海水，拼命地摇，停一会，水又清了，清得像蒸馏水一样。又摇、再摇，结果总是毫无瑕疵，令人不得其解，只好带走，回家再摇。岸边植物里长有风车草，草籽灿黄的时候就成熟了随风出走。一团团大而疏朗的风车草籽在沙滩上奔跑，引得孩子去追赶，赶着赶着，害怕了，因为风车草走走停停，停下来还一颤一颤地喘气，像一个幽灵……忍不住还是追，就追进海里。

亚龙湾海水的透明度、酸碱度、溶解氧等都达到了最上乘的标准。亚龙湾的海水毫无保留地清澈，齐胸深的水里，可以看见自己脚趾上的趾甲，与沙石列在一处，像是一片玲珑的贝壳，近旁五色缤纷的热带鱼也让人着迷，看上看下，看看左看看右……亚龙湾不是一湾海水，她是跌落在地上的天空，那样辽阔的、深远的、悠然的、明朗的、透明的、轻柔的……人在空中徜徉，就是神仙了。

也许，这就是亚龙湾的期待。世界被粗暴地统治了太长时间，我们必须重新领悟一些被忽视的东西。一方水土就是一位导师，她引领并教导我们。◐

从空中鸟瞰野柳

■ 摄影／齐柏林

由180余个高2米、直径1米左右的"蘑菇"组成的蕈状岩林。

专家评语

拥有许多奇丽海蚀景观的地质公园，具有豆腐岩、蜂窝岩、蕈状岩及龟阵群等著名的独特地形。奇岩怪石使人忍不住前来一探究竟。

——夏东兴

这是一片极为奇异的海岸，由于波浪差异的侵蚀、岩石风化及海陆相对运动等地质作用的影响而产生了台湾野柳这一举世罕见的海岸地貌景观，180个蕈状岩，屹立成群……

已经数不清去过几趟野柳了，因为只要有远道而来的朋友，总会想带他们到北海岸兜风，驰骋海风之中，赏海天一色美景，观野柳奇岩怪石，然后大啖

海鲜滋味，回程在淡水码头品啜一杯咖啡、静心欣赏夕照之后，便送朋友上阳明山泡个温泉暖汤，当他们慵懒地躺在氤氲蒸腾的温泉水中时，嘴角总会露出满意的浅笑。

之所以喜欢带朋友去野柳，是因为从任何一个角度看野柳，都有一种独特的野性美，一种不会让任何人挑剔的美。而这里的奇岩怪石，都是历经千万年不断地接受海水及海风的洗礼，才被雕琢成今日这番绝色之姿。

2005年4月连战先生的大陆行，对礼品挑选格外精心，在千挑万选之后，选中台湾已故画家杨三郎的画作《野柳奇岩》、《野柳风景》等作品，这显示出野柳为台湾海景之代表。

《野柳奇岩》是杨三郎于上个世纪70年代中期的写生代表作，画的是野柳凹形岬角，无尽的大海波涛，汹涌蜷卷地涌入凹处，清澈的海水映照着蓝天白云；左边岩石上则矗立着一块蘑菇形的蕈状岩，仿佛就是画家的化身，静观大海，并与大海为伴。此画画风豪迈奔放，色彩鲜明；层层不息的海浪，如同

作者奔腾不歇的思绪，构成一幅澎湃浪漫、充满生命活力的画面。这便是最典型的野柳风景。

政治家、画家同作为凡人的我，透过这片柔美无比的大地，彼此似乎心有灵犀地牵连了起来。这千变万化的野柳山海，则给予自然一个美丽的概念。

千奇百怪的野柳是台湾北部一个突出海面的岬角，长约1700米，站在其东南方的骆驼石上眺望，岬角有如海龟蹒跚离岸，匍匐海面、翘首拱背欲游出海，因此又有野柳龟之称。

据地质学家的研究，在600万年前、或是在2000万年前，由于地球造山运动的挤压，野柳的两侧出现了两道断层。原来的海底被挤压凸出地表，经过海水日夜的冲击，历经风吹雨打之后，破碎的断层带便凹入内陆形成海湾，中间突出的部分造就成今日的野柳海岬。岸边则产生了单面山、海蚀崖、海蚀洞等地形，经由海水不断地冲刷、东北季风不停地吹拂，将原本沉寂海底的海中古生物的坚硬结核风化出来。当周围的软岩层被侵蚀之后，呈现不规则状的结核便露出地表。人们惊叹之余，依照石头的形状为之命名，遂有蜂窝岩、豆腐岩、蕈状岩、风化窗、姜石等世所罕见的地理景观。

编辑评语

台湾的野柳是一处被海浪雕塑成似人像物的各种奇特形状的海岸，这些形态能够符合绝大多数人的审美感受。这次它排名第二是其实力的充分表现。

游览野柳，总会先到入口处的旅游中心观赏一段影片之后，再入园游览，尤其是初次造访的朋友，都会觉得有所收获。影片中详细说明了野柳形成的原因及风化成形的过程，这绝对是欣赏这片风景的最佳序曲。

观赏影片之后，回味着烛台石、女王头、仙女鞋的余韵，该上路去见证野柳石头的奇野了。首先来到与陆地相连的第一区，这是奇石最多样的地区，在这片海蚀平台上，因岩层的不同，所风化出来的石形也大不相同，靠近海岸的是形如老姜的姜石，隔着一条直敞敞的海蚀沟，内侧则是大片凹凹凸凸的风化窗，再向内延伸，则是形似蘑菇的蕈状岩。蕈状岩从稍微突出地表的诞生期开始，经过不断的风化而经历无颈期、粗颈期、细颈期，最后，细长的

野柳标志性的蕈状岩：女王头。

薹状岩是数量最多且最引人目光的奇石，但若要论最独特的，则非烛台石莫属了，全台湾惟野柳有之，全球亦属罕见。它位于平台和山丘交接处的海崖边，终年受海浪的洗礼，尤其在秋冬季节吹起东北季风时，随之惊起巨浪，将烛台石的表面洗得光滑圆润，如此漂洗千万年后，水流不断沿着坚硬的结核外围冲刷侵蚀，渐渐雕出圆椎状的石形，中央高点露出的坚硬结核如同烛火，便完成了一座座惟妙惟肖的烛台石了。

对于烛台石，有人说它更像女性浑圆高耸的乳房，也像道士作法的铃钟，当地居民便流传了一句十分写实的台语俗谚"石钟、石乳，鲤鱼进水，老鼠吃猫奶"。每年冬天，东北季风一吹，挟带而来的上涨潮水，激起滔天浪花，冲击着烛台石及其近旁形似大鲤鱼的石头，瞬间便把偌大的鲤鱼石吞没了。此时，海蚀平台上总是长满珍贵的海发菜，当地讨生活的渔民人家，经常冒着被海浪卷入海中的危险，在湿滑的地表采摘满地的海发菜，这样的做法与想像吃猫奶的耗子一样危险，令人惊惧万分。可是为了生计，这些讨海人也顾不得这万般惊险了！

接着登上第一区的左侧小山，这是眺望野柳风貌最好的地点。辽阔的视野，将野柳岬尽收眼底，眼下的奇石一个个突出地表，一直延伸到海岬尽头的单面山。在海洋的包围下，山顶被青翠的海滨植物覆盖着，与金黄色的海蚀平台、湛蓝的海水形成色彩鲜明的风景，难怪画家杨三郎在生前年年都要带着画笔来此作画。

在欣赏怪石的同时，不妨留意脚下这片斑斓的地表，可清楚看见多样性的海底生物化石。由于野柳的奇岩怪石是在海底堆积而成的，因此掩埋了许多海

每年农历四月十六日，野柳村民会在发现妈祖神像的这天，迎接妈祖回野柳做客，以祈求平安和打鱼丰收。

■ 摄影／黄丁盛

颈子承受不了大头的重量便瞬间断裂，结束了薹状岩的一生。位于第二区的野柳地标女王头，就是已经进入暮年的薹状岩，地质学家们预计20年后，很可能随时断颈。

生物，经过千万年堆积而成为化石，
中最普遍的是节肢动物在活动时留下
生痕化石，数量最多的海中生物化石
海胆，还有海星、牡蛎壳等，足以见
"凡走过必留痕迹"这句话。今天这
古生物的生痕与当下游人的足迹重重
叠着。

沿着步道从第一区走向第二区，它
交界处是俗称妈祖洞或王爷间的海蚀
因为这里曾捡拾了两尊神像，一尊
说是二百年前的农历四月十六日，被
柳村民在岸边洞口拾得的妈祖神像，
后安奉于五公里外的金包里慈护宫
；另一尊是漳州人信仰的开漳圣王，
前供奉于野柳渔港边的保安宫中。

由于附近的居民都是出海打鱼、
天吃饭，为了祈求渔船平安、打鱼丰
，每年野柳村民会在发现妈祖神像的
天，迎接妈祖回野柳作客。据说妈祖
来作客的当天早上，一定都是阳光普
的退潮期，一旦妈祖离开，便会纷纷

落落地下起绵绵细雨来，并开始涨潮，
淹没了妈祖洞，村民说这是因为妈祖不
舍离开才潸然泪下。

游过第二区，继续往大海延伸的单
面山走去，经过玛玲鸟石拾级而上，来
到岬角顶端，在此眺望大海，呼吸着来
自大海的清新空气，赏海天一色美景，
身心舒畅至极。此时，一趟野柳之旅也
达到了顶点。

在野柳地质公园附近，有一个小渔
村在野柳尚未驰名之前，便已成形。每
日清晨与黄昏，纯朴的渔家开着小船进
港，带来当日现捞的新鲜鱼货，有的就
地在港边交易，大多则送进了附近的海

一条基岩平伸海面，海浪反复冲蚀，将这条
基岩堤纵横分割成排列整齐的"豆腐块"，
故名"豆腐岩"。

鲜餐厅。一艘艘小型的渔船来来回回地出海、泊港，颇有一番水乡情调，虽与著名风景区相连，却完全置身于外，而保有纯朴的渔家风采，在这里可以领略野柳另一种海岸之美。

专家评语

沿节理(较大的裂隙)风化、经浪流反复荡蚀形成高1－4米不等的蕈状岩群体，如此集中实为海岸罕见奇观。　　　　　　——宋朝景

世界罕见的似人像物的海蚀地貌，堪称绝景。　　　　　　　　　　——王衍用

　　在野柳渔港边的保安宫，安奉着从妈祖洞口捡来的神像开漳圣王，每年这里的元宵节都会举办刺激的神像净港过海过火仪式，以祈求保渔。在那海风仍然料峭的正月十五，当停泊在港边的渔船大放鞭炮、绕行港湾一周之后，一群年轻力壮的男信徒，驾着神轿跃入冰冷的渔港，一路游向港口对岸，这就是象征祛邪的净港过海仪式。上了岸之后，立刻接受信徒们长串鞭炮的轰炸，神轿就在轰天嘎响的鞭炮阵中奔跃，场面相当热烈，具有驱寒纳财的意义。庆典至此还有另一高潮，抬着神轿的壮丁来到附近广场，这里早已铺平一地烧红的炭火，上面撒满了可以降温的盐巴及米粒，轿夫们一声令下，扛着神明赤足飞驰"过火"，一路扬起的阵阵浓烟，朦胧之中仿佛神至。

　　这样热烈的祈福仪式自早年困苦的台湾渔村中发展出来，似乎显示与海搏斗的生涯中充满危机，讨海维生实在大不易，只好通过几近自虐的手法来向老天爷输诚，以祈求平安及一年的丰收，其最终目的不过是维持一家老小的温饱。这就是野柳村民的真实写照，也是台湾早期渔村的小小缩影。

　　在野柳，领略自然与人文两种独特风采，这在台湾风景区中，惟此独有。

成山头
腹地对大海的渴望

从空中俯视成山头。

■ 摄影/侯贺良

编辑评语

从地图上看，成山头准确地说更应该称为山㈠
的好望角。同野柳基岩海岸相比，这里的㈠
石、海浪更为大气、壮观。

专家评语

秦皇、汉武留下了巡游的足迹，狂涛击崖、㈠
流涡旋、震人心弦。中国腹地伸向大海最远㈠
地方，传说中天地的尽头，北方的天涯海角。

——王衍㈠

崖壁如削，波涛翻腾，水流湍急！ ——庄振㈠

海岸岩石陡峭，海浪冲击岩石的气势让人㈠

但不足之处是，海岸边的秦始皇东游雕塑与这里的自然景观不协调，有画蛇添足之感。

——姜平

……里三面环海，一面接陆，大海浩瀚碧蓝，峭……巍然，巨浪飞雪，气势恢宏万千。

——夏东兴

成山头，又名"天尽头"。坐落在……东半岛最东端荣成市的龙须岛镇。成……头被誉为"中国的好望角"，素有"南有天涯海角，北有极地尽头"之……。成山头直插入海，临海山体崖壁如……，崖下海涛翻腾，水流湍急，常年经

受大风、大浪和风暴潮的冲击，海域最大浪高有7米以上。在保护区内还具有典型的沙嘴、海驴岛上奇特的海蚀柱、海蚀洞等海蚀地貌以及受到国内外地质学家高度重视的柳夼红层等自然遗迹。由于成山头及邻近海域岸线曲折，形成众多的大小岬湾，加之海洋食物充足，因而每年冬季引来众多的大天鹅等珍稀鸟类来此越冬栖息，形成世界上四大天鹅栖息地之一，被誉为"东方天鹅王国"。◎

4 东寨港红树林
留在陆地上的碧浪

东寨一小码头

■ 摄影／石怀逊

专家评语

红树林是热带滨海泥滩上特有的常绿植物群
落，是热带海岸的重要生态环境，能防浪护
岸，又是鱼虾繁衍栖息的理想场所。涨潮时
分，茂密的红树林只露出翠绿的树干随波荡
漾，成为壮观的"海上森林"。 ——夏东兴

我国最大最典型的红树林保护区海岸，蓝
天、绿树、大海组成一个十分优美的景观。

——庄振业

特殊的生物海岸，大面积的湿地。潮涨潮落
时，景观万千。这里水鸟、两栖类动物、红
树林等物种丰富，既具有科研价值，也具有
景观价值。

——王衍用

　　1986年，海南琼山东寨港红树林成
为国家级自然保护区。1992年在我国首个
被列入"世界重要湿地名录"。据介绍，
全球红树林树种约40多种，我国分布有24
种，而东寨港就有19种。同时该地栖息的
鸟类有159种，这里是许多国际性迁徙水
鸟的重要停歇地和连接不同生物区界鸟类
的重要环节。红树林是生长在海水中的森
林，是生长在热带、亚热带海岸及河口潮
间带特有的森林植被。涨潮时，它们被海
水淹没，或者仅仅露出绿色的树冠，仿佛
在海面上撑起一片绿伞。潮水退去，则成
一片郁郁葱葱的森林。在我国广东、海
南、台湾、福建沿海都有分布。红树植物
有灌木也有乔木。因其树皮及木材呈红褐
色，因而称为红树、红树林。红树的叶子
不是红色，而是绿色。枝繁叶茂的红树林
在海岸形成的是一道绿色屏障。◐

红树和它的气根

■ 摄影/石怀逊

一渔民正划着他的小船来这里的红树林海域下
网捕鱼

■ 摄影/张　岩

5

昌黎黄金海岸沙漠
与大海的吻痕

金黄色沙丘的后面是碧蓝色的大海。
■ 摄影/陆顺平

保存了全国最高和面积最大的沙丘海岸，滑沙旅游胜地。同时又是候鸟的中继站，有着珍稀的文昌鱼。但目前开发较为无序。

——庄振业

海滩和沿岸高大沙丘相连形成的特殊景观，海滩地貌和风沙地貌绵延数十公里，规模宏大，气势磅礴，是令人叹为观止的自然之作。

——夏东兴

景观效果好：沙丘、沙滩、潟湖、林带、大海浑然一体；科研价值高：林、鸟、鱼种类丰富，是研究海滩生态系统的国家自然保护区；又因沙丘等海岸地貌独特，还是研究海洋动力学和海陆变迁的重要场所。

——王衍用

编辑评语

真正能够感受到这片魅力的沙质海滩，是应该从河北乐亭县出发，沿着海边赤脚徒步一直向东北。我忘不了这段长长沙滩所留给我的大海那美丽与安宁的一面。

海浪中的金色沙滩

昌黎黄金海岸，位于河北省东北部昌黎沿海，全境为沙质海岸。黄金海岸生成于近两三千年，发源于燕山的河流为这里的沙质海岸的发育提供了丰富的沙源。辽宁西部的六股河带来了丰富的粗颗粒河沙，河沙入海后在强大的东北风作用下，随海流向西南方向漂移，在沿岸堆积成一道道沙堤。海滩沙在低潮裸露时被阳光晒干，强劲的东北风把沙吹扬起来，因受树木的阻挡，在经短距离搬运后即坠落尘埃，聚沙成丘。河流不断把泥沙带入海洋，海滩上的沙不断得到补充，也不断地被风吹走。滨海沙丘经常不断地得到沙的补给，逐渐变得高大、雄伟、壮观。沙丘向海一侧迎风坡的坡度为6—8度，向陆一侧背风坡的坡度达到30—32度。沿岸分布有40多列沙丘组成的长30公里、宽4公里的沙丘带，最高处达44米，是全国最高的海岸沙丘，也是一种沙漠大沙丘与大海相连的特殊景观。

昌黎一带的沙质海岸是美丽的。金沙银沙堆成的滨海沙丘，在夏日阳光照射下，光彩夺目、分外壮观。人们又把昌黎沙质海岸称为黄金海岸。○

专家评语

这里优越的地理位置，使其成为北方的旅游胜地。

——姜平

中国最美的八大海岸

维多利亚海湾
万丈红尘映碧海

摄影／So Hing—keung／C

专家评语

人类海岸开发的超巨型现代艺术品。熙来攘往的船只，升降频密的航机，泊在港湾的国际游轮，瑰丽壮观的如飞翼的会展场所……华灯初上，海港四周繁星点点，万家灯火闪耀长空，是一颗璀璨的东方明珠。

——夏东兴

编辑评语

在中国最美的八大海岸里拒绝这么一个完全是人工的海景是会有很多的理由，但是它的确是美，无论是在白天还是在灯光下的夜晚，这里都是摩天大楼与海的完美结合。只这一条理由就足以让它成为中国最美的八大海岸了。

　　1万多年前，这里是大陆山脉的延伸部分。后来由于山体断裂下沉与海水入侵才形成现在的维多利亚港湾，使香港岛与大陆分离。维多利亚港宽1.3公里，东西长约10公里，水域总面积达59平方公里。其得天独厚的自然条件，经过150年的开发与建设，已成为世界著名的金融、交通、旅游购物中心，是进入香港的门户。当年英军占领这个海港时，正是维多利亚女王在位，因此得名。◎

崇武海岸
惠安女眺望大海的地方

专家评语

惠安崇武古城海岸是一处集滨海风光、历史遗迹、地方风情于一体的特色海岸。最大的特色是古城与大海一体。古城是国家文物保护单位，是我国现存最完整的明代丁字形石砌古城池，其建筑工艺之独特合理被称为"古代系统工程的案例"。　　——王衍用
生活在这一方水土上的渔民给人们留下了深刻的印象，其典型代表就是惠安女。——姜平

编辑评语

把惠安崇武古城海岸放入19个候选名单里，是基于我们对目前尚存不多的人与自然如此和谐的一种偏爱。显然在全球化的今天，人们也渴望与全球化相对应的另外一种文化——地方化。令人高兴的是崇武古城海岸最终被选入中国最美的八大海岸。

崇武古城海岸坐落在福建惠安县东南24公里的崇武半岛南端。这里三面临海，西侧的陆地起自大雾山脉。在崇武古城的最高处，可望得见金沙碧水的"半月沉湾"和"西沙银蛇"天然海滨浴场。这里还可以看见闻名中外的惠安女：黄斗笠、花头巾、银腰带、短上衣、宽裤筒，配上精巧艳丽的头饰，与蓝天白云下的大海构成独有的人与自然的风景。

正在岸边劳作的惠安女子。

■　摄影／赖源海

崇武海岸全景

■ 摄影／陈浩

大鹏半岛西涌大沙滩。涨潮时海水从这两个小沙丘间进入到这里的潟湖。

■ 摄影/周　维

专家评语

金黄的海滩与蔚蓝大海融为一体，最适合的海岸沙滩度假之地。
——夏东兴

三面环海的环境，沙滩、潟湖、岬角的组合特色，这里还可以进行冲浪、帆板等水上运动。
——王衍用

编辑评语

一个默默无闻的海岸，是大都市人们走出水泥丛林的一块休闲胜地。

深圳大鹏半岛三面环海，包括葵涌、大鹏、南澳三镇，海岸线长达133.2公里。大鹏半岛为花岗岩山地，山势陡峭，山谷幽深，奇峰怪石众多，山地直接临海，岸线曲折，景色怡人。沿岸分布着大大小小十几个沙滩，如下沙、西冲、东冲、桔钓沙等。这些沙滩沙质松软，属中细沙。湾内水深较大，可进行冲浪、帆板等水上运动。目前尚未开发。

云南罗平九龙瀑布　摄影/李贵云

9

**China's Six Most
Beautiful Waterfalls**

中国国家地理推出

中国最美的
六大瀑布

排行榜

1. 藏布巴东瀑布群 （西藏）
2. 德天瀑布 （广西）
3. 黄河壶口瀑布 （晋陕交界）
4. 罗平九龙瀑布 （云南）
5. 诺日朗瀑布 （四川）
6. 黄果树瀑布 （贵州）

选美中国

入围名单
(按首字拼音顺序排列)

赤水瀑布群(贵州)
德天瀑布(广西)
滴水滩瀑布（贵州）
吊罗山瀑布群（海南）
黄果树瀑布（贵州）
黄河壶口瀑布（晋陕交界）
诺日朗瀑布（四川）
九龙漈瀑布(福建)
吊水楼瀑布（黑龙江）
黎母山瀑布群（海南）
罗平九龙瀑布（云南）
庐山三叠泉瀑布（江西）
天河潭瀑布（贵州）
雪宝山天水瀑布(重庆)
雁荡山大龙湫瀑布（浙江）
云台山瀑布（河南）
藏布巴东瀑布群（西藏）

评选标准

■ 年平均流量超过5立方米/秒，水量大、气势磅礴；
（0—30分）
■ 宽度超过20米，落差超过20米；（0—30分）
■ 不依靠水库调节流量，四季流量相对稳定，冬季不断流，
枯水期应具有观赏性；（0—20分）
■ 观赏性没有受到人工建筑的影响。（0—20分）

评委介绍
(按姓氏笔画排列)

王衍用　北京交通大学旅游管理系主任、教授
主持制定山东泰安、曲阜、蓬莱、梁山，宁夏等地各类旅游
规划，参与山东、山西、广西等省旅游规划。

王兴国　中国森林风景资源评价委员会秘书长
长期从事国家森林公园的建立、管理工作，多次参加有关学
术讨论会并发表论文，非常熟悉全国瀑布的情况。

关志华　中科院地理科学与资源研究所研究员、水资源专家
多年来在我国青藏高原、西南地区及黄河流域等地开展科
研工作，在水资源，特别是水能资源研究方面取得了重大
成绩。

李渤生　中科院植物研究所研究员、植物生态专家
曾多次参加中国科学院青藏高原综合科学考察队，对藏、
青、川、滇、新等地进行过考察，足迹遍及我国西南和西北
高山大川，近几年来专心致力于我国自然保护区的建设与保
护生物多样性的研究工作。

李贵云　贵州著名摄影师
多年来致力于水资源及各种类型瀑布的拍摄考察工作，曾到
珠峰、黄河源、三江源、吉林长白山及云、贵、川、新等地
的高山、峡谷、原始森林进行考察拍摄。

吴必虎　北京大学旅游研究与规划中心主任、教授
主要从事旅游地理学、区域与城市旅游规划研究，承担主持
编制北京、杭州、西安、敦煌等国内著名旅游城市旅游总体
规划。

周晓红　《中国国家地理》编辑

自然美才是真正的美

评选最美的瀑布之过程，真可谓一波三折，"意外"频发。

在"选美中国"的最初阶段，随着我对各省瀑布的了解，进入视野的瀑布越来越多，笔记上美丽瀑布的序号差不多排到了100，东北、华北、西南、西北等地区都有值得入选的瀑布，这些瀑布各有各的风采，相当一部分都不比著名的瀑布逊色。

流量、落差、宽度是瀑布的三要素，只有针对这三项的数值进行筛选和比较，才能科学地进行评选。这三个数值中，流量是个难点，尤其是年平均流量，拿到相关数据就相当于完成一半工作。西南各省有一些瀑布落差和宽度都很显著，但年平均流量较小，有些则根本没有测量过，无法进行比较；有些瀑布落差很大，多级跌落，有的是100多米，有的是400多米，流量也不算小，但不够宽阔，仿佛飘在空中的细线，与"美丽瀑布"相去甚远；还有些瀑布宽度显著，但落差在10米左右，气势不够恢宏。只有流量、落差和宽度都达到一定标准，才能带给人美的视觉享受，符合瀑布选美的初衷。在一次次与相关专家的沟通中，我们制定出瀑布选美的标准，并有了一个进入初选的范围。"包围圈"终于缩小了。

在我能找到的文字资料中，关于这些瀑布的介绍非常雷同，一律是溢美之词，想了解更多的情况，必须向瀑布所在地的机构和熟悉情况的人打听。让他们说出真话，诸如瀑布上游是否有调节瀑布流量的水库，还真需要些技巧。比如云南罗平九龙瀑布看上去十全十美，可它的上游有两个调节水库可以控制瀑布流量；大名鼎鼎的黄果树瀑布靠水库调节流量已是不争的事实，但不询问就不会知道它的上游还在兴建更大库容的调节水库……这些都是影响瀑布自然形态的减分因素。

经过初评和复评，瀑布评选的最终排名终于出来了。这个排名验证了一句老话：自然美才是真正的美。人类对美的认识在不断改变，对美的评判标准越来越倾向于天生丽质、浑然天成，六大瀑布的排名正是顺应这一认知的结果。

晋陕交界黄河壶口瀑布
四川诺日朗瀑布
西藏藏布巴东瀑布群
贵州黄果树瀑布
云南罗平九龙瀑布
广西德天瀑布

中国最美的六大瀑布位置示意图

藏布巴东瀑布群
大峡谷中的隐士

撰文/李渤生　摄影/税晓洁 等

雅鲁藏布江是中国最重要的河流之一，其水能蕴藏量居全国第2位。在雅鲁藏布大峡谷核心无人区河段，从西兴拉往下到雅鲁藏布江支流帕隆藏布汇入口之间，短短的20余公里峡谷河段有多处急拐弯，峰回路转、地势险峻，却隐藏着以藏布巴东瀑布群为代表的4大瀑布群。

在这样短的距离、这样多急拐弯的河段，出现数量如此之多、规模如此之大的瀑布群，不仅在中国独一无二，在世界上也极罕见。藏布巴东瀑布群气势汹涌，蔚为壮观，是中国最壮观、最原始、最神秘的瀑布群，当居中国瀑布之首。

在深邃险峻的雅鲁藏布大峡谷内，河谷两侧数百米落差的高山飞瀑比比皆是。

这条瀑布是藏布巴东瀑布群中落差最大的瀑布——白浪瀑布，是现知雅鲁藏布江干流落差最大的瀑布。

■ 摄影/李渤生

专家评语

上苍赐予人类的神圣水土。　　　——王衍用

　　由于工作关系，人迹罕至的雪岭冰峰、险谷幽峡、森林草原、江河大川成了我人生的挚友，我由此获得了许多极为宝贵的机会去探访大山峡谷深处悬于天际之水——瀑布的雄姿与丽质。然而每当世界与我国各大瀑布画面闪过眼前时，我心中总会涌出一片阴云：拥有世界众多雄伟山脉与巨江大川的中国，林林总总的瀑布不知为何都是如此的温顺，有些甚至柔媚得近于造作，完全没有了孕育它们的高山大川所充满的阳刚之气与撼天动地的气势。

　　然而当我在1998年10月率雅鲁藏布大峡谷科学考察队一分队自西藏米林县派乡沿雅鲁藏布江向下游徒步20余天，

翻越西兴拉山口，来到位于雅鲁藏布江干流上的藏布巴东瀑布脚下，我的心全然被从35米高的江心陡岩上，以1900立方米/秒的流量轰然砸落江中深潭的狂野瀑布所震撼了。此时，长期萦绕在我心头的遗憾，如同瀑布落下时激起的水雾，腾空而去。

　　雅鲁藏布——布拉马普特拉河长2840公里，位居世界第23位，但流量却高达16290立方米/秒，居世界第7，其最大洪水流量更达76600立方米/秒，高居世界第4。这条大河发源于喜马拉雅山脉北麓的杰马央宗冰川，沿喜马拉雅山麓一路缓缓地向东奔去。当它流至东喜马拉雅主峰——南迦巴瓦峰下（7782米），突然被向南插入的加拉白垒雪峰（7294米）阻住去路，迫使她不得不在两山结合的薄弱部位切出一条窄狭的

通道夺路前行。于是形成了位于加拉白垒峰东侧极其陡险的多吉帕姆峡谷。这段位于雅鲁藏布大峡弯西侧的神秘峡谷中，隐匿着四处雄伟的瀑布群：藏布巴东、扎旦姆、秋古都龙和绒扎瀑布群。其中最蔚为壮观的瀑布群就是处在多吉帕姆峡谷入口处的藏布巴东瀑布群。

　　1998年11月16日，当我们的大队人马翻过了西兴拉山口，从3000米的高处俯瞰雅鲁藏布江时，一幅极为壮丽的画面突然出现在众人眼前：雅鲁藏布江在此北折后其200余米宽的江面骤然紧缩至100余米，咆哮的江水翻着白色的浪花奔入多吉帕姆峡谷，然而此时在江中一道30余米的基岩陡坎挡住了江水的去路，每秒数千吨的江水奔涌而至，像一匹发狂的野马，奔腾、嘶鸣着从阶坎上飞身跃下，顿时砸落在岩崖下方，浪花飞迸，江中腾起一团团浓浓的白雾，沿谷地缓缓升至我们的眼前。从数千米的高山上向下眺望，整个江流成了一条白练，使人感觉到两岸的危岩即将塌落。当江水继续下行时，在前方又撞上了一道陡壁，她不得不返身左转，又从陡壁两侧一道更窄的狭隙中夺路下行，然后消失在山崖的背后。这就是藏布巴东瀑布群。藏布巴东瀑布群由三个瀑布组成，其中处在最上游的一个瀑布为藏布巴东瀑布，宽117.7米，落差33米，第二个瀑布为白浪瀑布，宽62米，落差35米，是现知雅鲁藏布江干流落差最大的瀑布，第三个是落差和宽度相对较小的藏布巴东三号瀑布。

　　然而欲想与藏布巴东瀑布群亲密接触，精确测量她的各项地理数据，揭开其神秘的面纱却是非常艰难的。为此我们在莽莽苍苍的原始密林中整整跋涉了两天。11月18日，当我们艰难地攀爬过最后一道泥石流陡坡，下到深深的雅鲁

藏布江谷底时，大家立即坠入四处弥漫的水雾中，并被禁锢在震耳欲聋的江水轰鸣声中。

专家评语

人迹罕至的原始河谷内的急行者。——吴必虎
深隐闺中，雄瀑藏奇。——李渤生
古朴原始，地球上不可多得的净土。——王兴国

　　我们的营地设在白浪瀑布东侧的崩塌岩石堆之上。藏布巴东瀑布在营地的南侧不足200米处，但在此处只能闻其声却难以见到两个瀑布的雄姿。第二天我们小心地爬过一块块直径2~4米高的崩岩来到江边。脚下就是瀑布落下后疾驰而来的乳白色江水，有节奏地拍打着崩岩，不时激起数米高的巨浪。我们小心地在江边森林中开出一条险路，当我们在悬崖边上砍落浓密的树枝，藏布巴东瀑布终于展现在我们眼前。在两岸近于垂直的陡壁内，一堵高33米的岩墙巍然耸立在江中，岩壁东侧兀立起一块巨石，汹涌的江水在此被劈为两段，翻岩喷涌而下，下落的水流相互碰撞如雷声轰鸣。偶有一线阳光扫过，江上立即拱起一道彩虹。此时虽是枯水季节，但江水澎湃之势依然不减。从基岩上的水痕可以判断：在夏季丰水期，巨量的江水会将基岩全部漫过，那时瀑布的落差可能会高至40米，可以想象其气势之雄壮。

　　江水在藏布巴东瀑布跌落后狂奔而下，在靠近西壁陡崖脚下回水处，由于湍急水流的推动，巨大砾石日复一日地旋转，竟磨出几个巨大的石臼。最后江水又撞向我们基地下方岩平台的岩壁，从其西侧65米宽、35米深的第二阶坎处跃下，形成雅鲁藏布江干流最壮丽的瀑布，同时也是世界上最神秘的瀑布——白浪瀑布，因为除了摄影师车夫从直升机上摄下了

雅鲁藏布大峡谷地势险峻、云遮雾绕、神秘莫测。雅鲁藏布大峡谷河段的平均流量是67立方米／秒的科罗拉多河的数十倍，水流湍急，瀑布众多。

■ 摄影／张江齐

她的雄姿外，世上还未有任何人见到过她的全貌。

编辑评语

藏布巴东瀑布群气势壮观、澎湃激昂，是西藏雅鲁藏布大峡谷内的神秘壮景。洪水期时，雅鲁藏布大峡谷内洪水泛滥，深入峡谷考察只能选择枯水期。目前有幸见到藏布巴东瀑布群的只有少数科学家、探险家和摄影师。虽然至今无人拍到洪水期时的照片，枯水期时也只能从数百米之外的高处拍摄，藏布巴东瀑布群的雄浑之美仍令人震撼。

枯水期的藏布巴东瀑布，宽117.7米，落差33米，丰水期时落差可能达到40米。迄今为止，科学家们仍无法在丰水季节对藏布巴东瀑布群进行测量。

　　白浪瀑布隐藏在我们基地西侧的一座巨大基岩陡壁的下方。这块基岩曾经是雅鲁藏布江的河床，而江流又在她的侧面切削出一道槽谷奔之而去。我们站在光滑的岩石上，只见不时腾起的水雾，又闻如雷的轰响，却见不到瀑布。我们的摄影师不得不在登山队员的帮助下，系上绳索，坠到岩下去拍摄瀑布。我则在绳索保护下，爬到岩边向下俯瞰白浪瀑布。当我探出头去，竟被身下飞过的瀑布惊呆了。江水在营地南面山崖下侧撞上了岩壁后夺路而行，然后被阻于下方的岩坎处，在此形成一个巨大的碧潭。江水受阻后不住地旋转，随即从阶坎西侧更低凹处骤然甩出，顿时形成一股向上奔涌的巨大水流，然后在空中化作一道翡翠绿色的弧飞落而下，消失在万丈深谷之中。深谷中腾起的白气水雾像原子弹爆炸后的蘑菇云，渐渐升起，然后在峡谷上方膨胀，扩展散去。

　　大家为一睹白浪瀑布的全貌，攀藤援绳来到白浪瀑布下方的谷底。但我们站在枯水期露出的基岩河床上，仅能见到千吨白水砸落到瀑布下方的四方四棱的深潭中，潭中江水翻涌滚腾，有如巨锅中沸腾的牛奶。深潭出口的河床又紧缩至35米，形成一道极深的垂直下切的石槽。江水就在石槽直立石壁的夹峙下奔腾呼啸着扑向远方。

　　此时我眼前突然浮现出曲水至泽当段雅鲁藏布江的身影。在那里雅鲁藏布江河谷扩展至6—8公里宽，在无数辫状水流中几乎找不到主流。水面上一只只牛皮船悠悠顺流而下。洪水期时江面如浩瀚的湖泊，无边无际。藏族人民在江边引水修渠，形成了万亩良田和千亩树林。雅鲁藏布江在那里显得那么宁静、慈祥。然而在这里我们看到的却是一条狂野无羁的江流！

　　我站在光滑如镜的岩石河床上，听着江水的轰鸣，嗅着空气中弥漫着的江水的气味，身体与峡谷、江流在一起震动。此时我才深深领悟到什么样的瀑布最美，我认为一条具有雷霆万钧之力、狂野奔腾的瀑布最美，因为她真实体现了大自然的威力，令人景仰与叹服，更使人类变得理智。◎

中国最美的六大瀑布

德天瀑布
跨国的风情

撰文/向红星　摄影/李贵云 等

瀑布飞溅时激起的水雾迷蒙一片，笼罩在瀑布前百米左右，长年累月飘忽不散。
■ 摄影/李贵云

如果历史像平静的河水一样波澜不兴，世界第二跨国瀑布——德天瀑布不会到20世纪即将结束才被世人惊觉。曾经的中越战争迫使广西边民迁离住地，使边境村庄人迹几绝，战争结束后十余年，对于战争的余惧，乃使外人不敢轻易进入这阴霾不散的边界。即使偶有外人进入，也大多是不解风情的匆匆过客，即便是稍解德天瀑布之风情，惊鸿一瞥的惊艳过后，只在不经意的讲述中向旁近的几个人一笔带过。

德天瀑布位于中国广西大新县硕龙镇和越南高平省重庆县玉溪镇交界的边境线上，从德天屯至硕龙镇一段以归春河为天然国界。归春河源出广西靖西县，全长150余公里，途经越南，迂回35公里后复返，"归国遇春"是当地边民赋予它的美好寓意。归春河于德天屯附近浦汤岛遇断崖，形成瀑布，因地而名德天瀑布。瀑布三级跌落，落差70余米，最大宽度200余米，年均流量50立方米/秒，是黄果树瀑布的5倍。

瀑布所在地质为厚层状白云岩，质地较软，雨季洪流怒泻，数度造成塌方，使瀑布形貌改变。在边民的记忆中，战争时期，山洪屡将埋于地表浅层的地雷冲出，地雷顺水流自瀑顶坠落，訇然迸炸，令人惊悸。德天瀑布身侧的小瀑布，完全在越南境内，国人随彼岸人民习惯，称之为板约瀑布，越南人则统称大小瀑布为板约瀑布。

德天瀑布在不同的季节可以契合不同的心绪。6、7月的德天瀑布最适合壮怀激烈的心绪，时值雨季，归春河水量最充沛的时节，德天瀑布水势浩荡，滔天怒浪排挞而来，漫天水雾宛如秦国大军的密集箭镞呼啸而过。这时的德天雄壮豪迈，拒人千里。若登上竹排试图逼近，慑人心魄的訇然

雷霆中，铺天盖地的水汽会将空气席卷而去令人无法喘息。

忍受不了亚热带季风气候夏季的溽热，或者喜欢温柔婉约的人，10月或者稍晚些日子来，稻浪流金或者空气中已经浸透了稻米新香，来欣赏阴柔的德天。阴柔的德天，分明就是绝世独立的空谷佳人，眼波流盼，广袖轻抒，一袭珠纱随风飘落，炫目的美令人不敢接近。

即便是亚热带，深山里的冬天也会有些寂寥，空气会有些萧瑟，德天瀑布

德天瀑布身侧的小瀑布，完全在越南境内，国人随彼岸人民习惯，称之为板约瀑布，越南人则统称大小瀑布为板约瀑布。夏季水丰，德天，板约似宽肩阔背的情哥与婀娜窈窕的情妹，顾盼传情；秋冬水少时，又像姊妹双娇，并蒂花开。

的水会很瘦，仿佛瘦比黄花的李清照行走在风中，吟哦清癯小令；又仿佛伯牙在抚弦弹奏，一曲《高山流水》，筝音一线，穿透时空。南国春早，想看春日的德天，2月就要启程。山里已是万木吐蕊，木棉花燃烧似火了。在山庄小住，拥瀑而眠，让瀑声濡湿梦境。早春的德天依然略显单薄，但经几场春雨之后，她便会丰润起来。

经常可以听见各地的游客这样的惊叹声：本来是仰慕世界第二大跨国瀑布的头衔而求见德天瀑布，没想到竟然还可以看见这么多的美景。德天景区方圆五百里的"百里画廊"中，岩溶地貌、田园风光、峡谷飞瀑、幽深河谷、断崖险路、高峡平湖以及异域风情，风姿各异，美不胜收，如同次第展开的一幅幅山水画卷。

战争以及重峦叠嶂的阻隔使中越边境地区一度几乎与世隔绝，最艰险路段在距德天60公里处，陡峭群峰直插云天，公路就盘绕其间，用李白《蜀道难》里的诗句"百步九折萦岩峦"、"危岩嶝途不可攀"来描述毫不夸张，居民的"不与秦塞通人烟"由此可想而知。好在现在修通了二级公路，南宁至德天196公里的路程只需3个小时，有惊无险中，山穷水尽的险峻倒成了别样的风景。

车过硕龙镇，归春河便蜿蜒在眼前了，河水青碧透澈，宛如乡村不擅矫情的质朴女孩，在陌生人面前低首含羞，令人心弦颤动。适逢圩日，宽不盈百米的河面上，彼岸的人们正把猪苗、土鸡和大米往竹排上搬运，抻着拴连两岸的麻绳渡过来赶这边热闹的圩日。如果不言明，任谁都不会相信，一样的山，一样的水，一样的树木，一样的庄稼，一样的村庄，鸡犬之声相闻的彼岸竟然是另一方国度。而熙熙攘攘的集市上，一样肤色和面孔的人们，在温凉的秋光里，用互通的方言侃侃而谈，如同十里八乡的乡亲在赶集。德天瀑布就在不远处日夜轰鸣，这样的乡俚风情画让人心生别样的温暖。

两国边民互结亲戚在这里是司空见惯的事，或夫家在此岸，或娘家在此岸，在他们眼里，归春河只不过是一条

寻常的河流，并不存在国界的划分。两岸人民以归春河水养家、灌溉，劳作之后在归春河里冲凉解乏，或者垂钓归春河独有的木碌鱼。

如果说归春河还能比较明显地给人以地理分界的视觉效果，那么站在第53号界碑旁，感觉就会很微妙：薄薄的界碑一立，一块土地上就划分出两个国家的疆界。石碑的这边是中国，转身背靠"中国广西界"留影的时候，双脚已经踏在了异国的土地上。

专家评语

壮观秀美，风景如画，梦中仙女。　——王衍用

处于国界界河上，平添了一些神秘感。

——吴必虎

得天独厚，四季飞瀑，风情如画，雄奇壮观。

——李贵云

当我又一次手抚界碑百感交集的时候，彼境的村民正挑担踏过田埂越过界碑进入此境，此境也正有少妇用自行车载着孩子往彼境去。在异国的阡陌上，一位过路的古稀老妪笑吟吟地招呼我：到阿婆家坐坐吧，喝碗玉米粥，就在前面不远。她说的土语，接近我家乡的壮乡方言，感觉无比亲切。

富足而贫穷，贫穷而富足，这是都市人和这些边境居民之间最本质的区别。

曾经的战争对于边民，并没有局外人想象的充满恐惧，甚至在战争时期，他们执拗地不接受强制迁离的命令，驻于家园。

几个老乡怂恿我深入越南境内去看法国殖民者遗留的铁索桥，然后随意给他们三块五块钱领路兼保驾费。他们笑

历史的风云变幻，为中越边境上的德天瀑布涂上了厚厚的神秘色彩。

■ 摄影/李贵云

着宽慰我："没事，我们是'老同'，经常在一起喝酒，昨晚还白切了一只4斤重的土鸡，喝掉了一壶10斤装的米酒。"越过边境线约500米，我看到了铁索桥，还有桥上越南公安的哨卡，也见到了他们像朋友一样点头致意。

德天瀑布附近的边民生活，平静而祥和，如归春河水波澜不兴。但边境的神秘并没有随战争的远去而烟消云散，反倒在庸常的生活中愈加的悠长而耐人寻味。 ◐

黄河壶口瀑布
万千气象一壶收

连大名鼎鼎的壶口瀑布都没能逃过受败笔建筑
影响的厄运，令人痛心。

■ 摄影/孙越峰

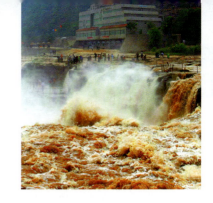

从照片中可以清楚地看到壶口瀑布靠陕西一侧的宾馆，这严重影响了观赏黄河飞瀑。

■ 摄影／孙越峰

专家评语

更多地积累和映射了中国黄土文化、携带着泥少奔涌的特殊瀑布。
——吴必虎

气势宏大，黄浪涛天，但环境太差，周边过度开发。
——李贵云

民族之魂的气势，黄色飞瀑的奇特，冬春少水的缺憾与无灵魂建筑的破坏。
——王衍用

中华魂。
——李勃生

　　黄河壶口瀑布位于山西吉县城西45公里，距临汾市165公里处黄河晋陕峡谷段的河床上，是国内外罕见的黄色瀑布。壶口瀑布，落差约30米，宽度最大时有一千余米，年平均流量1010立方米／秒。滚滚黄河在这里急速收敛，汹涌的河水霎时倾泻而下，巨响如雷，黄浪昏天，雾气飞腾，震天撼地。

　　黄河是中华民族的象征，一直被誉为母亲河，壶口瀑布是黄河上最具气势的自然景观，是大自然赐予人类的宝贵财富，非常可能成为第一名。然而，现在壶口瀑布靠陕西一侧已经盖了五层高的宾馆，距瀑布仅两百米左右，破坏了壶口瀑布的威严和神圣，严重影响了观赏效果和情绪。这一事实让人愤慨，也让我们的评委为之心痛和惋惜，破坏性的建筑严重影响了壶口瀑布的得分。 ◐

冬季的壶口瀑布呈现出冰水交融之美，近观，黄河岸边的结冰犹如雄狮，仿佛在排队等候黄河之水的沐浴，形态逼真，惟妙惟肖；远望，黄河水奔腾呼啸，撼人魂魄，气势磅礴。

■ 摄影／王悦

罗平九龙瀑布
红土地上的飘带

洪水期时的九龙瀑布。云南一向有"红土高原"之称，红色的土壤占据了大半个云南，洪水期时九龙瀑布流量大增，水中融入大量红土，红艳得耀眼。

■ 摄影/沈锐

事实上，罗平九龙瀑布超过10级，绕过最上面一级瀑布，走得再深远些，就会看见三个落差较小的瀑布。由于摄影师站在几百米高的山上拍照，落差不显著的小瀑布"隐匿"不见，给人九龙瀑布呈5级跌落的错觉。

■ 摄影/李贵云

专家评语

福宽、差大、级多，只可惜有水库的缺憾。

——王衍用

景观非常丰富，给人以幻境之中的感受。

——吴必虎

层层叠叠，自成一绝。

——李贵云

九龙瀑布位于云南东部罗平县城，由于发源于九龙河而得名，分10级跌落，年平均流量为18.13立方米/秒。各级瀑布瀑姿各异，或雄浑、或险峻、或秀丽，景色随着季节和水流大小变幻无穷，各级瀑布之间以浅滩或深潭相连，有"九龙十瀑，南国一绝"之美誉。其中最壮观的"神龙瀑"落差56米，宽112米，瀑面呈弧形，瀑后有一个深约10米的水帘洞，瀑下是深不可测的圆形水潭。罗平处于滇、黔、桂三省区交界，素有"鸡鸣三省"之称，九龙瀑布瀑姿优雅，周围群山环绕、阡陌纵横，一派田园风光。九龙瀑布上游2公里处建有两个调节水库，一年四季都可以控制瀑布水量，对瀑姿的自然形态有一定影响。◐

诺日朗瀑布

树丛中的织锦

撰 文／萧 岩　摄影／田捷砚等

诺日朗瀑布是中国大型钙华瀑布之一，滔滔水流经瀑布的顶部流下，如银河飞泻，声震山谷。诺日朗瀑布又有"森林瀑布"之称，水流自密林里狂奔出来，树和瀑布既各自独立又融为一体，就像一台绿色织布机永不停息地纺织着白色丝绸。

诺日朗瀑布像一幅无比巨大的银幕，垂挂在神话世界九寨沟的河谷断层处，透过云杉和油松的虬枝，我看见了她闪光的身段和迷蒙的水雾。她不像庐山瀑布那样"飞流直下三千尺"，也不像黄果树瀑布那样"犀牛潭深纳天河"，它有宽阔得令人吃惊的胸襟，平整的瀑面最宽时竟达三百多米，尽显出与众不同的雍容豁达的风度。

专家评语

童话世界，如诗如画。 ——李贵云

在九寨沟里，沿着水流步行是一种无与伦比的美妙享受。从皑皑的积雪到淙淙的溪水，从纷乱的瀑布到静守的湖泊，无论多么清纯的溪流走的也如大江大河一样坎坷的生命之路，水的幸运和悲壮都裸露在大地母体上。当我看见水从静海穿林过滩慢悠悠地流来，凌空而下，银花四溅，那种纯净的色彩真是让我心醉不已。

清冽的雪水自远方来，漫过老树枯根，流经荒甸草原，汇入处子一般恬静的镜海，然后从灌木丛中悄然滑出，至断层一头扎下，形成蔚然大观的诺日朗瀑布！断层下花草繁茂，挺立着许多针叶乔木，绿色的植被柔若海绵，把飞瀑跌落的气势连同喧嚣的水声吸收了许多，使整个景观显得既放肆又收敛，既阳刚又阴柔，有如美丽的高原女子，竟使一群带野性的剽悍男人乖乖地驯服。视野延伸，远处可见雪峰的冷峻和青山的妩媚，可见林莽的粗犷与海子的娴静，更可见蓝天的深沉与白云的轻浮。这种原始的和谐，纯净的韵味，正是当今人类深情呼唤的古老生态环境啊！它唤起人们关于自己童年的久远回忆，唤起人心对大自然母亲本能的依恋……诺日朗瀑布，如同一位借水抒情的女诗人！

在九寨沟风姿绰约的瀑布群中，诺日朗瀑布以最震撼人心的瀑布而著称。诺日朗瀑布海拔2365米，瀑宽最大时达325米，高30—40米，年平均流量5.8立方米／秒。因为地质断层的作用，在地形上造成陡坎跌水，并因流速突然变化，水中二氧化碳逸出造成钙华在陡坎处大量堆积，形成多级下跌，成为大型钙华瀑布。它共有大小海子18个，一道道别致的钙华堤埂将一个个海子悄然分开，流水越堤而下，形成一级级的梯瀑，群海出口突出丛林，跌宕成雄奇壮观的诺日朗瀑布。由于崖壁上长满繁茂青翠的树木，瀑水从林间穿流下泻，形成罕见的"森林瀑布"奇观。湖水季节变化明显，春夏堤畔柳暗花明，湖水也生意盎然；秋日叶红果艳，勾画出群海的多彩艳姿；冬日冰凌闪亮，湖水一派明丽纯洁。

夜幕降临，瀑布显出它的另一种风姿。当暮色如淡墨一般从山林中濡浸开来，群山静穆了，晦暗了，墨黑了，连昼间耀眼的大小海子也只剩下幽蓝的微光时，天地朦胧中惟有一抹银白的素绢在轻柔抖动，并伴有低沉如梦呓的水声。它在群山的无边黑暗包围中，仍然是一面充满活力的圣洁旗帜，动感十足，仿佛高原的脉搏，突突跳动不分昼夜。

秋季的诺日朗瀑布色彩最为丰富，仿佛大自然都被清澄的瀑布感染了，特意为树木染上多种色彩，让它们也融入这动感十足的水景之中。

专家评语

童话世界的生态环境，仙女般的优雅娴静，"瀑中树"与"树中瀑"的特色。

——王衍用

　　诺日朗瀑布的顶部平整如台，滔滔水流受朝阳照射，彩虹幻出，分外迷人。水流凌空而下，银花四溅，水声隆隆。水从静海穿林过滩慢悠悠地流来，又从陡岩上猛然跌下深渊，发出轰雷般的响声，声势颇为壮观。滔滔水流自诺日朗群海而来，从瀑顶树丛中越堤而下，如银河飞泻，声震山谷。

　　后来我又去过九寨沟多次，对诺日朗瀑布仍是怀着深深的感情，每一次离去都是带着恋人般的缱绻和眷恋。●

不能复制的雄浑
贵州黄果树瀑布

撰 文／萧 岩　摄影／田捷砚等

专家评语

未老先衰。　　　　　　　　　——李渤生

大名鼎鼎、闻名遐迩的西南大瀑布。在这里独特的少数民族文化体验不能忽视。

　　　　　　　　　　　　　　——吴必虎

形象的壮美、内外观赏的奇特、破坏性开发的遗憾。　　　　　　　——王衍用

　　黄果树大瀑布发源于珠江水系的北盘江支流打帮河，落差77.8米，宽81米，年平均流量为9.12立方米／秒，河水从断崖顶端凌空飞流而下，倾入崖下的犀牛潭中，势如翻江倒海。主瀑布后面隐藏着一个134米长的水帘洞，洞内有6个洞窗，5个洞厅和3个洞泉，游人穿行于洞中，可在洞窗内观看洞外飞流直下的瀑布，堪称奇观。只是，如此壮丽的景观在最近几年中出现的次数越来越少了。

　　黄果树瀑布所在地区属于岩溶地貌，漏水、跑水较多，瀑布水量保持长期丰沛

较难。黄果树瀑布水量有半年是自然雨水，有半年是靠人工调蓄供水。枯水季节依靠瀑布上游的水库调节，夜蓄日放，但仍然不能从根本上解决问题。现上游正在兴修库容量更大的水库。

　　自1992年申报"世界自然遗产"失败后，世遗组织指出的"景区植被覆盖率低、环境差、人工痕迹和商业化气息过重"等弱项虽略有改善，但仍较差。◯

　　欣赏黄果树瀑布的最佳时间是夏秋两季，那时水量大增，气势磅礴，有时甚至会激起高达数百米的水沫烟雾，使瀑布周围经常处于牛毛细雨或迷蒙细雾之中。在阳光的照射下，经常呈现出彩虹，幻影绰绰，奇妙无穷。

　　■　摄影/李贵云

绒布冰川冰塔林

■ 摄影/单之蔷

**China's Six Most
Beautiful Glaciers**

中国国家地理推出

中国最美的
六大冰川

排行榜

1. 绒布冰川 （西藏）
2. 托木尔冰川 （新疆）
3. 海螺沟冰川 （四川）
4. 米堆冰川 （西藏）
5. 诺特拉木坎力冰川 （新疆）
6. 透明梦柯冰川 （甘肃）

评选标准

- 独特的观赏价值；(0~40分)
- 冰川地貌的特征明显，科学价值高；(0~20分)
- 长度超过5公里，周边垂直分布的自然带数量和特征突出；(0~20分)
- 与人文环境有较好结合；(0~10分)
- 冰川周围的自然环境受人类干扰小。(0~10分)

入围名单
（按首字拼音顺序排列）

阿扎冰川（西 藏）

海螺沟冰川（四 川）

卡钦冰川（西 藏）

科克萨依冰川（新 疆）

来古冰川（西 藏）

米堆冰川（西 藏）

七一冰川（甘 肃）

绒布冰川（西 藏）

特拉木坎力冰川（新 疆）

天山一号冰川（新 疆）

透明梦柯冰川（甘 肃）

土盖别里齐冰川（新 疆）

托木尔冰川（新 疆）

野博康加勒冰川（西 藏）

音苏盖提冰川（新 疆）

玉龙雪山冰川（云 南）

评委介绍
（按姓氏笔画排列）

仁青平措　著名登山家 国际登山健将 原西藏登山队副队长

作为西藏登山队的元老，从1966年开始，他先后攀登过珠峰、托木尔峰、希夏邦马峰、南迦巴瓦峰、卓奥友峰、章子峰等著名山峰，足迹遍布西藏、云南、四川、新疆等省区，深入过许多人迹罕至的雪山冰川。

苏　珍　中科院寒区旱区环境与工程研究所研究员

从1960年进入中国科学院兰州冰川冻土研究所工作至今，一直从事冰川与环境变化研究。发表文章100余篇，出版《天山托木尔峰地区的冰川与气象》、《横断山冰川》、《喀喇昆仑山—昆仑山地区冰川与环境》等专著5部。

**沈永平　中科院寒区旱区环境与工程研究所研究员
《冰川冻土》副主编**

从1993年从事冰川科考，先后赴希夏邦马、喀喇昆仑山等地区考察。现任中国地理学会冰川冻土分会秘书长，《冰川冻土》专职副主编，同时兼任国家气候中心《气候变化研究进展》专职副主编。

杨逸畴　中科院地理科学与资源研究所研究员

从1959年到1998年，一共20次上青藏高原。主要从事地貌和环境考察研究，是雅鲁藏布大峡谷为世界之最的发现人和论证者之一，曾出版《西藏第四纪地质》、《西藏地貌》等专著和文集。

施雅风　中科院院士

从1958年开始，先后组织祁连山、天山、喜马拉雅山、喀喇昆仑山冰川考察，发起冻土与泥石流研究，创建中国科学院兰州冰川冻土研究所，曾任中国地理学会理事长，国际冰川学会、国际冻土协会理事。

崔之久 北京大学教授 中国第四纪冰川和环境研究中心副主任

作为中国研究现代冰川的先驱者，他多次参加了喜马拉雅山、天山、祁连山、昆仑山、唐古拉山、川西山地、阿尔泰山、大兴安岭和南极中国长城站区的科学考察，对冰川冰缘地貌和第四纪地质做了大量科考工作。

杨浪涛　《中国国家地理》编辑

冰川因他们而美丽

中国有一句俗语，叫做外行看热闹，内行看门道。

评选最美冰川的过程，实际上就是我们在内行和外行之间架设桥梁的过程。

记得我第一次接触冰川是在海螺沟，印象并不深，跟许多人的感觉一样：灰头土脸的冰体破碎不堪，有点像豆腐渣。那高达1000米的冰瀑布虽然壮观，只可惜太远。总之，没有什么可看的，远没有九寨沟和四姑娘山给我的冲击来得强烈。

后来又陆陆续续看到一些冰川，在玉龙雪山，在杰马央宗，在南迦巴瓦，都没有很深刻的印象，但今年在西藏看到的冰川彻底扭转了我以前对冰川的偏见。

那是在然乌湖畔的来古冰川，几条冰川汇聚在一起，如同高速公路一样铺展开来，气势宏大，震撼人心，从此我对冰川产生了浓厚的兴趣。

评选最美冰川，给了我一个深入了解冰川的机会。

苏珍是一个与冰川打了40多年交道的老科学家，从1960年进入中科院兰州冰川冻土研究所至今，一直从事冰川与环境变化的研究。在与他接触的过程中，我知道了冰川从物理性质可分为三类：海洋性冰川；亚大陆性冰川；极大陆性冰川。按形态类型又可分为山谷冰川、悬冰川、冰斗冰川、平顶冰川等。随着评选的深入和接触专家的增多，冰川的神奇世界在我的面前如同舞台的大幕一样缓缓拉开。

沈永平研究员是中科院《冰川冻土》的副主编，他认为西藏的米堆冰川是最美的，因为那里巨大而典型的弧拱结构和整齐的修剪线令人惊叹，而且冰川末端与村庄共存，组成了西藏特有的江南风光。

杨逸畴是中科院地理科学与资源研究所研究员，他对来古冰川推崇备至，认为这条树枝状复合型山谷冰川的终碛、侧碛、中碛分明，就像操场上的众多跑道一样奔来眼前，令你瞠目结舌。

北京大学崔之久教授则对海螺沟冰川情有独钟，认为海螺冰瀑冠雪山；著名登山家仁青平措深入过许多人迹罕至的雪山冰川，他认为绒布冰川是中国发育最充分、保存最完好的特有冰川，这里的冰塔林堪称世界奇观。

在这场冰川的选秀大赛中，中国冰川学家不但集中了他们多年研究的成果，而且倾注了很深的感情。享有"中国冰川之父"美誉的施雅风院士，不顾自己90高龄，亲自给我们写来评语，并对其中涉及的一些不太准确的数据进行校正，殷殷之情，浸透字里行间。

中国有46298条冰川，它们绝大多数位于人迹罕至之处，不为外人所知。我们的评选只是展示了冰川一角，但仅此就震撼人心。这些雪藏冰山的精灵，一旦走到前台，无疑将把我们带入一个前所未有的审美领域。

中国最美的六大冰川位置示意图

绒布冰川

向第一高峰告别

专家评语

宏伟景观，最美是冰塔林。　　——施雅风

绒布塔林独堂皇。　　　　　　——崔之久

绒布冰川规模大，在广阔的冰雪面上，最引人注目的要算冰塔，其次是表碛丘陵和迂回曲折、时隐时现的冰面河流以及明镜般的冰面湖泊。　　　　　　　　　　——苏珍

　　绒布冰川地处珠峰脚下5300米到6300米的广阔地带，由西绒布冰川和中绒布冰川这两大冰川共同组成。它全长22.4公里，总面积达85.4平方公里，是世界上发育最充分、保存最好的特有山谷冰川形态，也是珠峰自然保护区内最大的冰川。

珠峰下的中绒布冰川

■ 摄影/单之蔷

　　绒布冰川的冰舌平均宽度为1.4公里，平均厚度120米，最厚处在300米以上，是西藏最雄浑奇伟的景色之一。从绒布冰川南望，珠穆朗玛峰就像一个顶天立地的大金字塔，端立在群山之上，而绒布冰川的两大分支则像一棵根茎银白的巨树，把珠峰托在了巨大的树冠之上。

　　绒布冰川广泛分布着冰斗冰川和悬冰川，并拥有无数的冰蚀湖、冰陡崖、冰洞、冰河、冰裂隙，由于景色奇绝，它又被登山探险者们誉为世界上最大的"高山公园"。

绒布冰川由于喜马拉雅山的屏障作用使西南季风气流北上受阻，致使北坡和西藏高原干旱少雨，具有亚大陆性冰川物理性质。冰川的积累量不大，消融量较小，冰川进退变化幅度也小，要比喜马拉雅山南坡的海洋性冰川表现稳定，适宜于开展登山旅游。

■ 摄影／单之蔷

尤其值得一提的是，在珠峰北侧同时具备低纬度、干燥气候和高海拔这三大条件，从而形成了世界上能够拥有冰塔林这一奇观的大陆性高位山地冰川——绒布冰川。冰川学家们认为，珠穆朗玛峰和希夏邦马峰地区的冰塔林是最为壮观的。

人处其中，只见一座座水晶塔拔地而起，在大自然的雕塑下，远近高低，千姿百态，如同置身神话中琼楼玉宇的仙境。C

从冰塔林里遥望珠峰。

■ 摄影／李渤生

天山托木尔冰川

雪峰献给旱海的殷勤

撰文·摄影/马战峰

冰雪嵯峨、云缠雾绕的托木尔峰维吾尔语意为"铁山"，坐落在新疆阿克苏地区温宿县北部。托木尔峰海拔7439米，它既是天山山脉最高峰，也是我国最大的冰川作用中心之一，冰川面积占到了天山山脉冰川总面积的四分之一。

专家评语

那广袤冰川上的冰川冰面湖，风情万种的冰钟乳，实在奇丽壮观。

——仁青平措

冰川长度仅次于音苏盖提冰川，达41.5公里，其中18.4公里的冰面被厚达10—40厘米的表碛层所覆盖，这种类型的冰川因它而命名为托木尔型冰川。

——沈永平

冰凌

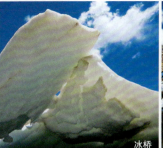
冰桥

冰蘑菇

自从中国登山队1977年7月25日首次登顶托木尔峰以来，它壮观的神秘景色便逐渐呈现在世人的面前，使无数游客和摄影家心向神往。

艰苦的旅途

  2004年9月22日上午，我和影友、助手、向导一行6人，从阿克苏向塔格拉克牧场进发。

  从阿克苏到扎木台是柏油路，从扎木台到塔格拉克牧场大多是山路，路况比较复杂。大约4个多小时以后，被颠得快散架的我们才来到了塔格拉克牧场平台子草场。

  23日下午，我们来到了冰川前沿——空拜尔。艰辛的徒步历程，就从这里开始了。

  我是一个没有多少户外经验的人，

在分装给养的时候，我怕大家饿肚子，所以就多装了10公斤食品。空拜尔的海拔是3200米，由于缺氧加上负重过大，我感觉呼吸困难，全身无力，接连摔倒了好几次，情绪也低落到了极点。直到有位队友建议把我装的给养给大家分装之后，我才算在高原上找到了一点行走的自信。

  我们要穿越正在消退的冰川末端。

  由于冰川运动和消融，冰川表面堆积了大量的冰碛物，还有许多条裂隙，路线相当复杂。我们紧随在向导身后，小心地在冰川上行走，由此产生的心理恐惧难以言表。在高原地带行进，要求每个人都不能着急，要平稳行走，以节省体力。冰碛石上的行走令所有人的脚都打起了血泡，身上有20多公斤的负重，更令大家每前进一米都要付出巨大的代价。9月份的冰川，白天温度只有5度左右，停下来不到5分钟，我已全身冰冷，只好继续前行。

美景乍现

早晨7点，一出帐篷，我便兴奋地叫出了声：宝蓝的天空下，天际的冰川交错密接，好似银龙飞舞在寒山空谷之中。

职业习惯让我判断出这是拍照片的好机会，匆忙叫起助手小彭，选好拍摄角度，架起三角架，把所有相机都装上胶卷，一起静静地等待着拍摄的时机。

清晨的温度大概是零下20℃，连帐篷里都结了一层薄薄的冰。我们在外面等待时，风吹在脸上，刀割般的疼。8点15分左右，对面的雪山顶忽然被太阳光映得通红，随着光线的不断变化，我变换着角度和曝光值一阵狂拍，不一会儿就用完了15个卷。

今天的行程是沿冰川北坡向腹地行进，我原以为这段路是比较好走的。然而事实并非如此。一路上十几条U形石头沟都有十几米的深度，背着背包在石头上行走，行进的难度非常大，几乎是挣扎着在前行。在翻越一个U形石头沟时，我一不小心一脚踩翻，滑下坡近5米，腿撞得鲜血直流，万幸的是，还能行走。

冰川向3800米高度继续延伸着，也许是上天对我负伤的补偿，清晨出发7个小时后，眼前的冰川景观忽然以绝佳的角度铺陈在我的面前。

在一座白雪皑皑的主峰周围，纵横着重重雪岭，蜿蜒起伏的冰川似一条条玉龙腾飞，阳光下，冰峰闪烁，冰川涌动，好一个气势磅礴的冰川世界。

眼前的冰川群像长城一样雄伟，像部队方阵一样有序。这以前，我曾看过不少优秀的图片，但是亲眼看到这样有气势的冰川，仍令我大感震惊。我再也顾不上疲劳，忙着架起我的"长枪短炮"一阵狂扫。手中的宾得645如得神助，把冰川中由于移动和融化形成的冰蘑菇、冰雕、冰湖、冰洞等细节一一收入锦囊之中。

面对托木尔峰，我哭了

行程尚未结束，第二天，我们沿着冰川向能看到托木尔峰的冰川腹地继续进发。

或明或暗的冰川裂缝张着深不可测的巨口等待着我们，密布的冰碛石更是道道天险。暗河哗啦啦的水声响于脚下，轰

隆隆的冰川坍塌巨响声轰鸣耳边，每一步的行走，都让人毛骨悚然。

两个半小时后，我们终于来到了冰川前端的中央。

激动人心的时刻到了，雄伟的托木尔峰终于屹立在我们眼前，峰端的一片白云飘然而去，揭开了它的最后一层面纱。它挺拔如擎天托日，与海拔6995米的汗腾格里峰遥相呼应；它孕育了塔里木河的最大支流——阿克苏河，是阿克苏绿洲的生命之源。

举头是广阔的天空，脚底是无边的大地，在天地之间，足以令所有生命为之震慑的托木尔峰傲然屹立在这纯洁无暇的冰雪世界，焕发着璀璨夺目的光彩。

我屈下双膝跪倒在峰巅之下，向这

托木尔峰有510条冰川，既是现代冰川发育的地区，也是古冰川遗迹保存较为完整的地方之一。

无限广博的世界叩首，从此远离了对自然不知敬畏的轻狂岁月。〇

中国最美的六大冰川

海螺沟冰川
拒绝融化

撰文/焦虎三 摄影/杨 桦

海螺沟位于四川省甘孜州泸定县,沟内的冰瀑
是中国迄今为止发现的最大冰瀑布,而且是
全球落差最大的冰川之一。加拿大冰川国家
公园以其落差1100米的冰瀑布闻名于世,而
海螺沟内的大冰瀑布足以与其匹敌。 上图为
从四号营地遥望大冰瀑布。

海螺沟瀑冠雪山。　　　　——崔之久

一条气势磅礴的银色长龙深入森林，宏伟而壮观，最奇特的是在冰川旁边还有高达79℃的高温温泉和茂密的原始森林。　　　　——杨逸畴

当我们真正开始穿行在一片原始森林中时，海螺沟的冰川对于我，还仿佛只是一场遥不可及的梦。山路旁全是参天大树，林木苍翠，蓊蓊郁郁。无论走到哪里，随处都有甘甜可口的泉水：泉水或自地下涌出；或成清澈的溪流；或为石下飞瀑，轻柔温婉，玉珠挂帘。

观景台的小木屋建在一个视野极佳的山岩上，对面就是雪峰，它的脚下是万年的冰川。很难描述我第一次踏上冰川的感觉，一切和想象中的完全不同。阳光照耀着泛蓝的冰瀑布，放射出炫目的光彩，千姿百态、造型各异的冰川弧拱与冰蘑菇构成了一片冰的童话世界；行走在冰川上，它的表面更像一堆一堆大大小小的碎石，它们厚厚地密密麻麻

覆盖了大地，有时候，让你甚至感觉不到自己脚下的一切，与那些曾跋涉过的山川有何不同。

海螺沟冰川众多，较大的冰川有三条，最大的称为一号冰川，也就是平常所说的大冰瀑布，长约14公里。沿冰川上行3公里，绕过黑松林，我们便远远望见这条大冰瀑布：宽达1100米，落差达1080米的冰瀑布势如从蓝天直泻而下的一道银河，飞流直下，这种空前绝后的胜景，除非亲眼所见，否则在这个世界上，你也许再也找不到任何词汇能形容它的奇丽与雄伟。

据说，在冰川活动剧烈的春夏季，海螺沟一天可发生几百次冰崩，最多时一次可垮塌上百万立方米的冰体。冰崩发生时，山谷中蓝光闪烁、大地震颤，千千万万的冰块滑落着、飞溅着，在山谷中扬起白茫茫的漫天雪雾。

有人说，冰崩是大地的心跳，那么，冰川就是大地催发生命的律动了，我想。

4

米堆冰川
桃花源里的冰雪

专家评语

那冰川上黑白相间、波浪起伏的弧拱结构，
令人惊叹不已。
——沈永平

冰川末端与如诗如画的田园风光共存，堪称人
类和自然界和谐共处的典范。 ——杨逸畴

米堆冰川常年雪光闪耀，有时在阳光的照射
下，形态各异的冰体折射出强烈的五色彩
光，景色神奇迷人。 ——仁青平措

米堆冰川消融区的巨大弧拱构造
■ 摄影/杨逸畴

7月的米堆村，一派江南风光。

■ 摄影/王彤

　　米堆冰川，位于有"西藏江南"之称的林芝地区波密县城以东约100公里的玉普乡。

　　作为季风海洋性冰川，米堆冰川由两条世界级冰瀑布汇流而成。冰瀑之间分布着一片郁郁葱葱的原始森林，如同一幅自然之手创造出的泼墨山水。

　　米堆冰川高处随处可见晶莹闪烁的冰盆绝壁，动人心魄；而低处的冰川末端却可以一直延伸到亚热带常绿阔叶林中，如入仙境。

　　冰川周边，山花烂漫映雪山，林海葱茏舞银蛇，正是对"一山连四季，十里不同天"的完美诠释。在这里，雪山、冰川、森林、湖泊、村庄、寺庙和谐共存，出现了大气圈、冰雪圈、岩石圈、水圈、生物圈的复合，构成了一道特有的风景线。

特拉木坎力冰川

冰雕嘉年华

5

特拉木坎力冰川地处内陆，冰舌上段冰面洁净，冰塔及各种冰雕形态随处可见。

千姿百态，蔚为壮观。 ——杨逸畴

冰川地形复杂多变，消融区表碛密布，冰塔林十分发育。 ——沈永平

特拉木坎力冰川位于喀喇昆仑山脉的特拉木坎力峰（海拔7441米）下，冰川长28公里，面积为124.53平方公里，冰川末端高度为4520米，冰川雪线高度为5390米。冰川冰净储量为26.774立方公里，换算成水量可达22.758亿立方米，是一座名副其实的"固体水塔"。

特拉木坎力冰川最奇异的自然景观是高达数十米的冰塔林，自海拔5200米上发育向下至冰川末端长度在11公里以上。冰川上的连座冰塔形成一座座的冰峰甚是雄伟壮观，冰峰下常伴有冰湖，碧波荡漾。同时冰塔林向下又有无数条"冰胡同"相连，进入冰塔林就仿佛进入了冰川迷宫一样。孤立的冰塔多呈为"金字塔"形，塔尖如利剑直刺长空，千姿百态，犹如人工雕琢的玉器一样，晶莹剔透。同时在冰塔林还可以看到不少其他类型的冰川喀斯特地貌景观，如瑰丽奇特的冰洞，高大的冰桌、冰桥、冰蘑菇、冰芽等，构成了一座独特的冰川公园。 ◎

透明梦柯冰川

荒漠中的甘泉

撰文/子 今 摄影/李 昕 等

透明梦柯冰川属于极大陆型的双支山谷冰川，有宽大的粒雪积累区，坡度较平缓，没有雪崩危害。冰川末端海拔4260米，承受力大、安全性高是其显著的特征，适宜开展登山探险等特色旅游。

说实话，当不假思索地答应朋友的邀约，决定同他们一起去透明梦柯的时候，我并不知道，自己将要攀登的是一座多么旷达、雄浑的冰川。

那是2004年十一长假的事情。

出发之前，我曾仔细检索了透明梦柯的资料。它长10.1公里，面积21.9平方公里，是整个祁连山系中最大的一条山谷冰川。从行政区划看，它位于甘肃省的肃北县境内；在遥感图上，则清晰地标注了它处于大雪山北坡的老虎沟内，主峰标称的海拔为5481米。

透明梦柯是蒙古语译音，意为高大、宽广，这是冰川学家王宗太在2001年重返老虎沟时给它取的名字。40多年前，包括王教授在内的祁连山现代冰川考察队首次发现它的时候，称之为老虎沟20号冰川。至70年代，它又被重新编号为老虎沟12号冰川，并被载入《中国冰川目录》。

由玉门南行，我们穿越了一片魔鬼城似的雅丹地貌，来到了昌马盆地，大雪山在这里不由分说扑入眼帘。明净的蓝天之下，好像着过火似的戈壁浅滩之上，羽状分布的冰川宛如银蛇弄舞，炫目得令人心荡漾漾。

在冰舌末端，透明梦柯第一次真切地呈现在我们面前。

一片片冰塔林在幽静的山谷之上，好像传说中的冰雪女王用她魔幻的手指塑就的雕塑群。这些小小的雕塑，虽然高度也就二三十米，但是因为矗立在陡峭的山坡上，便如竖起了一堵巨大的冰墙，几乎可以完全挡住人们的视线。此情此景使我不由得想起了几个月前在明永冰川的观景台上看到的冰塔林，大概因为是俯视的原因，那里的冰塔林好像一大群蹒跚的企鹅，并没有给我如此震撼的感受。

在冰川上行走。

透明梦柯是典型的大漫坡，虽然它的规模不能和音苏盖堤、托木尔冰川等相提并论，但是赫赫有名的"七一"冰川、新疆"一号"冰川和玉龙雪山"一号"冰川，面积都仅仅是它的十分之一。

小小的登山队中人才济济，有人曾登顶过青海的玉珠峰，有人曾不止一次问津7000米的高度，他们把这次的攀登计划写得详细而专业，就连每天的行走进度、营地安排都一清二楚。在这宁静的冰川之上，我走过了一条记忆中难以磨灭的极其漫长的路，因为我根本没有想到他们居然像攀登慕士塔格峰一样把攀登目标一直建到了三号营地，就连2001年攀登祁连山海拔5150米的"七一"冰川时，我们不过是只建了一号营地即实现了登顶。

也许是无限风光在险峰，一路上的景观惊心动魄：冰瀑如银河倒挂，冰谷纵横交错，冰蘑菇孑然独立，冰水帘洞神奇幻妙……

透明梦柯是如此的多变，可是，和

冰雪亲近却需要坚韧的毅力和超人的体力。攀登过程中我已无暇顾及路旁的美景，印象中最苦也最美的瞬间，是前面开路的队员隐隐约约地变成越来越小的黑点，而后面的队员还不见影踪的时候，风起雪飘，天与地显得如此巨大、寂静、纯洁、空灵，几近迷幻。

透明梦柯是U形的双支冰川，我们只登了其中的东支。到达5180米的三号营地后，体力透支的我担心自己拖后腿，并没有跟随三位男士冲顶。后来，当我问他们在冰峰之上看到了什么，他们眼中闪着异样的光芒回答我说：还有

被积雪覆盖的透明梦柯冰川

一条巨大的冰川。

艮美，易于接近和攀登。　　——施雅风

〈面洁净，少有冰碛物覆盖，宽广的雪原，
﹇形怪状的冰蘑菇、冰塔、冰洞等热融冰雕
﹇型，对游人具有强烈的震撼力和感染力。

——苏珍

　　当年的祁连山科考队曾在透明梦柯
﹇行过"黑化"实验，目标是加速冰川
﹇消融并加以有效利用。而今，人们却
﹇经开始为它可预知的消融而产生了深
﹇的担忧。可能世事都是如此变化无常

吧？在一年前的下山途中，因为路途实
在是太过漫长，我曾幻想过在透明梦柯
进行滑雪、滑翔之类的旅游开发；然而
时至今日，对它了解愈多，我就愈发希
望它永远地保持那份亘古不变的空旷和
宁静。◐

世间最美的景致往往隐藏于人迹罕至的深山幽谷中，然而，层峦叠嶂的天山却怎么也遮不住人们寻美的目光。苍劲挺拔、郁郁葱葱的雪岭云杉，衬以远处高山皑皑白雪和近处茵茵绿草，使原本单调的雪岭云杉更显挺拔秀美。空气中弥漫的芳香与湿润，正在恣意散发。

■摄影/李学亮

China's Ten Most
Beautiful Forests

中国国家地理推出

中国最美的
十大森林

排行榜

1. 天山雪岭云杉林（新疆）
2. 长白山红松阔叶混交林（吉林）
3. 尖峰岭热带雨林（海南）
4. 白马雪山高山杜鹃林（云南）
5. 波密岗乡林芝云杉林（西藏）
6. 西双版纳热带雨林（云南）
7. 轮台胡杨林（新疆）
8. 荔波喀斯特森林（贵州）
9. 大兴安岭北部兴安落叶松林（黑龙江、内蒙古）
10. 蜀南竹海（四川）

选美中国

入围名单
（按首字拼音顺序排列）

白马雪山高山杜鹃林
（云南）
波密岗乡林芝云杉林
（西藏）
长白山红松阔叶混交林
（吉林）
长白山美人松林
（吉林）
大兴安岭兴安落叶松林
（黑龙江、内蒙古）
红花尔基樟子松林
（内蒙古）
黄山黄山松林（安徽）
尖峰岭热带雨林（海南）
九寨沟云冷杉林（四川）
荔波喀斯特森林（贵州）
鲁浪云冷杉林（西藏）
轮台胡杨林（新疆）
岷江流域云冷杉林（四川）
神农架原始林（湖北）
蜀南竹海（四川）
天山雪岭云杉林（新疆）
西双版纳热带雨林（云南）
小兴安岭红松阔叶混交林
（黑龙江）

评选标准

■ 与地理环境相适应，有鲜明的地带性生态特征，保存良好，年代久远；（0—30分）
■ 森林的规模、面积大，树冠漂亮，具有幽深或开阔感；（0—30分）
■ 林中稀、奇、古树种多，林木个体变化、年龄变化显著，结构复杂性高，季节特征明显；（0—30分）
■ 有珍稀动植物伴生等。（0—10分）

评委介绍
（按姓氏笔画排列）

王兴国　中国森林风景资源评价委员会秘书长
国家林业局森林公园办公室处长，长期从事森林公园建设与管理工作。

冯宗炜　中国工程院院士
长期从事森林生态环境和生态恢复工程研究，于上世纪50年代即提出改大面积皆伐为择伐、保护东北天然红松林，并为保护西双版纳热带森林和大兴安岭特大火灾后生态恢复工程献计献策。现为中国科学院生态环境研究中心研究员，《中国生态学报》主编。

李文华　中国工程院院士，国际欧亚科学院院士
历任中国生态学会理事长和名誉理事长，主持青藏高原和西南4省区大规模综合科学考察与资源开发研究，主持领导了多项大型国际生态学研究，并任《自然资源学报》主编，瑞典皇家科学院《人类环境杂志》中文版主编。

李渤生　中科院植物研究所研究员
多次参加中国科学院青藏高原综合科学考察，并对中国西南、西北、东北等地的森林植被进行详细考察。

张　军　国家林业局调查规划设计院原副总工程师
中国森林风景资源评价委员会委员，中国林学会森林旅游和森林公园分会理事，长期从事森林调查、林业规划和工程设计工作。

蒋有绪　中国科学院院士
中国林业科学研究院森林生态与保护研究所研究员。长期从事大兴安岭、川西、滇北、天山、阿尔泰山等天然林区综合考察，主持川西亚高山林、海南尖峰岭热带雨林、毛竹林等定位研究，建立了我国复杂地理条件下森林群落分类系统。

李雪梅　《中国国家地理》编辑

认识自然的交错之美

农牧交错过渡带已为人们所熟知。由于负责森林、草原选美的编辑工作，我在想，森林和草原的过渡带又是怎样的呢？向专家询问的结果，竟发现这两个门类，相互之间也经常交错过渡，而且森林草原不仅是一个地带区划，甚至还是一个很常用的生态学概念。

因受气候与海拔高低等因素的影响，我国自然植被具有明显的地带性特征。如季风区以森林植被为主，非季风区主要是草原和荒漠。在秦岭淮河一线以北，由于降水量差异悬殊，自然景观从东到西由森林、森林草原、草原过渡到荒漠；而秦岭淮河一线以南，则以森林为主。这种自然的过渡其实在许多地方都存在。像内蒙古从东至西依次分布有森林、森林草原、典型草原、荒漠草原和荒漠；甘肃也处于我国东部湿润森林草原向西部干旱荒漠草原与高寒荒漠草甸的过渡带……只是由于对自然知识的欠缺，我们对周围广泛存在的过渡和交错，许多时候竟会视而不见。

草原专家对森林草原的解释落脚到内蒙古：草甸草原是内蒙古最优良的天然植被，处在森林向草原的过渡地带，呈现出森林植被与草原植被共存的景观。在锡林郭勒乌珠穆沁草原，还有展示森林草原向草甸草原过渡带特色的"森林草原生态区"。

森林专家对森林草原分布原因的解释也简练而清晰。张军先生说：我国植被的分布与降水量及海拔高度关系密切。一般在年降水量等值线400毫米以上的地区为森林分布带，250毫米以下的地方为草原、荒漠分布带，介于两者之间的便是森林草原分布带。在一些高海拔的山地，由于降水量的不同，森林和草原会呈垂直交错分布。

李渤生老师补充说：对于植被生长来说，水决定一切。在降水量不足、森林不能自然生长的地方，植被便以草原为主，像从大兴安岭西坡到呼伦贝尔草原的广袤地区，即为较典型的北温带森林草原分布区。

还记得在专家反馈回来的推荐评语中也提到过渡带的问题。北京师范大学资源学院康慕谊教授对山西中条山原始林的评价是：具区系过渡带和科学研究意义，观赏价值一般，评分为80；对秦岭太白山云冷杉原始林的评价是：中国南北方气候过渡带，东、西、南、北部植物区系接壤处，林相苍劲、浑厚、雄�，并打出了87分的高分。

确实，在自然界，整齐划一是一种美，但过渡交错也是一种美。天山雪岭云杉林在23位专家中荣获21位的鼎力支持，其重要原因便是冰川、森林、草原、湖泊、蓝天、白云的合谐交融。盛伟彤先生

对它的评语即是：在蔚蓝的天空下，山上有浓绿而广漠的云杉林，山下分布着五花草甸和清澈的湖泊。冬春季节，它在阳光、积雪的衬托中，分外妖娆。而长白山红松阔叶混交林也因它的交错之美，而在众多候斯森林中脱颖而出。

当然自然界不仅有交错之美，还有繁复之美。尖峰岭热带雨林和西双版纳热带雨林中繁盛的物种，滇西高山杜鹃种属的丰富，波密岗乡林芝云杉林中无与伦比的生物量，胡杨林景观集森林与河流、沙漠、戈壁、绿洲和荒漠草原为一体以及其四季色彩的变幻，荔波茂兰喀斯特森林中的原始自然本色，无不展示出大自然的勃勃生机和神奇造化之美。

看来，不同地区人类生活方式的过渡与交错远不如自然界丰富。而这也正是大自然的无尽魅力。

中国最美的十大森林位置示意图

中国最美的十大森林

天山雪岭
云杉林

撰文/黄 毅　摄影/居建新

雪岭云杉已有四千万年的生命历史，它们是天山上的活化石。从10月下旬开始，西伯利亚的寒风卷着雪花时常光顾这里。在银装素裹中，万籁俱寂，树冠优美的雪岭云杉好像一个威严整齐的军阵。其威武声势，震撼人心。

很长一段时间，我总是将长着针叶的树木统统称之为松树，因为它四季常绿，又被我冠以很有些革命化的名称：青松。直到有一次在巩乃斯林场，我望着突然站立在雪岭上的树群大喊快看松树时，旁边有位从事高山植物分类的专家不留情面地当众纠正：那不是松树，那叫雪岭云杉。

这是我第一次听到雪岭云杉这个名字，而在那一刻我被这个名字镇住了。

我真佩服给这种树命名的人。一种树和云联系在一起，说明了什么？如果他没有极高的身量，如果他不是长在峰岭之上，那么给他什么命名都可以。云和杉结合在一起，便充满了想象的成分，甚至多了点浪漫感。

而雪岭云杉更进一步确定了这个树中英雄的出处。他主要分布在新疆天山南北坡的雪岭、昆仑山西部和准噶尔西部的山地上，东西绵延1800余公里，并与西天山一同进驻到吉尔吉斯坦里，是中亚荒漠带最主要的山地常绿针叶林。它生长于海拔1500—2800米的山地。雪岭云杉树形伟岸高大，一般都在二三十米高，在最适宜的立地条件下树高可达六七十米。最近，沙漠气象研究所的科研人员在树木年轮的取样中发现了距今651年的天山雪岭云杉活体年轮，这是迄今在新疆境内发现的最古老的树木，称它为"新疆云杉之王"毫不为过。

据说，这棵树是在天池一带发现的，这不由得让我想起也是在这片区域，我曾与雪岭云杉的亲密接触。

那是几年前，为寻找在博格达峰山难中失踪的3位香港登山队员，我们从天池的海西深入到天山腹地。放眼望去，雪岭云杉依山势排列，层层叠叠，密密匝匝，仿佛是无数绿色的琴键，奏出山泉跌宕的叮咚。与这些高大的云杉为伍的，是数米高的蔷薇、忍冬等一些灌木丛。它们在不同的层面上，制造着复杂和蓊郁，使明澈的阳光难抵最原始的深处。

我明显感觉到所有的树木都攒足了劲拼命向上——那里有阳光和天空，而不幸倒伏下的树干，慢慢地变霉变黑，但他却成了云杉幼苗的温床。小树在他的躯干上钻出来，汲取着他毕生的养分，怀着他的志向，一天天长高。那是他的孩子，在完成未竟的事业。

天下雨了，是那种天山特有的突如其来的豪雨，千万根雨的手指在我们头顶指指点点。呼啦一下，我们都躲进雪岭云杉下避雨。摸抚着粗糙的树干，抬头才发现笔直的主干上，侧枝排列有序，疏密有致，但枝叶绝不张扬，一律收束，形成窄长的树冠，仿佛天赐的华盖。

远眺雪岭云杉，给我的最初感觉，他就如同一个身着黑披风的剑客，用背影挡住一切，峡谷冷硬的风只能轻轻掀动披风的下摆。枝叶尖梢的掣动，只能让树干看上去更加沉默。

现在我躲进他的庇护，紫绛的树干竟有些许的温热，针叶的香味笼罩着我，让我一时竟有些感动。让我避雨的这棵雪岭云杉，是我与他的宿命，在千万棵雪岭云杉中我偏选中了他，而在亿万人中竟是我走进了他的怀抱。

更让我吃惊的是，脚下的泥土并不如我想象的那样丰厚，只是一些腐叶和

雪岭云杉林广泛分布于天山海拔1500－2800米的中山阴坡带，这种常绿针叶林林相高大挺拔，有些高达60－70米，素有"望天树"之称。在我国西北和中亚荒漠地区，四季青翠的雪岭云杉将戈壁沙漠的严酷远远抛在了身后。

薄土，大部分的根须都扎进了冷硬的岩壁。那些根们，依照山石的节理改变自己的走向，不放过一丝缝隙。盘曲是为了更有效地挺进，迂回是为了更直接地抵达。而已经钻挤岩石内部的根们，在不为人知的黑暗中，向着泉流摸索。一棵有几百年树龄的雪岭云杉，需四五人方能合抱，我知道要让这样一棵参天大树稳立于岩壁之上，他的根要比我们所见的树冠大出数倍。而多高的树就有多长的根，在这里并不适用。根在我们知道和不知道的地方，悄然地蹿动，用无数条根的绳索，捆绑住大山。当整个一座山成为一棵树的基座时，什么力量还能撼动一棵挺拔的树？其实一棵雪岭云杉的今天，是因为他有太繁复的昨天。

我总在想，雪岭云杉为什么只生长在新疆？第一的要素肯定是这里独有的物候成就了他。除此还有什么呢？新疆人高大精壮，雪岭云杉挥斥方遒，他们总有不少相似的地方。新疆人的率真和帅气，肯定受到了云杉的启发，而雪岭云杉从新疆人那里又感知到了什么呢？

在雪峰、冰川、高山湖泊构成的纯美交响中，那一排排整齐划一的雪岭云杉的合唱者，气势磅礴的合声，那翠蓝的歌声，让全世界就此喑哑。◐

长白山红松
阔叶混交林

撰文/李青松　摄影/桑玉柱

长白山红松阔叶混交林展现的是一种立体之美、组合之美。在长白山西坡的锦江大峡谷一带，植物种类丰富。除东北乡土树种红松外，还有紫椴、蒙古栎、春榆、槭树、桦树等伴生树种。由于这一带水土条件好，故丛林密布，原始风貌浓郁。茂密的针阔叶混交林随季节的变化，给长白山披上迷人的盛装。

专家评语

吉林长白山红松阔叶混交林是我国乃至远东温带地区最具代表性的森林类型。它以丰富的物种、多样的森林类型、复杂的群落结构以及绚丽的景观而著称于世。
　　　　　　　　　——李文华

这个森林的原始性、壮观性、神奇性都值得赞美。针阔混交林已经罕见，原始的针阔混交林更难见到。　——郑海水（中国林业科学研究院研究员）

或许，因为名字的缘由，我对松树怀有一种特殊的感情。在松树的家族中有油松、湿地松、雪松、樟子松、华山松……然而，红松却是我的最爱。它高大、伟岸、通直，不畏风雪和严寒，具有一种不屈不挠的精神和昂扬向上的崇高品格。

在中国，目前保存较完整的红松林原始群落仅有两片。一处在小兴安岭，另一处即在长白山。红松喜爱生长在湿润松散的黑腐殖质土壤中，从缓坡到高岭险峰以及平坦的山涧谷地都适宜生长。它的表皮棕红，带有灰黑晕，木材细密而轻软，颜色黄白带有微红。红松，即因其材质泛红而得名。它的最大特点是材质结构稳定，纹理通直，是惟一受干湿影响而不变形的良材佳品。

在植物分类学上，红松属于松科松属中的五针松组，是松属植物中比较古老的一个分支。在长白山的原始森林中，红松是顶级植物，与红松同居于森林最上层的还有鱼鳞云杉、红皮云杉、紫椴、风桦、水曲柳等十多个树种；林下是毛榛等20多种灌木，地面上的草本层种类就更丰富了。每年6月下旬，红松原始林的上空常常弥漫着黄色的烟雾，像是撑开的一把宽阔的黄色大伞，把整个林子罩住。造成这黄色烟雾的，

是千万株红松的花粉。高大的红松上，开着无数朵雌花和雄花，雌花在树冠，雄花在它的下面。初夏时节，花儿开放了，黄色的雄性花粉飘向空中，每一颗小极了的花粉粒上，有两只小小的鼓鼓的气囊，它比空气还轻，能飘到树冠去同雌花结合，也能飘到林冠上空，随着气流在那里飘着、流着。于是我们看到的便是黄色的烟雾了。

观赏和体味长白山红松的群落之美、个体之美及原始之美不能不去露水河。在露水河林业局作业区内，有一棵红松王，有480多岁了。每当人们走到这里，都会怀着崇敬的心情去"拜会"它。这棵红松高35.5米，胸径1.24米，三人才能合抱。据史籍记载，长白山火山口分别于1597年、1668年、1702年有三次喷发，而距天池并不很远的这棵"红松王"经五世三劫而不枯，顽强而坚韧地生存下来。日历一张一张地飘落，但这株老红松依然翠绿，依然细致，依然坚硬，依然蕴藏着无穷的力量。

露水河红松母树林是国家1964年划定的中国最大的红松母树林，面积11764公顷，是一座天然优良基因库。著名生态学家王站教授说："红松全身都是宝，更重要的是，其生态价值超过它的本身。特别是红松的蓄水量很大，一棵红松就是一座小水库。红松林里，下两个小时大雨地表上也没有径流，都被红松根部储存起来了。"

在我们这个地球上，原始林已经十分鲜见了。长白山的红松原始林是我国现存不多的原始林中极有价值的一个群落。在一个地理区域中，最少受人类干扰的、最古老的森林称为原始林。这是一个模糊的、相对的、缺乏数值度量的概念，但也可能是最易判断、最具有实际意义的。

红松幼树喜阴，在阔叶林下避光生长；成树喜阳，树干笔直挺拔，枝条苍劲。红松阔叶混交林季相色彩纷繁，尤其在仲秋时节，混交树种叶色的变化十分绚丽。

红松的蓄水量很大，在于它奇特发达的根系，以致一棵红松就是一座小水库。在红松林里，下两个小时大雨地表上也没有径流，雨水都被红松发达的根部储存起来了，这是它们枝繁叶茂且长寿的重要保证。

一片原始林就是一个世界。森林从来不喜欢单一，森林的兴旺发达是与其内部结构的庞杂多样不可分割的。长白山红松原始林中巨大的老龄树木和参差的各种年龄树木，以及枯立木、倒木和深厚枯落物层共同构成的"原始"景观，不仅提供了类型多样的"栖息地"，成为保护多种动物所不可替代的基本条件，而且，从人们日益增长的"回归自然"的需求来说，也具有无可比拟的生态价值。

生态系统的自然演变是生物进化的自然过程。而正是在这种自然演替的过程中，红松，以其特有的魅力展示着自己的个体美、原始美和群落美。

长白山红松原始林的空间和时间意义都是同寻常的。红松原始林的至善至美，不在于它表面的景色，以及它给我们提供了多少良材美干，而在于它群落细部有条不紊的巧妙安排和万世不变的自然法则，在于它带给我们许许多多的启示，还有勇气、精神和力量。◎

专家评语

尖峰岭热带雨林生物多样性极为丰富，是重要的物种基因库。海南岛热带雨林属典型的热带北缘雨林，主要分布在尖峰岭海拔350－950米这一地带。其林相茂密、高大，林内灌木复杂而密集。尖峰岭热带雨林集中分布的区域由于较早就被列为森林生态类型自然保护区，因此其原生性、多样性、天然性与神秘性都得到了很好的保护。

——张军

尖峰岭热带雨林与西双版纳热带雨林有所不同。尖峰岭属于海洋性气候带，雨林的特征更为明显；西双版纳属于季雨林。西双版纳热带雨林之所以比尖峰岭热带雨林出名应归功于大象，而尖锋岭的长臂猿不如西双版纳的大象有名。但如果以森林本身而论，尖峰岭的森林要比西双版纳强些。

——郑海水

海南岛，一个被南中国海拥抱、有"东方夏威夷"之美誉的岛屿，阳光、椰林、海韵、沙滩，尽情展示着南国风姿；海南岛，一颗璀璨的绿色明珠，她的绿，源自于岛上广袤而神秘的热带雨林，而位于海南岛西南部的尖峰岭热带雨林，又是这颗绿色明珠的精华所在。

尖峰岭热带雨林分布面积达400多平方公里，连绵起伏，蔚为壮观。进入雨林，可以随处欣赏到奇特的雨林景观。更为特别的是，尖峰岭热带雨林孕育着五彩斑斓的蝴蝶达449种，超过了素有"蝴蝶

绞杀现象是热带雨林中特有的生态奇观。进入热带雨林，大量的气生根烘托出其特有的壮丽景观。

■ 摄影／梅志强

王国"之美誉的台湾。

与北方大多数由单一树种组成的森林显著不同的是，尖峰岭热带雨林的生物多样性指数比印度、缅甸等地区的热带雨林群落还要稍高一些，而与东南亚、南美等地的热带雨林相当，每公顷的植物种数高达250种以上。

正因为其组成的种类繁多，而植物个体年龄又各不相同，导致了尖峰岭热带雨林群落结构在高度、层次上的复杂性。林木各层次之间没有明显的界限，树冠从下至上具有连续特征。如果登上制高点仔细观察热带雨林的外貌，就会发现连绵起伏的林冠竟会出现凹凸不平的现象。产生这种现象的原因是由于热带雨林中一些高大老龄的个体自然死亡后，或者台风过后刮倒某些高大的个体之后，形成了林窗。林窗中更新的种类慢慢地得到恢复，这样在群落的垂直结构上就产生了连续变化的差异，而从外貌上来看，则形成了林冠凹凸不平的景观。

热带地区年气候变化不大，植物一年四季均可生长，各种植物的花果并不同期，呈现出四季如春的景象。同样树皮无须经历严冬，其皮薄而颜色呈浅灰色，而且这种浅灰色的树干现象越突出，表明热带雨林就越古老，这也是它与北方森林的重要区别之一。

空中花园是尖峰岭热带雨林的重要特征，它的形成同样与物种繁多有关。热带雨林中，各种植物为了有效利用阳光、水分等自然资源，就产生了各种不同生活型的植物的搭配组合：有高大的乔木、林下的灌木和草本，同时还有形态各异的藤本植物、附生植物、寄生植物等。藤本植物往往以不同的形态攀缘至林冠的顶部，寄生和附生植物则多生长于树桠之上，这样就形成了空中花园。空中花园尤以鸟巢蕨、崖姜蕨等最

具特色，通常在树干上形成直径可达1—2米的植物球，下方还附生有书带蕨等植物，非常美丽壮观。

在尖峰岭，许多高大的乔木具有板根，有的板根甚至高达4—5米。板根的形成在科学上至今还没有一个比较统一的看法，有养分论说，也有力学论说，这还有待于进一步探索。支柱根，顾名思义是起支撑作用的，在尖峰岭较著名的支柱根植物有高根营、第伦桃以及各种榕树等。

　　绞杀现象也是热带林中特有的生态奇观，绞杀植物最为典型的是高山榕。当榕树的种子被鸟类吞食后，鸟类的粪便留在一些大树的树桠上，这样存在于粪便中的种子在合适的时候便生根发芽，并借助粪便和树皮上的碎屑长成小苗。小苗逐渐长大后，榕树便产生了气生根。气生根一方面可垂直向地面生长，着地扎根后便可从土壤中吸取养分，长大后就形成了支柱根，在尖峰岭最著名的要数鹿树了。另一方面，气生

尖峰岭热带雨林内古树参天，外观层次复杂。林冠处凸凹不平，这是由倒木形成的林窗，它为林木的更新提供了重要条件，也给那遮天蔽日的原始雨林带来了一线明亮，让我们可见雨林内特有的板根、老树生花、绞杀等奇异景象。

■ 摄影/梅志强

林中榕树类的果子是很多鸟、兽取食的对象，由于种子很小且种壳坚硬，它们随鸟、兽的粪便到处传播，并在阴湿环境的其他树木枝丫上发芽、生长。初生的气根细如麻线，能吸收空气中的水分和养分，成为附生状的植物。之后悬垂而下的气根越来越长，直到扎根入土，然后变粗，成为一根根树干状的支柱。攀贴在树干的根系会长出众多的侧根包围树干，并把附着的树干紧紧包住，开始绞杀行动。绞杀植物对被绞杀的树木从地下、地面甚至树冠展开全方位进攻，而被绞杀的植物，几乎无一幸免，均被绞杀者取而代之，并把被绞杀的残骸当作营养慢慢享用。

■ 摄影/王兴国

根可紧贴寄主的树干四周向下生长，到达地面后这些气根越长越粗壮，在寄主树干的周围形成网状的缠绕根系，最后将寄主树完全包围以致其正常生长受到严重影响，这样就形成了绞杀，最后将寄主树绞死。树木死亡后分解产生的大量养分又可供其他树木正常生长，如天梯树、猪笼树等。

尖峰岭热带雨林不仅具有奇特的景观，而且其生态环境保护功能也十分突出。尖峰岭国家级森林生态站的研究结果表明：热带雨林是大气二氧化碳的重要贮存库，每公顷的热带雨林可贮存净碳量达340吨以上，保护热带雨林可有效地减少大气中碳含量。另外，热带雨林可有效地调节径流水量，将雨季和台风暴雨带来的大量雨水储存起来，在旱季进行补枯，为热带雨林周边区域的农业生产和居民生活提供源源不断的水源。当然，热带雨林还具有极高的水土保持功能以及良好的气候环境改善功能等。天然林属于冬暖夏凉型，温度年差较小；热带雨林中极高的负离子平均含量对人类的身体更具有辅助治疗的作用。正因为如此，尖峰岭热带雨林已成为生态旅游、回归大自然的绝佳去处。◖

白马雪山
高山杜鹃林

撰文/李意德

4

白马雪山系横断山中段，云岭诸多极高山之一，行政上隶属于云南省迪庆藏族自治州德钦县。高山杜鹃林不仅是一种重要的矮曲林类型，而且也是最娇艳的一种森林类型。其植株低矮，形态自然，极具观赏性，是滇西广泛分布的植被类型之一。在初夏冰雪消融时，高山杜鹃满山遍野灿然绽放，给荒凉的山野披上瑰丽的外衣。

■ 摄影/陆江涛

在云南西部的高山石砾坡地上，许多常绿植物都望而却步，但杜鹃林却依然郁郁葱葱。在海拔2600—4200米的崇山峻岭，隐居于此的高山杜鹃，年复一年默默地开放。它们生命的意义，好像就是为了尽情绽放美丽的花朵。从生物性来看，它们是一种喜欢群居的植物。它们结伴生长，集体开放，在春夏之交形成一片片醉人的"花海"奇观。

■ 摄影/杨学光

专家评语

滇西杜鹃林的分布与森林植被被垂直带谱密切相关。海拔2600—3000米的阴坡杜鹃—云南松林中，有大白花杜鹃、小粉背杜鹃等；3000—4000米的阴坡、半阴坡杜鹃—冷杉林中有锈斑杜鹃、枇杷叶杜鹃、短柱杜鹃等；在4000—4200米的高山灌丛草甸带，杜鹃多以群落状分布。上述三类杜鹃共同组成云南西部高山杜鹃林。在春季或春夏之交杜鹃花盛开时节，奇异的花朵、艳丽的色彩，具有极强的观赏性。

——张军

云南西部的高山杜鹃林，杜鹃科植物种类丰富，有密枝杜鹃、金背杜鹃、银背杜鹃、韦化杜鹃、小叶杜鹃等200余种。杜鹃花盛开时节，纷繁的色彩把山峦装点得瑰丽艳美。

——王兴国

波密岗乡
林芝云杉林

地处雅鲁藏布江下游的波密岗乡，蕴藏着中国最大、最好也是最后一片原始森林。它虽不似天山雪岭云杉那样秀美，但其原始、茂密和壮观，可称"惟我独尊"。

■ 摄影/李渤生

由于受印度洋暖湿气流的润泽，这里水热条件优越，致使林中树木高耸挺拔，郁密粗壮，有些树干直径可达2米，树高80米，每公顷立木蓄积量堪称世界之最。

■ 供图/徐凤翔

专家评语

东喜马拉雅山独特的自然条件和西南季风的影响，孕育了波密岗乡的林芝云杉林。它不仅以壮丽的景观使造访者对大自然的神奇造化叹为观止，同时也由于它保存极为完好的原始性和无与伦比的生物量而具有巨大的潜在科研价值。

——李文华

林芝云杉是丽江云杉的变种，集中分布于藏东南波密岗乡。进入林内，可见树体下部枯枝脱落，宛如仙境中一片由巨型树干组成的清阔空间；上部隐约可见的巨伞林冠几乎将天外的世界全部遮掩，偶尔透入帷幔的一缕阳光竟显得那么耀眼夺目，像一把闪光的利剑，将林中的浓雾劈开。我几乎跑遍遍中国各地的森林，但当我来到岗乡时，却找不出语言来形容这片森林的伟岸。

——李渤生

在壮观的林木层蔽荫下，林内温凉湿润，灌木和草本均匀分布，苔藓层发育良好，形成几乎遍布林地的绿"毯"。林内的藤本植物茂盛，藤茎粗壮者可达30—40厘米，而且可蜿蜒至树冠层，加上松萝飘舞，形成湿润暗针叶林的典型景观。如此壮美的高原山地温带暗针叶林，恐怕在我国乃至全球，均属罕见。

——徐凤翔（高原生态、森林生态教授）

西双版纳热带雨林

地处滇南澜沧江河谷盆地的西双版纳热带雨
林，以其得天独厚的气候条件繁衍着众多的
生物种类，堪称动植物的王国。雨林中，十
几人才能合抱的绒毛枕果榕树随处可见。

■ 摄影/陈俊东

在西双版纳原始森林中，品种繁多的热带植
物遮天蔽日。神奇的热带风光和浓郁的民族
风情，成为许多人向往的旅游胜地。

■ 摄影/周勇

专家评语

在赤道南北两侧的陆地上，有许多由常绿阔
叶树组成的森林，因晴天早晨其树冠上露水
落下颇似下雨而得名热带雨林。区内的年平
均气温是25—30℃。在中国，热带雨林主要
分布在台湾高雄、恒春，海南尖峰岭和云南
的西双版纳，而西双版纳的热带雨林较为典
型。西双版纳热带雨林层次非常丰富，最密
处可有十几层之多；热带雨林特有的板根、
老茎开花、空中花园现象以及绞杀植物、独木
成林的大榕树等都会给人留下深刻的印象。

——李建文（中国林业科学研究院研究员）

典型的热带风光，树木种类特别丰富。在一片
热带林中，几乎找不到一株完全相同的树木。
它们是植物的资源库和动物的乐园。

　　——盛伟彤（中国林业科学研究院研究员）

西双版纳热带雨林不论原生性、神秘性、观
赏性以及科学研究价值等，都非常高。当
地的野生动物尤其是大象，更值得研究和观
赏。这里还是研究我国生物多样性的重要基
地。

　　——郑海水

轮台胡杨林

撰文/沈 苇

轮台县地处天山南麓、塔里木盆地北缘，这里有世界上面积最大、分布最密、存活最好的"第三纪活化石"——40余万亩的天然胡杨林。胡杨林是塔里木河流域典型的荒漠森林草甸植被类型，从上游河谷到下游河床均有分布。虽然胡杨林结构相对简单，但具有很强的地带性生态烙印。无论是朝霞映染，还是身披夕阳，它在给人以神秘感的同时，也让人解读到生机与希望。

■ 摄影/梁 枫

专家评语

新疆轮台胡杨林集大面积胡杨林与河流、沙漠、戈壁、绿洲、沙湖、古道及荒漠草原为一体。大面积胡杨林是主体景观，柽柳（红柳）、梭梭林等荒漠植物及部分沙丘为辅助景观。其四季景色变幻明显：春天，积雪消融，万木吐绿，林中百鸟争鸣，野花遍地；夏季，万木峥嵘，郁郁葱葱，驼铃声在一片绿色的海洋中此起彼伏；秋季，层林尽染，五彩斑斓，如诗如画；冬季，千里冰封，白雪皑皑，胡杨挺立在原野之间，无限高洁。轮台胡杨林不愧为中国最美的森林之一。

——王兴国

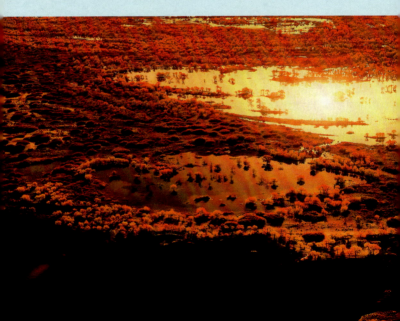

我最爱去的是轮台沙漠公路附近的胡杨林。塔里木河流域是世界上最大的天然胡杨林分布区，这片占地4万多亩的胡杨林只是它的沧海一粟。塔里木河泥沙俱下，曲折蜿蜒，两岸胡杨林沿河道走势一直奔向茫茫天际。林中有一个美丽的小湖，吸引着天鹅和各种水鸟珍禽。在密林深处，常有塔里木野兔和沙狐出没。

胡杨，维吾尔语叫"托克拉克"，意为"最美丽的树"。由于它顽强的生命力，以及惊人的抗干旱、御风沙、耐盐碱的能力，人们又叫它"沙漠英雄树"。

胡杨，还有红柳、梭梭、沙枣等沙漠植物，它们的一生是一部启示录——有关生命与死亡、大荒守卫与绝处逢生的启示录。

当节气摆脱了炎夏，大地吹拂起阵阵凉风，塔里木盆地的胡杨林便兴奋和振作起来，几乎在一夜之间，突然变成了金黄。

面对胡杨林，人类的想象力一直失语。植物学家专注于它顽强的生存能力：抗干旱、御风沙、耐盐碱；古人停留在几个比喻上："矮如龙蛇变化，蹲如熊虎踞高岗，嬉如神狐掉九尾，狞如药叉牙爪张……"（宋伯鲁：《胡桐行》）民间将它英雄化：生而不倒一千年，倒而不死一千年，死而不朽一千年。

但三千年又能怎么样呢？如果没有壮丽一日，三千年也是漫长的苦刑和浪费。如果没有辉煌一瞬，它的干渴，它的狰狞，它的皲裂，它的破败，它绝望的呻吟，它无奈的挣扎，它体内苦涩的盐，它怪诞的胡杨泪……只是一种不可拯救的昏暗。

所以它全力以赴奔向色彩的巅峰。秋天的胡杨林，它的热烈、壮阔和辉煌可以和荷马史诗、瓦格纳歌剧和贝多芬交响乐媲美。它的狂爱精神向死而生，是对时光的最好祭献。

秋天，荒野上的胡杨林穿上它一年中最灿烂的盛装。粗壮的树干，硕大的树冠，表明它已蓄积了充足的能量。它将以顽强的生命力，抗御即将到来的严酷寒冬。数百上千年，它们就是如此一步步走过。

■ 摄影/李学亮

有沙漠的地方才有胡杨，胡杨始终与沙漠进行着抗争。在酷热干旱的残酷煎熬中，惟独胡杨依旧神采奕奕挺立在黄沙之中，展示出一派苍壮和苍劲。

■ 摄影/李学亮

中国最美的十大森林

荔波喀斯特森林

撰文/马文奇　摄影/李贵云

荔波茂兰喀斯特森林既有典型的生长在完全
裸露的岩石堆上的"石上森林"，也有树基和
根部长年泡在水中的"水上森林"，还有大
型喀斯特漏斗森林等，林相景观多样。但这
里的森林生态系统又非常脆弱，一旦遭到破
坏，很难恢复。在这里，生命高于一切。

专家评语

茂兰喀斯特森林是我国石灰岩地区保存最好的森林，特殊的地形地貌加上葱郁的森林，构成一幅优美的画卷。
　　　　　　　　　　　　——郑海水

荔波喀斯特森林溪流纵横，林木茂密，与喀斯特地貌形成的山、水、洞、瀑、石融为一体。此处森林保存完好，气势壮观。森林区域内，有着丰富的生物资源，高等植物近千种，珍稀植物主要有掌叶木、任木、穗花杉、香果树、罗汉松、短叶黄杉等。林中高大的乔木、密集的灌木及各种粗细不等的藤条，难分难解地交织在一起。奇山异石长满了苔藓，大小树木的根条裸露地生长于岩山上，年深日久，树根与岩石已纠结为一体。这是世界同纬度地区残存下来的一片相对集中、原生性强且相对稳定的喀斯特森林生态系统。
　　　　　　　　　　　　——王兴国

喀斯特地貌以它起伏流连的山体，刀劈斧削的石林，辗转回旋的溶洞，圆弧线的延伸与垂直线的交错，体现出大自然特有的几何形式美。但裸露的喀斯特景观有时却给人以悲凉之感。当荔波茂兰喀斯特森林被发现以后，人们无不对这一罕见的绿色喀斯特景观倍加珍爱。生物学、地学及生态学方面的专家，对覆盖着茂密原生植被的喀斯特峰丛、漏斗及洼地如痴如醉，乐而忘返。他们声称荔波茂兰喀斯特森林的原始自然本底，是世界上同纬度地区绝无仅有的，是亚热带喀斯特自然环境的本来面目，是当代世界保存最完美的喀斯特原生森林风光。

进入茂兰喀斯特森林区，可见密密层层的森林植被覆盖于漏斗洼地和石崖峰丛上。这里土壤瘠薄，地下水埋藏甚深，地表干旱，生物生存异常艰难。为了吸取水分和养料，这里的植物普遍具有十分发达的根系。根须爬过岩面，顽强地向四面八方伸展，相互扭曲盘结，形成不带丝毫人工痕迹的"根雕"奇观，颇具饱经沧桑的神韵。有些树根直径超过树干，长度也是树干的几倍。它们蜿蜒如龙蛇游动，或从陡峭的悬崖伸向地下，或沿高大的峭壁向上攀升，其根系在地下舒展的面积，竟是树冠的数倍。不仅如此，苔藓植物还环绕其上，

红叶也纷纷飘落其间，时有岩崖渗水顺着树根浸淌，在根须上挂满水珠，一如晶莹剔透的串串琥珀。林中还能见到这样的奇观：大量树根盘桓分割岩石，根须奋力钻进岩石下的土层。随着树木的生长，又把整块岩石抱着拔离地面，出现大树拥抱巨石的奇观。

茂兰喀斯特森林这种形式奇特的"树根现象"，其力度的张扬，其韧性的柔美，其构架组合的形式感，令人联想到中国传统书法绘画在线条造型上的独特魅力。传说在远古时代，仓颉"四目慧眼"发现了宇宙的奥秘形式，从而创造出架构优美的华夏文字。那么，

也所处的环境一定是丰茂繁盛的原始自然生态。或许，我们今天在原始生态保存完好的茂兰喀斯特森林里，从奇异的"树根现象"观赏到的这一特殊形式美，正是来自茫茫宇宙的奥秘。◎

茂兰喀斯特森林位于贵州南部荔波县境内。茂密森林植被覆盖下的喀斯特峰丛波连起伏，独具特色的喀斯特漏斗森林、洼地森林纵横交错，原始林木葱郁繁茂，水秀山青，是目前世界上保存最完好的喀斯特原生森林风光。

9

中国最美的十大森林

大兴安岭北部兴安落叶松林

绵延中国东北方的大兴安岭，峰峦叠嶂，林木苍莽，景色雄奇秀丽。高大茂密的兴安落叶松挺拔俊秀，枝繁叶茂，有些地方甚至终年不见天日。平静的河水中倒映着山林，构成一幅绝妙的山水画。

■ 摄影/李渤生

专家评语

大兴安岭森林以兴安落叶松为主，它是环北极针叶林的组成部分，沿大兴安岭自北向南分布在中国境内。林中伴生有独特的北极物种，如雪兔、驼鹿、雪鹑以及杜香、越橘、岩高兰等动植物。以兴安盟境内洮儿河为界，大兴安岭分为南北两段。北段长约770公里，地势由北向南逐渐升高，是以兴安落叶松占优势的针叶林地区。它季相变化明显，尤以春夏最美。春天新枝嫩叶在兴安杜鹃紫色花朵的映衬下分外妖娆；夏季，林中云雾飘荡，百木争荣，苍翠欲滴。在漫长的历史长河中，这里还是许多民族的肇兴之所。在大兴安岭的深处，至今还生活着鄂温克、鄂伦春等古老的森林狩猎民族。大兴安岭北部的原始风貌，其磅礴的气势和汪洋般的碧绿，使它成为我国北部边疆的一块翡翠珍宝。

——李渤生

四川长宁县的蜀南竹海原名"万岭箐",其中心景区是以楠竹为主的竹类森林,面积7万余亩。登高远望,万顷碧波,翠绿如海,故有"竹海天下翠"的称誉。蜀南竹海以天然竹景为主体,其天然主景区面积之大居全国之首,而且景观类型丰富,组合自然曼妙,竹文化底蕴浓厚。

——张军

在蜀南,由15属58种竹子组成的林海覆盖了27条峻岭、500多座峰峦。除常见的楠竹、水竹、慈竹外,这里还有紫竹、罗汉竹、鸳鸯竹等珍稀竹种。由于竹子生长快、繁殖力强,在适宜的条件下,它们一枝枝一杆杆,汇成逶迤苍茫的绿色海洋,成为中国诸多森林美景中的另一奇葩。

■ 摄影/姜 平

这就是漂浮在南海海域上的岛屿，星星点点，美
丽异常。

■ 摄影/王宏伟

China's Ten Most
Beautiful ISLANDS

中国国家地理推出

中国最美的
十大海岛

排行榜

1. 西沙群岛以永兴岛东岛
   等为代表（海南）
2. 涠洲岛（广西北海）
3. 南沙群岛以永暑礁太平岛
   等为代表(海南)
4. 澎湖列岛
   以澎湖岛为代表（台湾）
5. 南麂岛(浙江温州)
6. 庙岛列岛（山东长岛）
7. 普陀山岛（浙江舟山）
8. 大嵛山岛(福建福鼎)
9. 林进屿、南碇岛（福建漳州）
10. 海陵岛(广东阳江)

评选标准

■ 岛屿周围海水洁净，岛上山石形胜具有突出的美感。
　（0－35分）
■ 有丰富或独特的生物资源。（0－20分）
■ 岛上自然环境保护良好，与人文景观保持着和谐统一的
　状态。（0－20分）
■ 有独特或稀罕的地质地貌景观，具有地质科学价值。
　（0－15分）
■ 在标志国家领土上具有重要意义。（0－10分）

入围名单
（按首字拼音顺序排列）

嵊泗列岛（浙江）
大嵛山岛（福建福鼎）
大洲岛（海南省万宁县）
东平洲岛（香港）
鼓浪屿（福建厦门）
海陵岛（广东阳江）
兰屿（台湾）
林进屿、南碇岛
（福建漳州）
庙岛列岛（山东长岛）
南麂岛（浙江温州）
南沙群岛以永暑礁、太平岛
等为代表（海南）
澎湖列岛以澎湖岛为代表
（台湾）
上下川山群岛以庙湾为代表
（广东）
涠洲岛（广西北海）
西岐（牛奇）洲岛
（海南）
西沙群岛以永兴岛、东岛等
为代表（海南）
普陀山岛（浙江舟山）
朱家尖岛　（浙江舟山）

评委介绍
（按姓氏笔画排列）

王永吉　国家海洋局第一海洋研究所研究员
从事海洋古环境研究。曾参与国家海洋局组织的全国海岛调
查工作。

陈清潮　中科院南海海洋研究所研究员
长期从事岩溶地貌研究。

陈安泽　中国地质科学院研究员
长期从事海洋环境与资源的调查研究。曾任中国科学院海洋
委员会委员，中国科学院生物多样性委员会委员等职。

金翔龙　中国工程院院士　国家海洋局第二海洋研究所研究员
中国大洋钻探科学委员会委员，主要从事海洋构造与海洋地
球物理研究。

周秋麟　国家海洋局第三海洋研究所研究员
国际小海岛科学委员会委员、福建省海洋学会理事，2000
年至今为UNDP南海海洋生物多样性保护项目首席专家。

夏东兴　国家海洋局第一海洋研究所研究员
从事海岸带环境演化研究。中国海洋学会海岸带分会会长。
曾参与国家海洋局组织的全国海岛调查工作。

黄秀芳　《中国国家地理》编辑

看那300万平方公里的蓝色国土

当"选美中国"的任务分配到每一位编辑时，我与海岛结上缘。先前也曾走过不少海滨、海岸，而去过的海岛却是屈指可数的。中国的海岛有多少呢？根据最新的——那也是一、二十年前的数据了——全国海岛资源综合调查的结果，中国拥有面积在500平方米以上的岛屿6500多个，其中有人居住的岛屿460多个。至于500平方米以下的岩礁，至少有上万个。

一想到如此庞大的数字，就不禁感到恐怖，觉得自己好似身陷于汪洋大海中的一叶孤舟，四周皆茫茫，无论怎样眺望，也找不到我心中国最美的海岛。

随后的日子觉得自己很好笑，与鲁迅笔下的人物祥林嫂像极了，见到与海洋沾点边的人就问"你去过海岛吗？""你拍过海岛吗？"。而且但凡发现一个相关的专家后，就要恳切地、执著地、不厌其烦地请对方想想还有什么合适的人可以推荐给我。

一天下午，同室的刘晶说："今天有个作者江航东来北京出差，他是厦门观鸟会的，你也一块儿见见吧。"我和刘晶曾一起作过湿地的报道，又都喜欢上了水鸟，但凡有相关的事便都会打个招呼。

来人给自己起了个特别的网名叫"斑鱼狗"，那是一种水鸟的名字。知道他经常到海岛上观鸟后，我就迫不及待地问："你去过哪些美丽的海岛？"他看我一脸期待的神情便乐呵呵地打开随身携带的笔记本电脑，里面有他们在福建台山列岛的留影。清澈的海水透明如镜，照得水里圆滑的石子粒粒可人。孤独的礁石，挺立在蓝天之下，任海浪拍击、侵蚀，所谓遗世独立就是这个样子了吧。

"这大多是油麻菜拍的。"斑鱼狗说。油麻菜！我立刻敏感地追问："他是摄影师吗？""电视台摄像的，不过，他是帆船俱乐部的，经常搞帆船比赛。"像大海里又漂来一根救命稻草似的，我紧捞住不放。从油麻菜那里我不仅认识了大嵛山，又从他那里《我的海岛我做主》的拓比。拓比说："万山群岛的庙湾，那是我见过的最美的海岛啊。"

就这样，中国的海岛，在一位位爱好者、从业者、专家的描述下，在我眼前渐次展开。

国家海洋信息中心的胡恩和老师很热情，从天津寄来了两本近200万字的《全国海岛资源综合调查报告》，那是始于1988年完成于1995年的科研成果。我心怀感恩，如遇甘霖般撕开包装纸，心想，这回彻底解决问题了。可是打开一看，天哪，整个就是一个海岛学的综合报告。里面按照诸如地质、地层、气候、水文、土壤、生物、植被等专项，分门别类地、宏观地介绍中国海岛的状况。比如，黄海、东海等各海域的水色、透明度情况、硝酸盐的含量、泥沙的来由。数据极其权威，但是，我想要把里面的内容都读懂的话，至少得去上四年海洋大学。后来又买到一本也是近百万字的《中国海岛》，当它们摆在我的办公桌上

时，其他的编辑看见了，吃惊得把大眼小眼都给瞪圆了。

有一天我在网上漫游，忽然搜索到"刘光鼎"的名字，中科院院士、海洋地质地球物理学家。喜出望外，立刻打听到他的电话，又冒昧地请求见面求教。有资料，我们见面后他说的第一句话就是："什么样的海岛最美？能代表国家主权的海岛！"80岁左右的老人慷慨激昂，站在一幅巨大的中国地图前指点。那苍劲的手划过钓鱼岛，划到南沙群岛，"你说它们美不美？"记得当时屋外正是37度的高温，可是刘老对祖国宝岛的感情让我觉着比天气还热。

后来又遇到了好几位去过南海、西沙群岛的专家，没有一位不提及南海之美、南海之珍贵。科学家们对维护国家权益的重视给我留下了深深的印记，也感染了我。我第一次觉得，我需要重新注视那些远离大陆母亲身的海岛。它们可不是一般意义的海岛啊。

几个月的寻找、鉴别、筛选、锱铢积累般的、四面打听、八方汇聚地去搜寻文字与图片资料。当一届名录渐渐清晰时，那些散落在浩瀚无垠的海洋里的陆地——岛屿，也一点一点地占据了我的心。根据国家海洋局公布的数字，中国有近300万平方公里的蓝色国土，而那些岛屿像珍珠镶嵌在上面的串串珍珠，每一颗都贵如宝贝。又像那在水一方的伊人，虽然离得很远，却让人一直记挂、向往。

评选工作结束时，回想那漫长、充满琐碎与艰辛的工作，心里却生出许多感激、欢愉和美。这大让我享受到发现美的喜悦。你看，那静静地突立在祖国那300多万平方公里蔚蓝色的大海中的岛屿，哪一个不是美丽的？

中国最美的十大海岛位置示意图

西沙群岛

珊瑚为国土增色

撰文/陈清潮　摄影/龙运河等

眼前这像一颗漂浮在蔚蓝色的大海上的心的岛屿就是西沙群岛的永兴岛，摄影师叫它"中国心"。它是在前寒武纪的变质岩基底上，经过3000多万年的历史演变，发展形成的珊瑚礁岛。陆域面积为2.8平方公里，海岸线长8.12公里。

■ 摄影/罗家宽

只有大自然才会有这样的杰作，西沙七连屿像一串美丽的项链，自然地铺排在蔚蓝的大海上，又像一枚张开的贝壳，裹含着7颗美丽的珍珠。

■ 摄影/查春明

专家评语

碧波珍珠，南海枢纽。　　　——金翔龙

西沙群岛位于南海西北。最诱人的是它的岛群分成东西两组排列。东面为宣德群岛，由7座岛屿组成，永兴岛为主岛，被称为鸟岛的东岛也在其中。西面称永乐群岛，由8座岛屿组成，有金银、甘泉、晋卿岛等，岛群周围还有零星的礁、滩和沙洲，所以当地的渔民习惯称它们为"东七西八"。从空中俯视，它们像两串镶嵌着白边的蓝宝石，静卧在南海那万顷碧波之上。又如不沉的舰船，扼守着南疆。

有人说，不到南海，不知道海洋的博大；不到西沙，不知道大海的神奇。由于远离大陆，人迹罕至的缘故，西沙群岛四周的海水清澈洁净，最高能见度达到40米。我曾数次考察南海，优游在西沙的大小岛屿中。没有一次不为那五光十色、变幻莫测的海水而陶醉：有时在大海中央时你看到的还是深蓝，到了岛的边缘，却变成了浅绿，西沙的海水就在深蓝、淡青、翠绿、浅绿、杏黄间切换。远远望去，以为是一块巨大的蓝色绸缎，漂浮在海面。近看，方知是因为海里的深崖、峡谷等地貌所致。

南海地处热带，其最南端已接近赤道，年平均气温26摄氏度，为全国之

冠，海水的温度、盐度和透明度都很适合珊瑚的繁衍生长，因此南海诸岛几乎都是由珊瑚礁形成的环礁，这里是我国造礁珊瑚的重要分布区，而其中又以南沙群岛和西沙群岛的珊瑚资源最为丰富，仅西沙群岛的造礁珊瑚就有38属127种之多。

我曾潜游过一座座生机盎然的珊瑚礁，亲眼目睹过一屏屏五彩缤纷、千姿百态、争奇斗艳、神奇迷人的水下妙景。我敢断言，天上人间的一切景物，都难与水下珊瑚礁这"龙宫"相媲美。

造礁珊瑚是由造礁石珊瑚虫与含钙质的藻类构成的，其缝隙由有孔虫以及许多介壳类充形成庞大连片的珊瑚礁。石珊瑚虫有"海洋建筑工程师"的美誉，它其实是生长在热带、亚热带海洋中的一种微小的底栖腔肠动物，单个虫体一般只有针头那么大，但是以群体生活为习性的石珊瑚虫，成千上万地聚集在一起，却会源源不断地分泌出石灰质，日积月累，就建造出了巨大的、形状各异、色彩纷呈的珊瑚。不过石珊瑚虫体内有虫黄藻共生，当环境变化，虫黄藻逃出珊瑚，珊瑚就会发生白化死亡。

西沙的石珊瑚有百余种，像草履的叫石芝珊瑚，像鹿角的叫鹿角珊瑚，像脑纹的呢，就叫脑珊瑚。还有的层层叠叠像菇状，称为叶状蔷薇珊瑚。它们不又形状不同，而且颜色各异：红、绿、黄、橙、紫，绚丽无比，斑斓夺目。即便最好的画家，面对这样如神话般的水下世界、海底花园，也只能望景兴叹。

西沙的石珊瑚囊括了华南沿海的种类，而更具特色的是，除了石珊瑚外还有数十种具有各种花纹的软珊瑚，如海绵般铺满在大块的礁石上。轻轻地踏上它，只觉得比地毯还柔软。在礁石缝缝或藻类聚生处，还有五颜六色、形状各异的海胆、贝类。如锥形的芋螺、蛋形的宝贝、吹号角的法螺等。在西沙海面还经常可以看到漂浮着的蓝色"圆币"，那叫银币水母；而一种只有2厘米大小的蓝色浮囊，下生触手，形状像古代葡萄牙兵士军帽状的一种水母，叫葡萄牙战士。

在珊瑚礁的海底花园中，最吸引人、最醒目的则是生活其中的数百种鱼类。天使鱼往往是集群行动，它们时而游动，时而原地"跳舞"，舞姿特别诱人。数量最多的是蝴蝶鱼，它们都是成双成对，像梁山伯与祝英台一样难舍难分。双锯鱼（小丑鱼）是与海葵共栖的，它很聪明地将海葵当作自己的保护伞，以躲避敌害，不过它的食物可以分给海葵共享。还有雀鲷、蜂巢石斑鱼，它们都有私人住宅，但凡有入侵者，便会遭到主人的强烈攻击……西沙群岛生物资源的丰富与它面积的辽阔，是那样的匹配，难怪有人说西沙一半是海水，一半是鱼类。其实如果没有人类过多的

西沙海水澄清湛蓝，生态环境极为优越，珊瑚在这里形成了一个繁荣的整体的珊瑚礁生态系统，它们错落有致地拥在一起，和谐而有序地生长。因此，在西沙群岛到处都能可以看到这样的景象：岛屿周围的珊瑚礁就像环绕的光环一样美丽、耀眼。

西沙群岛的第二大岛东岛是一个海鸟的天堂。因其植被繁茂，故而海鸟云集。岛上有大量的鲣鸟，栖息于白避霜和羊角树的枝头上。而数目最多的是被当地渔民称为"导航鸟"的红脚鲣鸟，白的羽，红的脚，飞翔时，漫天飞舞；停歇时，如白雪一片。

干扰，自然界就会依照自己的法则生生不绝。在珊瑚礁中，各类生物都是在物竞天择下求生存求发展，如果只有珊瑚礁而没有其他生物，珊瑚的生存繁荣就会直接受到损害。而有"海底花园"之称的珊瑚礁，是海洋生态的重要链条，是海洋生物的饵料仓库和繁殖基地，也是海洋生物的乐园。它们互相补充，保持着生态系统能量的平衡与发展，也构成了西沙岛礁的生机和绚丽。

畅游完西沙的水下世界后，再上岛看看。在西沙群岛的32个岛屿中，东岛极有特色，正如上面所介绍的，它又叫鸟岛。其实，因为鱼虾等海洋生物的丰富，西沙群岛吸引了无数鸟类云集，只不过东岛最好，全然是鸟的天下。鲣鸟、燕鸥、灰斑鸟、金鸟等，总爱与人共舞。

面积只有1.4平方公里的东岛植被丰富，是西沙群岛中自然生态保护得最为完好的岛屿，而实际上它也是红脚鲣鸟保护区，岛上栖息着大约10万只红脚鲣鸟，是东岛上最多的"居民"。无论是晨光初照还是夕阳尽染，端坐在洁白细软的沙滩上，看漫天像雪花的鸟儿飞翔，听无边的潮汐拍岸，身处在这远离大陆之地，心胸会像眼前的大海一样宽阔、明净。

红脚鲣鸟是一种飞翔能力极强的鸟类，它的骨头很轻，蜂巢状的细孔保证了飞翔时能减轻自身的重量。它的生活也极有规律，清晨飞去海上觅食，傍晚飞回岛上安歇，这种按时定向的飞行规律给渔民带来了莫大的好处，当地的渔民出海捕鱼就以它为向导，无论走多远也不会迷航。因此红脚鲣鸟还有一个美名叫"导航鸟"。

专家评语

海岛穿梭、沙滩绽银，滩头海浪卷起千堆雪；水下珊瑚，色彩绚丽，形态万千。——周秋麟

西沙的美丽，是在自然中形成的，也是建设者的努力。这一点，只要踏上永兴岛就会明了。

许多第一次拜访永兴岛的人都很难相信，在浩瀚的大海深处居然还有这样一个平坦的、满眼翠绿的岛屿。青草铺地，树木成行。麻枫桐、羊角树、椰子林、枇杷林、木黄麻林、蓖麻林等，郁郁葱葱。岛上的道路都是笔直的水泥路，四通八达。宽长的机场跑道一直延伸到海里，宛如在蓝天白云下、碧海之上架起的一道彩虹。这些在我们居住的城市里司空见惯的东西，却是在缺少淡水、土壤贫瘠的海岛上建成的啊。有谁知道为了这些，驻守在岛上的军民经过了怎样的努力？

长期以来永兴岛上的蔬菜、食品等

有人说，西沙群岛一半是海水一半是鱼。这幅鱼翔潜底的照片为我们展现了这种意境。西沙群岛是中国水产丰富的热带的渔场之一，那里有珊瑚鱼类和大洋性鱼类400余种，是捕捞金枪鱼、马鲛鱼、红鱼、鲣鱼、飞鱼、鲨鱼、石斑鱼的重要渔场。

■ 摄影/Mark M.Lawrence /c

海鸟低翔，白沙如带；美丽的珊瑚岛像世外仙境，如梦如幻。只有在高空，你才能见到这种美丽。

■ 摄影/龙运河

如串串葡萄，又如簇簇花朵，西沙水下世界是珊瑚的世界。活珊瑚，随波摇曳，婀娜多姿；死珊瑚，如白色丛林。

■ 摄影/李 滨

供应一直靠船运，为了解决一切靠运输的困境，岛上的人从大陆回来时的第一任务就是带一点泥土来，一筐萝一筐萝地将永兴岛变成绿岛。而淡水则通过雨水净化系统解决。西沙的美丽，饱含着千百年来守卫着她的人们的酸甜苦辣。

专家评语

自然资源丰富、地理位置独特，是海鸟的天堂。

——夏东兴

西沙群岛是南海航线的必经之路，也是一条"海上丝绸之路"。早在隋朝，中国的使节就穿越南海到达过马来西亚，唐代高僧义净也是从这里抵达印度。在宋仁宗亲作的"御序"里，字字句句记载着大宋水师巡视西沙的史实，延续到明、清，中国仍对其使主权。在岛上曾发掘出历代瓷器、铜钱。永兴岛上的"孤魂庙"、晋卿岛和东岛的"土地庙"、"娘娘庙"等遗址都是最有力的历史见证，铭刻着中国渔民在南海生生不息、辛勤耕耘的事实。

在永兴岛上矗立着一尊石碑，那是昔日中国收复西沙时的纪念碑，在蓝天下蔚为壮观。海洋国土，国之大事。西沙，英雄的岛屿，岂能不是中国最美丽的宝岛？ ◎

专家评语

人文景观林立，海蚀地貌荟萃。　　——夏东兴

涠洲岛位于广西北海市南面，南北长约6公里，东西宽5公里。因属水围之洲，故名。涠洲岛是中国最大的、最年轻的火山岛，其地层是第四纪火山活动形成的火山岩和火山喷出岩，因而岛的南部，有大量的火山地貌景观。那一个个因火山爆发而被烧灼的、积压留下的石壁、石台，线条怪诞，色彩绚丽而奇特的海蚀地貌也多姿多彩的散布在周围沿岸。海蚀洞、海蚀沟、海蚀龛、海蚀崖、海蚀柱、海蚀台、海蚀残丘、海蚀蘑菇等等，奇妙又壮观，如海上秘境。涠洲岛的地势北低南高，北半部则以海积地貌为主，有沙堤、沙滩及礁坪、平坦开阔，景色宜人，海底又有绚烂多姿的珊瑚，丰富而多样的滨海景色，令涠洲岛有南海"蓬莱岛"的美称。

■ 摄影/张 展

专家评语

珊瑚的王国，天然的海底物种库，千姿百态、五光十色，是中国的财富。 ————夏东兴

　　位于南海南部的南沙群岛是南海诸岛中分布海域最广、岛礁最多、但平均每个岛礁面积最小的一个珊瑚岛群。所分布的海域面积达82万平方公里。有岛礁沙滩200多个。陆域面积合计约2平方公里。所有岛屿中太平岛最大，

面积为0.43平方公里。从空中俯瞰，它像一颗绿宝石，漂浮在湛蓝的大海里。那如玉带环绕其边缘的是洁白的珊瑚沙带（右 供图／全开建），南沙群岛岛、礁、沙、滩星罗棋布。海滩似玉，绿洲如茵，鸟飞长空，鱼翔浅底，是一幅永不褪色的热带海岛风光画卷。其海岛多为珊瑚环礁类型。各种珊瑚五颜六色，千姿百态。1988年8月2日，根据联合国教科文组织的要求，中国在距海南岛560海里的属南沙群岛中的永暑礁建立了海洋观测站。（左 供图／全开建）过去绝大部分礁盘没在水下的永暑礁，如今出现了一片宽敞的人造陆地，一座面积一千多平方米的两层楼房，耸立在南海前哨，无论风云如何变幻，南沙的永暑礁都如一艘永不沉没的战舰停驻在中国的领海上。◎

4

中国最美的十大海岛

澎湖列岛
人文与自然交相辉映

撰文／卫铁民

专家评语

风岛、鸟岛，是自然的产物，是历史的见证。

——夏东兴

海上珍珠链。

——周秋麟

浩瀚无垠的蔚蓝色海洋，泛着软绵的轻浪；星罗棋布的翠绿岛群，静静地散发着光芒；没在水中的洑水礁台把部分岛屿连成一气——这就是澎湖，面积达127平方公里，拥有大大小小64个岛屿的台湾最大岛县。

澎湖的名字是有来由的：列岛中最

大的本岛与中屯、白沙、西屿三岛相衔似湖，使得湾外的海水汹涌澎湃时，三岛合围的湾内却波平浪静，澄清如湖，所以称澎湖。

澎湖海域澄澈，极少污染，海底景观瑰丽，有着"台湾夏威夷"的美誉，海岛风情也成了澎湖观光资源中最大的特色。

漫步于澎湖的沙滩，常常会惊讶于它拥有的多变风貌。有的洁白无暇，有的金黄耀眼，有的深浅调和……但是不论以哪一种外观呈现，澎湖的沙滩都难掩其宽广平坦、柔软细致的特质。正因为澎湖柔软的细沙远近闻名，所以当地人干脆将这些沙子装瓶，标上"星沙"字样出售。一些游人也乐得带一瓶澎湖的沙子回去作纪念。

澎湖的阳光炽热、滚烫，其热辣的程度常让人觉得受不了她的爱抚。这不仅仅是地处南亚热带的关系，当地人说，澎湖，有着候鸟般准时到来的东北季风，一年中长达半年之久的季风使得澎湖拥有了"风岛"的称号，加上表土贫瘠盐化，岛上树木难以存活。许多岛屿就是这样没遮没拦地直接裸露在阳光下，因而这里的天空又特别的澄澈碧蓝，阳光尽情地映射下来，亮得刺痛人眼。

虽然树木稀少，但山丘、坡地却处处可见长得肥大厚实的仙人掌。其实，仙人掌并非澎湖土生土长，它与龙舌兰、天人菊是当年荷兰人入侵时带来的，主要用来掩护军事设施。从此，这些植物便在澎湖生根繁衍，并愈长愈茂盛，成为澎湖独特的一道自然景观。

如今在澎湖任何一个旅游景点，你都可见有摊贩出售仙人掌果。这个被当地人称为"澎湖红苹果"的果实，只需轻轻剥开表皮，即露出裹着坚硬种子的紫红色果肉，食用起来味甜微酸，据称维生素C含量十分丰富。

澎湖不仅有阳光、沙滩、海浪、仙人掌，在当地人眼中，玄武岩海景，才是澎湖鬼斧神工绝美风景的代言。

大约在1700万年到800万年前，台湾海峡南边发生了地壳的张裂活动，澎湖恰位于裂隙带上，深埋在地下的岩浆如洪流般汹涌而出，一层又一层地覆盖了四面八方，进而堆叠成数十米高的台地（方山）。岩浆冷却后，又凝结成各种形状和节理，造就了壮丽的、世界罕见的澎湖群岛火山岩（玄武岩）地貌。

捕鱼也养鱼。澎湖人的生活中有很大一部分与渔事相关。图中就是一种利用自然海域进行人工饲养的网箱养殖，它给鱼儿提供了一种接近自然的生长环境。

■ 供图/TOP PHOTO

澎湖县政府所在地的马公岛，如小家碧玉，然而却有澎湖最古老的街道。小街上还有一眼古老的水井，叫"四眼井"。据说是郑成功的士兵开掘的。井面有4个圆形的汲水口，在淡水紧张的海岛，它至今仍给人以恩惠。

■ 供图/TOP PHOTO

澎湖群岛是我国惟一由火山熔岩组成的岛县，其中最珍贵的是小白沙屿、鸡善屿、锭钩屿三个岛屿。它们已被圈为台湾玄武岩自然保护区。置身其间，但见峥嵘壮丽的柱状玄武岩嵌着崩解的裂纹，惊世骇俗！聆听海水激荡，拍打着岩石发出的漫天震响的潮音，如同感受着生命的韵律。

有着千百万年历史的澎湖，也是中华民族在台湾地区最早的开拓地，比台湾本岛还早400年。考古证明，早在秦汉时期就有人从大陆移民而来，他们往往是先到澎湖后到台湾岛，澎湖成为海峡两岸的跳板。大陆文化遍布岛上。

澎湖县府在马公岛，也是澎湖惟一具有街道的城。这个城，因每年长达六七个月的东北季风肆虐，建筑物都在10层以下，3至6层的最为普遍。置身马公城，感受的是它小家碧玉的淡妆简朴风格。

澎湖岛的居民大多是从福建移民而来的，大陆以及闽南文化成为澎湖人的根基。最典型的就是遍布岛上的寺庙古刹。那面对大海的白墙、绿瓦、飞檐，寄托了多少讨海人的虔诚与寄托。

■ 供图/澎湖县政府

踏着被脚印磨得光亮的石板路，走进一条僻静小巷，悬在行人头顶的一个个大红纸灯笼上，用毛笔写着"澎湖第一街"几个大字。一位拎着锈迹斑斑小秤的药店老板告知，这是澎湖最古老的街道，也是澎湖繁荣的起点。小街上有一口著名的四眼井，从四方而立的井台俯身下望，水波清清，如倒映着的四个圆月。据说，这是郑成功的士兵开掘的吃水井，可以同时从四个井口汲水。澎湖岛上淡水紧张，当地居民至今仍精心保护，并仍能得到它的恩惠。

沿着狭窄弯曲的小街走下去，便来到台湾历史最悠久的天后宫。天后宫因祭奉妈祖，又名妈祖宫，后简称为"妈宫"，又传为"马公"。这与澳门叫

"妈阁"是异曲同工。天后宫虽历经400多年的风风雨雨，但仍难掩众多的历史真迹：荷兰人侵犯澎湖时，这里留下了刻有"沈有容谕退红毛番"的石碑；清廷积弱，使庙内"与天同功"匾在中法战争中为法军所夺；日人据台时期，澎湖人士在天后宫延教汉文……今日，大殿内梁柱已斑驳，石碑字迹已难辨，但妈祖神像前的香火依然缭绕不绝，它一如既往地庇佑着纯朴的澎湖人。

海洋瞬息万变，辛苦的讨海渔人只得仰赖冥冥中的神明庇佑人船平安。正是基于这样的想法，澎湖人对信仰就显得更为虔诚。除天后宫外，岛内还有武圣庙、城隍庙、观音亭、保安宫等，整个群岛庙宇多达174座，在每一个村落，最漂亮整洁的建筑便是村落中的庙宇。而淳厚的澎湖人不仅为自己的信仰修庙，也为那些客死异乡、最后尸骨漂至澎湖的出海人修建有各式各样的"客公庙"。

专家评语

"外婆的澎湖湾"是清澈的水和白沙滩，令人向往。

——陈清潮

由于位于台湾与大陆之间的海峡中点，澎湖自古就是兵家必争之地，也是人们迁徙避难的中途岛。自元世祖至元十八年（1281年）设立澎湖巡检司迄今，700多年的岁月已流逝，可是世世代代留下的众多军事遗迹却依然述说着往日的兵马倥偬。位于西屿乡的西屿炮台建于清光绪十三年（1887年），曾是捍卫马公港的重要据点。今天，它已变成了一个旅游景点，门额上李鸿章题写的"屿西台"字样依然清晰，堡中"山"字形的通道依然气势雄伟，只是土坛及炮座上已空空荡荡，昔日居高临下的大炮已无踪影。

澎湖是个风岛，加之海岛气候干燥、风沙频繁，戴帽子已不足以抵挡烈日风沙，于是从事田间、岸边劳作的妇女，个个用布蒙面，仅露出双眼。

■ 供图/澎湖县政府

望安古厝是澎湖最有特色的老街，闽南建筑风格的屋舍全部是用珊瑚的骨骼咾咕石砌成。澎湖的渔民们将珊瑚的骨骼挖取上岸后，历经风吹日晒做成石材，将其相互镶嵌成墙、成屋。这就是澎湖特有的建筑方式，古厝、旧窗、陈石，显现着澎湖人苍凉的岁月痕迹。

漫步乡间，处处可见造型奇特的蜂巢田。当地人用玄武岩块或咾咕石镶嵌堆叠成墙，用以围田防风。"我们都称之为菜宅"，当地人说，堆砌菜宅是一门绝活，老师傅将厚重的石块巧妙地叠起，不用任何附着，精确地将石块的力道连贯起来，强风即可从缝隙中溜散。"不怕风来吹，只怕人来推。"这是流传于澎湖民间的一句俏皮话，因为新师傅已经不会这种砌墙的功夫了，如果墙倒了，就再难修复。

转眺清邈的海岸，玄武岩石块与珊瑚礁在潮间带筑成的捕鱼堤在白浪翻滚中若隐若现。潮起鱼虾慌入堤，潮落渔民忙捕鱼。这是澎湖先民一种捕鱼的智慧——"石沪"。

"石沪有产权，甚至每天都属于不

同的人，"导游陈小姐指着一个偌大的圆弧石堤说，过去家族合伙建造石沪，需要耗费几年的光阴，才能将厚重的咕石搬筑成石堤，由于亲友合盖，故每天的渔货都轮属不同的人，"甚至有人把它当作嫁妆，"陈小姐说，能有这样一份嫁妆的姑娘在婆家都会被高看一眼。

悠悠岁月留给澎湖众多的先人遗泽，冶炼出了它那隽永的人文风格。数百年来，澎湖的居民仍沿袭着大陆闽南的风俗。虽然已时过境迁，但这里保有的淳朴，使得一些古代的礼仪尚有脉络可寻，元宵乞龟、妈祖绕境、迎神赛会等民俗庆典一直为当地人津津乐道。而广布村落中的各姓祠堂，也传承着澎湖人的血缘和地缘脉络。

像大海上两颗相连的心的其实是澎湖特有的一种捕鱼方式——石沪。石沪，是利用玄武岩以及珊瑚礁在潮间带筑成的捕鱼石堤，它是鱼虾的陷阱：涨潮时，鱼虾游进堤里，潮退时却归路尽阻，身陷石沪中。如此既方便又有观光作用的休闲捕鱼是澎湖人的智慧。

■ 供图/澎湖县政府

"在澎湖长大，不知道她的好，等到去了许多地方之后，才了解何必舍近求远！"一向以最质朴的方式在大自然中求适应的澎湖人的话，像海风一样穿过我的心田，留下不能泯灭的痕迹。◎

南麂岛
神奇的海上生物园

撰文/马 伊 摄影/姜光树

　　我前往南麂的8月，并非这儿最热的时节。这儿9月最热。岛上海风习习，景色怡人，是著名的避暑胜地，吸引各地的游人。幸而每日轮渡有限，人数有所限制，才免以破坏了此处的生态。

　　虽然一直神往南麂，但若非《中国国家地理》杂志约稿，南麂之行还不知拖至何日。

　　我赶上了南麂岛最美的时候。这时正将近农历十五，来过的朋友们都说夏季到南麂最适宜，海水绿且清澈，躺在正对着沉睡的虎屿的海滩上，赏月观潮听涛，也可远远地观看大潮退去后，礁石上层次分明、色泽丰富的贝藻。到了秋冬，水便有些黄浊。因为这里的海域常年受到南部高温、高盐的黑潮水及相对低温、低盐的南海水的影响，冬季还会受到低温、低盐的东海北部海水影响。当然台湾暖流与浙江沿岸流交汇

　　外形似一只奔跑的山麂的，就是浙江温州的南麂岛，由此也赋予了南麂列岛的名称。列岛位于平阳县鳌江口外30海里的东海海面上，由大小23个岛屿组成。陆地总面积为12平方公里。因丰富的海洋生物资源，南麂岛被国务院列为国家级海洋类型自然保护区之一。

南麂岛还是碧海仙山般的旅游胜地。金沙碧海、奇礁怪石、异峰雅洞，共聚一岛。更引人入胜的是，还有一片天然大草坪，其平整如毯，仿佛人造。

也会影响水质。于是一到秋冬，游人便少，生意人也散了，岛上便只留下本岛两千余名打鱼为生的、朴实的居民。偶尔，也会见着前来研究生态的学者。南麂岛开始了"睡眠"，静静地等待着来年繁荣的夏季。

到了南麂岛港口，下了轮渡，立刻奔向一个目的地，心早已比脚步更快地飞到了海滩。长800米、宽600米的大沙岙沙滩上，是又细又软的贝壳沙。这种贝壳沙是国内惟一的贝壳沙，在国外也极为罕见。早晨，会有一些赶海的人，一个个穿着或时尚或邋遢、黑黑的渔家女人与小孩，用

手拨开潮湿的沙，寻找着野生沙蛤。他们将沙往前一抛，大大小小、像彩石般的沙蛤，便一挪一挪现身。一个上午一人大约能采集小半篓，他们便将这些沙蛤送进沿街饭店，让大家品尝这被他们称为"天下第一鲜"的小东西。

下午，这儿就成了海水浴场，人声喧闹，五彩斑斓。大沙岙南岬则拉上了游人止步的网状围栏，像是蒙上了羞涩而神秘的面纱、已阅历了多少人间历史但却不知年岁的女郎，静静地欣赏着身边的繁华。这儿是沙滩核心保护区，沙滩正对着的，就是大名远播的礁石：龙船礁。目前在全

世界仅现于南麂的黑叶马尾藻，便是在龙船礁核心保护区上发现的。有人认为，它是裂叶马尾藻的变种。确实，它们形状相同，只是前者色呈暗黑。1963年，国际藻类学会主席、中科院院士曾呈奎，在南麂岛上采集了它的标本，并于1972年正式公布这个发现，确认其为全新的另一品种，引起了学术界的轰动。

1990年，南麂岛成为我国首批五个国家级海洋类自然保护区之一，1998年12月，这儿又成为我国惟一纳入联合国教科文组织世界生物圈保护网络的海洋类生物保护区。

南麂列岛海洋自然保护区研究所于1995年成立，我见到的副所长陈万东，是一位热爱海洋生物的小伙子。他介绍，海南那边常见的龟甲蝛、长耳珠母贝等热带贝类，福建沿海没有分布，但却出现在浙江的南麂列岛海域，而且无论在南麂以北还是以南也都没有发现这些热带贝类。陈万东本人就曾在退潮时采到了翡翠贻贝活体，这是常见于热带海域，但不生活在亚热带海域的贝种。再比如典型的热带藻类清澜鲜奈藻，便在南麂列岛海域有分布，在福建海域及北面海域也没有发现。而北面的生长于温带的常见于山东的藻类海头红，也是以南麂为界，南麂列岛以南便无法采集到。这样的例子很多，究其原因，是因为这儿是台湾暖流与浙江沿岸上升流交汇处，流系复杂，由此使得这个海域海洋生物极富多样性，热带、亚热带、温带的生物在南麂海域都有出现。

更为奇特的事是，全世界仅采到少数几个活体的具有活化石意义的鹦鹉螺，而据说有人就曾在大沙岙沙滩上拣到过其外壳。

专家评语

"山秀、石奇、滩美、草绿、海蓝、空远"是东海上的一颗璀璨的明珠。　　——夏东兴
环岛的海域是全球为数不多的海洋生物物种聚集区，岛上有连绵的草原、突兀的滨海悬崖、绵延的贝壳沙海滩。　　——周秋麟

南麂曾于20世纪90年代做过一次大规模调查，探明目前南麂列岛海域生活的贝类共421种，藻类174种，其中19种藻类为国内首次发现，22种藻类被列为稀有种。最近又先后发现了浙江褐茸藻、头状马尾藻、羽状旋体藻和渐尖旋体藻4种藻类新种。十多年过去了，或许还有新的海洋生物物种等待被发现。不过近年来，赤潮对南麂海域生态也产生一些恶劣的影响，今年5月，赤潮最厚竟达半米。南麂海域还应有更完善的保护。

大潮退了，分布着层次极为分明的贝藻的美丽的龙船礁，是否完全坦露了心中的秘密？

如果南麂仅是一个"贝藻王国"、"海上神农架"，也还称不上最美丽的岛屿。似乎大多数前来度假的人们，并没有太大的兴趣到南麂做一个学者。他们所以来了，更因为，这儿有迷人的绿波荡漾的海景和天然浴场，也有近千平方米的天然大草坪、奇礁怪石、让人浮想联翩的自然壁画、美丽的神话传

说……这儿有6月间栖满了红嘴海鸥的鸟岛、各种蛇出没的蛇岛和花香四溢的开满了野水仙的水仙花岛，还有郑成功训练水师的地方，以及据传为宋美龄前来慰问国民党驻兵兴建的"栖凤居"。甚至这儿还被选为全国海钓基地，并于2002年、2004年成功举办过海钓节，吸引了日本、韩国、台湾、香港等国家和地区的海钓爱好者。

南麂相距台湾基隆仅140海里，为宋美龄建造的"栖凤居"，便在我们的住所边上。这是一座碉堡式的平房，面积近100平方米，全为大块花岗岩垒砌而成。屋顶上有"青天白日"图案，非常隐蔽。20世纪50年代初期，国民党残余部队仍盘

金黄色的沙滩纯净松软，湛蓝的海水能见度达5米，这就是滩地宽广，环境幽雅的大沙岙沙滩。宽800米、长600米的大沙岙沙滩，是南麂岛最吸引游人之处。这里的沙名为贝壳沙，又细又软，为全国仅有，在世界上也不多见。

南麂岛堪称中国的"贝藻王国"，有贝类403种，藻类174种，鱼类397种。由于特殊的海域位置，她不仅在海洋生态方面有着重要的研究价值，也是海洋生物"南种北移，北种南移"的资源库。

距于此，宋美龄为了鼓舞士气，常来各岛巡视督察。至于宋美龄是否来过南麂，是否住过此处，仍有争议。但她在此地的传说，已为南麂平添了几分美丽。

南麂岛共被划为三大风景区：大沙岙风景区、三盘尾风景区和竹柴百屿风景区。

第二天清晨，我们便赶在太阳出来前起身，前往三盘尾。天然海岛大草坪，奇岩怪礁异石，让人浮想联翩的自然壁画，以及美丽而古朴的渔村便在此处。这儿是南麂最佳的观日出的场所。

天然大草坪平整得仿佛是经过人工选择、被仔细修剪过似的，而且根须纠结，难以拔出草根。草坪一年四季长青，没有枯荣，这简直是奇迹。而草坪上的大小石岩，奇形怪状，则像是牛羊等动物恬静地散布于此。

被誉为天然壁画的是两幅石屏风，矗立于白浪排空处，左边像是一幅山水画，大家还在上面找到了崎岖蜿蜒的古长城！而右边的，更像是幅编织的壁画，儿童、情侣、飞鱼、龙虾……活灵活现，栩栩如生。有专家说这两幅石屏风是东海奇观，属于"国宝"。附近还有高5.5米、直径4米的风动岩和孙猴拜观音、吠天犬、海马岩、石青蛙、望夫石、试剑石、五指岩等奇石，每一块都各有不同的极富趣味的神话传说。

此行行旅匆匆，已过了鸟岛最为热闹的6月，也已过了野水仙花盛开的季节，而海钓又并非爱好，南麂之行也就此打住。这时的太阳已经升得很高，但感受过陆上炎夏的人们，在海岛上已感觉不到阳光的炙热。一个小男孩和我们一同往回走，一边走一边快乐地嘀咕："知了为什么在树上拼命叫？因为那儿没装空调。谁在跟踪我，原来是只小蚱蜢。"……

我想，南麂为何成为人们心目中最美的地方？因为那儿有一份自然的神秘之美。◎

中国最美的十大海岛

庙岛列岛

海上有仙山

专家评语

素有"京洋门户"之称，海上要道、兵家必争
之地。
　　　　　　　　　　　　——陈清潮
中华民族伟大先民开发海洋、开发岛屿的历史
见证。
　　　　　　　　　　　　——夏东兴

庙岛列岛即长岛县，位于山东、辽东半岛之
间，黄海和渤海交汇处。岛陆面积56平方公
里，海岸线长146.41公里，全县由32个岛屿、
25个岛礁组成。整个列岛横亘于渤海海峡。
庙岛列岛是由构造断陷而形成的基岩岛，地势
陡峭，地貌多样，自然景色壮观。岛群间，各
岛有各岛之神奇。如万鸟岛，是鸟的王国，也
是多种候鸟迁徙的中转站；大、小竹山岛以竹
得名，如北国的江南；小黑山岛，则是蛇的王
国，岛上繁衍生息着巨毒蝮蛇一万多条；砣矶
岛，却是石头的世界，各种彩石林立，耀眼夺
目。
而一万年前就已有人居住的历史，悠久而灿烂
的历史文化，则令庙岛列岛有丰厚的历史遗迹
与深厚的文化韵味。

■ 摄影/顾小军

专家评语

海上佛国，天人合一的典范。 ——夏东兴

在东海之上有中国最大的岛群舟山群岛。它岛礁众多，星罗棋布，共有1339个，约相当于中国海岛总数的20%。舟山群岛是浙东天台山脉向海延伸的余脉，在1万至8千年前，由于海平面上升，将山体淹没才形成今天的岛群。长期的海浪冲蚀，又使舟山群岛发育着海蚀阶地、洞穴。而其沙滩，从质到量都位居中国前茅，而普陀山岛是舟山群岛的大岛。

普陀岛还是风景名胜地，石奇、洞幽、林茂、古树参天，有盘陀石、千步沙、百步沙等十多处自然景点。古人云：以山而兼湖之胜，则推西湖；以山而兼海之胜，当推普陀。

■ 摄影/包丽霞

从唐末起此地即兴有佛教，至宋已钦定为观音菩萨道场地，是国内外最大的观音菩萨供奉地，普陀山已成为中国四大佛教名山之一。千年道场，香火不竭。岛上鼎盛时期有三大寺，88庵、128茅篷。每年农历二月十九日、六月十九日、九月十九日是三大朝山节，香客云集，梵音如潮。

■ 摄影／仝开健

大嵛山岛
山、湖、草、海在此浓缩

大嵛山在福建福鼎的福瑶列岛。东西长7.7公里，南北宽2.76公里，面积为21.50平方公里。岸线长31.97公里。岛上有大小澳口36个，大小山峰20余座。为福建省最高海岛，海拔541.4米。在其海拔400米处，镶嵌着大小两个天然湖泊，大天湖面积近千亩，可泛舟畅游；小天湖200多亩。两湖相隔1000多米，各有泉眼，常年不竭，水质甜美，水清如镜。湖四周山势平缓，间或有白色芦花点缀其间。青山、碧水、礁石林立。还有连片的万亩草场般的景观，被誉为"岛国天山"，是东海上的神奇小岛。

■ 摄影/曲利民

专家评语

地处东南，却有西北高山草甸的风光；身是海岛，更有天湖清澈如镜。

——周秋麟

林进屿、南碇岛
古火山地貌珍品的遗存

不同规模古火山喷口群景观、各种海蚀火山熔岩型景观、完全裸露巨大火山颈景观、海蚀熔岩平台景观、玄武岩球状海蚀画廊景观、玄武岩熔岩锥群景观、柱状玄武岩浪蚀崖景观、海蚀埋藏型熔岩景观、海蚀熔岩洞等大规模成片的自然景观。具有地质构造学、火山学、古地理学、地震学、大地构造学等多学科的科研价值。除了这些神奇的、珍贵的、不可再生的火山地貌以外，还有因海岸沉降埋藏地下8000年的古森林遗址以及令人惊叹的优质沙滩。2001年成为中国首批地质公园之一，也是我国惟一海洋地貌的火山公园。

■ 摄影/沈学溪

专家评语

火山景观，中国罕见，世界难得。——金翔龙

专家评语

"3S"（阳光、沙滩、海水）的完美结合。

——夏东兴

在福建东南漳州市的滨海火山景区海域里有两座神奇的火山岛——林进屿和南碇岛，它们一个为0.16平方公里，一个只有0.07平方公里，但是却见证着地球的生命运动。经国内外专家确认，它们是世界极为罕见、保持得较为完美的、珍贵的古火山地质地貌资源景观。

林进屿和南碇岛属于新生代中新世陆地间断性多次火山喷发而形成的产物。岛上分别有壮观罕见的柱状节理玄武岩景观。

■　摄影／戴松涛

海陵岛
南中国海边的银滩

海陵岛位于广东省阳江市南面，全岛面积
07.8平方公里，海岸线长123.5公里，为广东
省第二大岛。海陵岛四面环海，中心为盆地，
设有海陵、闸坡两镇。
闸坡的大角环——马尾海滩为省A级海滩。这
里三面群峰卫护，一面临海，海湾宽阔平展，
沙滩绵延。湾内风和浪软，两边岬峰时有云雾
缭绕，景色迷人。在广东省14个风景名胜区
中，是惟一以海滩命名的。
此湾也有沙滩，长达9250米，"有十里银滩"
之称。这里水清澈沙柔净，一望无际的白色沙
滩与湛蓝的大海、浓绿的林带相互辉映，以至
有人称之为"上帝的杰作"。

■ 摄影/周 维

黄河与黑河之间广阔的麦溪沼泽湿地，若尔盖湿地的一部分。藏语称之为野牦牛坝。黑河在这里蜿蜒曲折，造就了湖泊、沼泽湿地。清晨的第一缕阳光照耀在金色的沼泽湿地上，牛羊在这里尽情地享受着美妙时光。

■ 摄影/高屯子

中国国家地理推出

中国最美的六大沼泽湿地

排行榜

1. 若尔盖湿地（川北甘南）
2. 巴音布鲁克湿地（新疆）
3. 三江平原湿地（黑龙江）
4. 黄河三角洲湿地（山东）
5. 扎龙湿地（黑龙江）
6. 辽河三角洲湿地（辽宁）

评选标准

■ 具有典型性；(0-15分)

■ 具有丰富的生物多样性；(0-25分)

■ 核心景区的品位高，湿地一年四季景象变化丰富；(0-25分)

■ 湿地原生态受到人为破坏程度小；(0-15分)

■ 本地区珍稀濒危植物和水禽的数量多、等级高；(0-10分)

■ 与人类生存、发展有密切关系。(0-10分)

入围名单
(按首字拼音顺序排列)

巴音布鲁克湿地（新疆）

东寨港湿地（海南）

黄河三角洲湿地（山东）

辽河三角洲湿地（辽宁）

龙湾湿地（吉林）

米埔和后海湾湿地（香港）

若尔盖湿地（跨甘肃和四川）

三江平原湿地（黑龙江）

向海湿地（吉林）

盐城湿地（江苏）

扎龙湿地（黑龙江）

评委介绍
(按姓氏笔画排列)

王升忠　东北师范大学泥炭沼泽研究所所长
　　　　　国家环境保护湿地生态与植被恢复重点实验室副主任
主要研究湿地生态及环境演化。

卢云亭　北京师范大学地理学与遥感科学系教授
　　　　　中国旅游地学与地质公园研究会副主任
长期从事旅游地理学和区域旅游开发的理论研究和实践工作。

庄艳平　中国摄影家协会会员　佳木斯市摄影家协会主席
长期从事湿地摄影

陈克林　湿地国际中国办事处主任　研究员
长期从事野生动物及湿地保护区研究、管理和保护工作。

赵魁义　中科院东北地理研究与农业生态所沼泽湿地研究室原主任
　　　　　中科院湿地研究中心委员　研究员
主要从事湿地生态和生物多样性研究，足迹遍布全国主要湿地分布区。

袁　军　UNDP／GEF"中国湿地生物多样性保护与可持续利用"国家项目协调员
　　　　　国家林业局GEF湿地项目办公室高级工程师
主要从事湿地调查、监测和评价等方面的工作。

单　琳　《中国国家地理》编辑

蓬勃生动的沼泽湿地

"您认为中国哪座山最美？""您认为中国最美的草原在哪？"……

自从年初编辑部确定"评选中国最美的地方"作为献给杂志创刊55周年的礼物之后，编辑部的办公室里总是充斥着这样的声音。这次大选题史无前例的同时动用了所有的文字和图片编辑，每一个人都在紧张地忙碌着，跟专家、评委或者摄影师打交道。我也不例外，因为评选中国最美的湿地的任务落在了我的头上。

早在今年2月份，编辑部已经打造了一个《湿地专辑》献给国际湿地日，按说我的任务应该相当轻松，因为我们已经有了坚实的基础和资源。难就难在在《湿地专辑》里，我们容纳的是广义的湿地概念，即按照国际公约上规定的诸如河流、湖泊、沼泽、水库、稻田和濒海滩地，包括低潮时水深不超过6米的水域都算作湿地。然而为了突出展示更多的单项美，我们决定将湿地限制在她的狭义概念里：也就是评选中国最美的沼泽湿地。沼泽湿地，单是这个名字就已经让人一惊一跳了，还怎么选最美呢？

过去，我们只知道沼泽是大自然的陷阱，人们惟恐避之而不及。后来人们知道了沼泽可以排干，可以种粮食，于是人们争相开垦。再后来，我们终于知道了沼泽其实是地球的"肾"，是地球上最重要的生态系统之一，并不像我们想象的那么可怕。而现在，评选完中国最美的沼泽湿地之后，我知道了沼泽湿地竟然这么美，它们留在摄影师镜头中的印象竟然是如此的蓬勃生动。

根据统计，目前中国还拥有1197万公顷的沼泽湿地。在这个日渐萎缩的没有太多人了解的广袤区域里，活跃着一批科学工作者以及摄影家们。他们研究沼泽、尝试多种角度拍摄沼泽，并把这些知识和影像传播给普通大众。他们中的一部分组成了我们的沼泽湿地专家评审委员会。由于工作和时间的原因，我们只能咨询尽可能多的专家来做到尽可能的公正。因为沼泽湿地实实在在地分布在中国的各个角落，我们把入选面积确定在了10万公顷以上，借以达到规模和操作性。

经过激烈的角逐，最美的前6名最后出炉。在评选的过程中，我们也体会到了各位专家对各个单项美之愈深、爱之弥切的感情，像湿地国际驻中国代表陈克林老师就慷慨激昂地说，若尔盖当之无愧评第一，她在甘南的领地是那样原始自然，车是进不去的，玛曲县的曼日玛乡骑马一整天才能到达，这是世界保存最完整、最原始的泥炭沼泽地；中国摄影家协会的庄艳平老师说，北大荒（三江平原）给养了大半个中国，她丰富的资源和物种没有任何一个地方可以比……其实最后入选的6个单项分数相差无几，评选后，我们也觉得比评选更重要的是将沼泽湿地的美呈现给大家，让更多的人来了解这些美丽的地方，并去热爱、赞美和保护她们。

中国最美的六大沼泽湿地位置示意图

生海拔3400米到3600米的青藏高原东缘，保存着被国际湿地专家称为"世界上面积最大、最原始、没有受到人为破坏的最好的高原湿地——若尔盖"。它跨四川、甘肃两省，囊括辖曼、若尔盖、曼扎塘、首曲和尕海等自然保护区，若尔盖沼泽湿地总面积将近100万公顷，是维系我国的西藏／喜马拉雅动植物区系及其生物多样性的重要基础地带以及高寒湿地生态系统的典型代表。国家一级保护鸟类黑颈鹤就栖息繁殖在这里，作为鹤类中惟一在高原上繁殖的特有种，黑颈鹤夏季在这里可以达到将近900只。

地处唐克的黄河第一弯静谧、平和，万里黄河在这里默默地积蓄着能量。

■ 摄影/吕玲珑

牦牛是藏民不可或缺的生产工具。若尔盖的草原湿地哺育了牦牛，而牦牛挤出来的牛奶哺育着藏民，牦牛排泄出来的粪便是藏民取火的材料。

专家评语

浩瀚的沼泽补给着黄河的水源，阻挡着漫漫黄沙。巨厚的泥炭层记录着数万年来的雨雪风霜。长征的足迹留下了宝贵的文化历史印记。

——王升忠

一方圣洁的雪域，一片神奇的土地，一个质朴的民族，一幅绚丽的画卷。独特旖旎的自然风光古朴多彩的民族风情交相辉映。黄河九曲第一弯蜿蜒逶迤，风姿绰约，沙洲点点，水鸟翔集。

——陈克林

许多年过去了，我依然像风一样地在若尔盖地区流浪。

过去的七八年间，我漫无目的地在整个中国西部高原放浪游荡，一次次地去面对札达土林、喀纳斯湖、巴音布鲁克湿地……像一个渴望心灵安抚的落魄子弟，四处寻觅着倾诉衷肠、一吐感伤的对象。但如今，我还是言不由衷地回到了让我情窦初开，并赋予我忧郁与落拓气质的若尔盖，并把我许多的时间和那些散漫游离的青思，洒落在这片广阔的土地上。

二十多年前，我身负行囊徒步4天第一次来到若尔盖，一名十多岁的中学生饥肠辘辘，眼含渴望，渴望那些黄芪、甘松、贝母的绿叶鲜花弥漫在眼前的山坡与原野。当时我看见那些中药材枝叶迎风摇曳的身影，就仿佛看到了我继续学业的希望。

许多年以后，我在若尔盖挖采黄芪、贝母，以沽取学费的种种记忆已然不太真切，但这片土地给予我的最初印象，却让我现在面对许多人事物象时，都会引发一些相关的联想，并产生一些怪异的幻象。

近来常在我蜗居的城市居所向窗外的街市长久凝望，眼前每每会浮现那片同样看不见泥土的草原景象，人头攒动，车来车往中，被水泥、沥青所覆盖的城市地面，恍然间疯长成绵密深厚的草甸，那些川流不息的人流、车流，恍如千百只野驴、野黄羊成群结队地自由奔跑，那些快速翻飞的四蹄在绿色的湿地溅起许多银色的水花，野羊野驴们急促奔跑吐纳的气息，飘散着浓浓的野草味道。

编辑评语

在中国的沼泽湿地里，我们恐怕再也找不到像若尔盖这样，集独特性、原始性、丰富的生物多样性、厚重的历史沉淀以及观赏性高度于一体的地方了。

到了20世纪80年代中后期，我有了一份固定的职业和薪水，那时中国的文学境况也有了些许草原般自由的气息，我便一次次地走进若尔盖，试图以文学

冬天的花湖，少了一分缥缈，多了几分庄严和素净。

冬雪飘临，牧人们将离别远牧的草场，与牛羊们回归温情的冬房。

的方式与这片湿地对话。可那些不是以文字、书本记叙，而是以言说和弹唱方式随马蹄随轻风传颂的格萨尔故事、十二部落传说、黄河、白河爱情传奇等，都让我意醉神迷而不敢轻率落笔行文，那些震撼心灵的晨光暮色以及牧人们那难以言说的眼神、气韵、身影、微笑，都让我找不到合适文体和语词去表达、书写。

于是我在这里拍摄了十多年的图片。

十多年来我用照相机、用光与影、用一片真诚与这片湿地以及自由生长在这片湿地上的黑颈鹤、野鸭、河曲马、牦牛，特别是作为我生命楷模的狂放牧人们相处、对话，试图获得一种精神、气质、灵魂的感应与切合。但至今为止，我依然感到要达到这种感应与切合，图片摄影的语词显得有些单调，也许是摄影太年轻，只有一百多岁，词汇积累太少；也许是我沉湎摄影的时间太长，二十多年，经验模式太多⋯⋯

在以后的岁月里，我将以一种新的方式去面对若尔盖，面对我生命中神死相随的这片大草原。 ◯

巴音布鲁克
天山雪水创造的奇迹

航拍巴音布鲁克湿地　摄影/王耀世

巴音布鲁克，蒙古语意为"富饶之泉"。地处天山腹地的新疆巴音布鲁克沼泽湿地素以"天鹅之乡"闻名，是世界上最大的大天鹅繁殖栖息基地。这里海拔2300到3100米，总面积约10万多公顷，没有明显的一年四季之分，是鸟类生活的天堂，每年有几十万只鸟类来这里度夏和繁殖。蜿蜒曲折的开都河及其支流如同银色的飘带散落在水丰草美的湿草甸上，洁白的羊群在悠闲地享受着甘美的牧草。黄昏时分，火红的夕阳辉映在层峦叠嶂的天山群峰之上，与笼罩在一片瑰丽霞光之中的巴音布鲁克湿地浑然一体。

巴音布鲁克冬长无夏，气候寒冷，附近高山终年积雪。沼泽湿地靠冰雪的滋养不断地补充着水分。冬季白雪映照下的太阳光越发纯净耀眼。

■ 摄影/李学亮

专家评语

巴音布鲁克虽被人们称为"天鹅湖"，但它并不是一个"湖"，而是一个面积达1000多平方公里，由河流、湖泊、沼泽、涌泉共聚一起的湿地。据实际观察，境内各类天鹅总数约占世界的五分之三，巴音布鲁克不愧为世界上最大的"天鹅湖"。

——卢云亭

巴音布鲁克沼泽湿地的植物将近200种。春暖花开，巴音布鲁克湿地广阔而艳丽。

■ 摄影/李学亮

专家评语

开都河汇集了丰富的山泉蜿蜒穿行于尤尔都斯盆地，河道迂回，沼泽广泛发育，湖泊星罗棋布。
　　　　　　　　　　　　——赵魁义

天鹅浮于碧波，雪山映于清澄。圣洁的天鹅在这里孕育它们的后代，赋予这片神奇的土地以灵性。
　　　　　　　　　　　　——王升忠

编辑评语

几乎所有到过巴音布鲁克的人，无一例外，都会被它的美所震撼。数目庞大的天鹅和作为背景的天山雪山是巴音布鲁克湿地独特的魅力所在，也是它排名第二的重要原因。

每年春天，成群的天鹅排着"人"字形的队伍从遥远的南方越冬地飞回巴音布鲁克进行繁殖。它们飞行降落都很有特点，由于体重和惯性太大，它们需要五、六十米长的跑道去释放这种冲力，才能落下。

■ 摄影/高疆

嬉戏玩耍的天鹅与这山、这水、这雪完全融合在了一起，像雪水里跳动的音符。

■ 摄影/高疆

中国最美的六大沼泽湿地

三江平原湿地

残存的壮美

撰文·摄影/庄艳平

三江平原是我国沼泽分布最集中最广泛的地区，处于黑龙江东部的最低处。它是由松花江、黑龙江和乌苏里江汇流冲积而成，海拔只有35到70米之间。虽然三江平原人工开垦的痕迹很明显，但至今仍然保存有将近104万公顷的湿地总面积。各种类型的湿地在这里依地形的微起伏形式纵横交织，构成丰富多彩的湿地景观，堪称北方沼泽湿地的典型代表。这里

生物多样性也极为丰富，共有脊椎动物近291种，高等植物近500种。三江平原内已建立了多个保护区，其中洪河、兴凯湖和三江自然保护区已经被列入"国际重要湿地名录"。

一望无际、河流纵横的三江平原沼泽湿地

水芋，多年生草本水生植物，拥有花朵一样的绿叶，马蹄一样的花苞。

编辑评语

没有一个地方能像三江平原这样让人产生如此之深的感慨了。它曾经是杳无人烟的北大荒，现在却是国家重要的商品粮基地；它曾经拥有500多万公顷的沼泽湿地面积，如今却只剩下100万公顷左右，而且还在日渐萎缩；人们曾经以为它是景色单一的荒原，如今我们却看到它处处洋溢着生物多样性和蓬勃的生机。

　　走进湿地，我体味到了生命的真谛。由松花江、黑龙江和乌苏里江三条大江冲积形成的低平原，是我国最大的淡水沼泽湿地俗称"北大荒"。每当穿过农田，涉过沼泽，看到东方白鹳、丹顶鹤等珍稀鸟类在我的镜头里信步闲行，或自由翱翔于绿地蓝天时，那种生命与大自然的融洽，常常让我感动得泪流满面。它让我感觉到了大地的美丽与温柔，也让我铭记住了一次次刻骨铭心的经历。多年来，我把对湿地的情感，定格在了一幅幅图片中，希望更多的人们，关注这片美丽而脆弱的土地。

　　阳春三月的三江平原，是水鸟最多的时候。鹤类、东方白鹳、大天鹅等众多水鸟把这里当作繁殖地，10万至15万只北迁的雁和鸭类在这里停歇，其中豆雁和鸿雁数量最多，鸭类以绿头鸭数量最多，其次为针尾鸭、罗纹鸭、绿翅鸭、红头潜鸭、凤头潜鸭及鹊鸭。

　　夏季的洪河保护区是泡靠泡，河连河，小船在芦苇塘中穿梭，睡莲满塘，河岸长满了各种水生植物，水鸟在鸣叫，河水清澈透底，鱼儿在水中嬉戏。

　　我发现，在湿地里，你一定得蹲下去，用心去观察每棵草，每一个小小的生命，才能真正体会到那里有那么多生命依赖着湿地生存。蹲在那里，才能感觉到人类应该是和那里的生命平等的，应该共同享受这片蓝天和绿洲。

　　冬季的三江平原更是别有一番风情。2001年3月的一场暴风雪，铺天盖地整整下了两天两夜。我背着30多斤重的摄影器材，从驻地部队营房出来，顶着能见度不超过5米的暴风雪蹒跚地走人大力加湖对面的湿地。那是一个荒无人烟的孤岛，岛上一簇簇灌木丛早已被皑皑的白雪裹得严严实实。岛上的小河也躲藏起来，只露出窄窄的一条缝隙。看着绵延而去的灌木丛，绒线白雪和逶迤而去的潺潺小河，我用身体遮挡着暴风雪，寻找着最佳角度。待我回身换镜头时，发现摄影箱不见了。定神一看，在放摄影箱的地方有一个大雪包，箱子被雪厚厚地埋上了。我趟着没膝的大雪，深一脚浅一脚地边走边拍，不知走了多远，回头遥望来时的方向，只是茫茫一片，足迹早已被风雪铺平，找不到回去的路线。暴风雪太大了，使这一地区的手机、BP机信号全部中断，我与外界失去了联系。我只好凭着感觉在大力加湖冰面上朝一个方向顶着暴风雪行走，又不知走了多少小时，终于在天全黑下来的时候，登上了对岸。

茫茫地平线，我无法找到制高点

三江平原地域辽阔，碧绿的原野同蓝天连成一体，使整个大地变作一块巨大的地毯，这使我很难找到拍摄需要的制高点。当你站在湿地塔头上时，它方圆十几米的地方都会跟着一起浮动下沉，刚架好机位在等待光线时，所在的位置也慢慢地下沉了。所以我经常在齐腰或没膝的水里，在与地平线平行的情况下拍摄。

专家评语

"中国黑土湿地之王"、"高寒湿地之乡"、"沼泽湿地之最"。
——卢云亭

数不清的水泡和岛状林点缀在由苔草和小叶樟编织的一望无垠的绿地毯中，登高望去，一片苍茫。
——袁军

雄健浩荡的黑龙江、松花江、乌苏里江赋予了这片净土水丰草茂、雁飞鹤舞的景象。这里各种类型的湿地依地形的微起伏形式交错分布，构成丰富多彩的湿地景观。江河的自由摆荡，在河滩上留下众多的古河道，或曲或直，星罗棋布，以其独特的魅力展示着自然的和谐。
——王升忠

几年来，我每月必去三江湿地朝圣一次。有一次，一不留神踩翻了一个塔头，掉入了沼泽之中，泥水很快没过了腰际，我急中生智把三脚架横在其他塔头上，试图借力爬上来，可脚底怎么也够不着底，且越动越往下陷。紧要

宽叶香蒲，成熟的果穗叫蒲棒。挺直的腰杆在蓝天和绿叶的陪衬下分外妖娆。

塔头苔草沼泽是三江平原典型的湿地类型之一，也是独特的沼泽湿地景观。夏季这里是一片绿洲，冬季这里却仿佛是雪地里布满了一只只笨重可爱的企鹅。

三江平原沼泽植物分布广泛，生长茂盛。图为
生长在浅水泡泽中的荇菜和雨久花。

关头，两位放牛的老人路过此地，用牵牛的绳子费了九牛二虎之力才将我从泥潭中拖了上来，我一下瘫软在了地上。老人家说："小伙子，悠着点，你知道这叫什么地方吗？这里是被当地人叫做'大酱缸'的地方。要不是遇上了我们，再待一会儿你就和三江平原变为一体了。"

回归牤牛河的大马哈鱼不见踪影了

在三江平原拍片子的经历确实让人终身难忘。当然也有很不愉快的经历。2001年6月我住在一个小村庄，离村庄不远的地方有一块湿地，夜晚，我在很远处就听到了青蛙的叫声，我光着脚走进了泥塘，发现上万只小蛙在干裂的河床上跳动。我的脚再也不敢迈步，一脚下去不知要踩死多少只。这些小蛙是在寻找水源，由于当地农民灌溉水田，将河水抽干了，我的心被震撼了。

专家评语

洪河国家级自然保护区在全球同一生物带中具有高度的代表性和典型性，是三江平原原始湿地景观的"缩影"。

——赵魁义

在这一地区的鱼类中，最有特色的就数秋季从太平洋回归乌苏里江产卵的大马哈鱼。大马哈属归鱼类，出生后游回太平洋，在北纬35度以北的鄂霍次克海水域生活，等到了繁殖期又回归到它的出生地乌苏里江的牤牛河口产卵。每年9月25日左右是大马哈鱼回归的高峰期，急流险滩、瀑布悬崖都无法阻挡它们的步伐。大马哈鱼一生只产一次卵，牤牛河口水清澈透底，沙底水深不足一米，是最适合大马哈鱼产卵的环境。回归到出生地的大马哈鱼产卵后便筋疲力尽，不久便死去，死鱼漂满河床，这时就成为湿地水禽

鸟类为回归南方最好的补养站。等鱼苗孵化后，也会吃死去的鱼肉补养，然后顺流漂回太平洋。前些年，每到9月我都要去抚远抓吉镇拍摄捕捞大马哈鱼的场景。那里大马哈鱼多得很，每天早上我站在江边都能看到渔船归来鱼满仓的景象。但这几年，渔民们有的一个秋天也打不上一条大马哈鱼了，这都是因为灭绝性捕捞和环境污染造成的后果。

湿地的减少，与我们每个人都有关系

1995年9月的一天，我在去抚远抓吉的途中，看到了三台重型推土机在开垦一片湿地，三台推土机肩并肩推开大片的绿色植物将黑油油的泥土翻出来，感觉好像是一个少女被人家扒光后曝露在光天化日之下。这使我心里猛地一抽，那件事使我至今难忘。同行者说：不开荒我们吃什么？这话说得似乎有道理，温饱还没解决，怎么顾得上保护环境！

三江平原在开发初期，黑土层的厚度在1.2米左右，可如今黑土层只剩下0.2－0.3米，并且每年以0.01米的速度下降。随着地表植被的破坏，干旱、风

三江平原的沼泽湿地也是放养家畜的最佳场所。

三江平原湿地的动物种类繁多，数量庞大。浅水泡中的蝌蚪画出优美的弧线，水下的金鱼藻清晰可见。

黄嘴白鹭，濒危物种，以鱼为食。三江平原沼泽湿地中鱼类极其丰盛，它们在树上和芦苇荡中筑窝繁衍后代。

一只刚出壳的䴙䴘的雏鸟，䴙䴘形状像鸭但较小，翼短小，通常浮在水面上，捕食时潜入水下。

白枕鹤，国家二级保护鸟类，因"白发"而得名，常在泡沼、河边捕鱼和昆虫等。

沙、洪涝、霜冻等自然灾害也交替出现。1998年，松花江遭受特大洪水，我也在抗洪大军的队伍里，20多万人顶风冒雨扛沙袋堵渗漏，垒袋固坝，抵御着来势凶猛的洪峰对沿江堤坝的袭击。当时我并不真正懂得"湿地"这个词的含意，只记得六七十年代我们抗洪的现场还是一片沼泽地，河流纵横，我和小伙伴每天来这里捞鱼摸虾，天天和鸟儿在大自然中嬉戏。从前江堤距离江边有五六公里，洪水来时就会泄到沼泽地中。可现在江的两岸早已修起了高高的堤坝，堤内的沼泽地全部开荒种田或盖上了厂房和住宅。湿地日益减少，湿地功能和效益急剧下降，严重地破坏了三江平原湿地天然储水库的作用。

这几年我的拍摄就像和开荒人在抢时间，我抢着拍，那些人抢着开。很多地方今年还是一片非常美丽的自然湿地，过年再来，就是一片被开垦的农田。三江平原就像我的第二个家，这是一个多么大的家庭，有无数的生命都依赖着这个家庭生存，我要将这里无数的动物和植物向世人展示出来，唤醒人们，为它们留下一片立足之地！

三江平原泡沼和岛屿星罗棋布，然而人工开垦的痕迹也越来越重。

黄河三角洲湿地
沧海桑田进行时

摄影/伍仁

在这张黄河三角洲的卫星鸟瞰图上，我们可以清晰地看到黄河三角洲不断发散、不断向渤海淤长的趋势。水下淤积的泥沙纹路有如人体全身的血脉，一旦看清楚之后让你不得不震撼惊叹。黄河三角洲给人的视觉美就在这里。

■ 供图/于章涛

专家评语

这是黄河送给渤海湾的礼物，这片新生的三角洲湿地是环西太平洋鸟类迁徙的中转站，是中国暖温带最年轻、最广阔、保护最完整的湿地。
　　　　　　　　　　　　——王升忠

黄河每年12.1亿立方米的输沙量造就了这片年轻、宽阔的河口三角洲湿地，目前仍在以每年25平方公里的速度向渤海淤长。这里淤泥深度可过膝盖甚至将人吞没，再加上波状起伏的地形和大大小小的潮汐河流，使人望而却步，但正因为人为干扰小，使之成为在西伯利亚和澳大利亚之间长途迁飞的涉禽中途补充能量的天堂。
　　　　　　　　　　　　——袁军

近现代黄河三角洲，大致包括山东省滨州地区的一部分和差不多东营市的全部。黄河携带着泥沙一路滚滚而来，左冲右突，一头扎进渤海，造就了这片世界上最新鲜的土地，以及最年轻的新生湿地生态系统。这里已发现将近300种鸟类栖息，被国际湿地组织官员谑称为"鸟类的国际机场"。 ○

5

扎龙湿地

优雅鹤乡

摄影/王克举

扎龙保护区苇草茂密、鱼虾肥美，为众多水鸟
尤其是丹顶鹤提供了栖息繁殖的优良生境。丹
顶鹤，古称仙鹤，它飘逸的姿态与芦花构成了
一幅优雅的图画。

专家评语

一是世界鹤类饲养和培育中心；二是我国鸟类宣传教育中心；三是东北鸟类繁殖中心。

————卢云亭

虽几经水与火的洗礼，依然雁翔鹤舞，生机勃勃。

————王升忠

刚出生一周左右的小丹顶鹤在湿地里悠闲嬉闹。

扎龙湿地是我国最大的以鹤类等大型水禽为主体的珍稀水禽分布区。松嫩平原的乌裕尔河下游之水孕育了无边无际的芦苇沼泽，数以万计的鸟类在此繁衍、停歇，这里堪称我国鹤类种类和数量最多也是世界鹤类最丰富的地区之一。世界上有15种鹤类，中国有9种，扎龙就有6种，其中4种系世界濒危鸟类。全世界有丹顶鹤2000多只，扎龙就有300多只。 ◖

6 中国最美的六大沼泽湿地
"红地毯" 辽河三角洲湿地

航拍盘锦湿地。曲折入海的河道有如巨大的车辖辘镶嵌在一望无际的红地毯上，蔚为壮观。

■ 摄影/线云强

专家评语

海滩上的盐地碱蓬群落,绵延数千米呈大面积分布,进入秋季,植株呈红色,举目眺望,宛如一片"红地毯"。
———赵魁义

有面积仅次于欧洲多瑙河的芦苇湿地风光。
———卢云亭

辽河三角洲总面积近60万公顷,地跨辽宁省的盘锦市和营口市,已建双台河口自然保护区。这里是东亚和澳大利亚鸟类迁徙路线上的重要栖息地和驿站。一望无际的"红地毯"形成天下奇景,大芦苇荡号称世界第二,还有丹顶鹤、黑嘴鸥和斑海豹等众多珍稀动物和鸟类,构成了丰富多彩的湿地生态系统。🔾

珍稀濒危鸟类黑嘴鸥在这里找到了栖息和繁殖的天堂。

■ 摄影/潘松刚

翘立在滩涂上的两只红腿鹬形影相伴。

■ 摄影/李海杰

China's Six Most Beautiful Grasslands

中国国家地理推出

中国最美的
六大草原

排行榜

1. 呼伦贝尔东部草原（内蒙古）

2. 伊犁草原 （新疆）

3. 锡林郭勒草原（内蒙古）

4. 川西高寒草原（四川）

5. 那曲高寒草原（西藏）

6. 祁连山草原（青海、甘肃）

评选标准

- 草地质量好,植被茂密,季相鲜明华丽,有层次和立体感,且辽阔壮观,一望无际;(0—30分)
- 生物多样性丰富,牛羊悠闲,有特殊或多样的地貌景观,如河曲等;(0—30分)
- 牧民生活方式自然淳朴,民族风情浓郁,人与自然和谐相处,有重要的历史文化遗迹等;(0—25分)
- 原生态保存较好,利用适度,草场退化不明显,没有物种入侵带来的生态破坏等。(0—15分)

入围名单

（按首字拼音顺序排列）

阿尔泰草原（新疆）

巴音布鲁克草原（新疆）

川西、川西北高寒草原(四川)

鄂尔多斯草原（内蒙古）

甘南草原（甘肃）

呼伦贝尔草原（内蒙古）

那曲高寒草原（西藏）

祁连山草原（青海、甘肃）

松嫩平原草原
（黑龙江、吉林）

天山草原（新疆）

锡林郭勒草原（内蒙古）

伊犁草原（新疆）

评委介绍

（按姓氏笔画排列）

任继周　中国工程院院士
中国草学会名誉理事长,人与生物圈中国委员会1、2届委员。创建了我国高等院校草原学、草原调查规划、草原生态化学、草地农业生态学等课程,为我国首批草原科学硕士、博士生导师。

许　鹏　新疆农业大学草业工程学院教授
新疆维吾尔自治区科协名誉主席,原自治区人大副主任,原新疆八一农学院院长,七、八、九届全国人大代表。从事草业科学特别是草地生态资源教学与研究50年。

苏大学　中科院地理科学与资源研究所研究员
主持全国草地资源调查,黄土高原地区、西藏自治区和贵州省草地遥感调查,以及全国草地资源GIS及草地动态监测研究,主编《1：100万草地资源地图集》等。

杜占池　中科院地理科学与资源研究所研究员
长期从事草地生态学研究。

陈佐忠　中科院植物研究所研究员
中国草学会顾问,中国草学会草坪专业委员会主任。曾任中国科学院内蒙古草原生态系统定位研究站站长,中国草原学会副理事长。

祝廷成　东北师范大学草地研究所原所长、荣誉教授
创建了我国第一个草地生态学博士点。中国草原生态研究会副理事长,国际草地大会（IGC）第16、17届常任理事。

胡自治　甘肃农业大学草业学院名誉院长、教授
中国草学会顾问,《草原与草坪》杂志主编。

洪绂曾　九三学社中央副主席、中国草学会名誉理事长、原农业部副部长

崔海亭　北京大学环境学院生态学系教授
国际景观生态学协会中国分会副理事长,长期从事植被生态学的教学与科研工作。

李雪梅　《中国国家地理》编辑

中国最美的六大草原

和谐之美
呼伦贝尔东部草原

撰文／艾 平

夏天的草原天高云低，芳草连天，碧绿如洗。
成群的牛羊、骏马尽享草原最丰美的时节，一
幅田园牧歌展示出草原不可抗拒的魅力。

■ 摄影／高东风

专家评语

呼伦贝尔东部草原、锡林郭勒乌珠穆沁草原代表了内蒙古最好的草原。从规模看，锡林郭勒草原更大；但从总体景观看，呼伦贝尔草原更好。呼伦贝尔草原的温湿度比锡林郭勒草原好，是草原中比较偏湿的一类，大部分属草甸草原和典型草原。呼伦贝尔草原地势平坦，草层高而密，河流弯曲多，适合放牧牛和马，著名的三河牛和三河马就是在这里育成的。

——胡自治

　　置身于呼伦贝尔大草原的腹地，你一定会被这里的地阔天宽所震惊抑或不知所措。彩缎一样的云霞和墨绿色的大地吻合得天衣无缝，在你的视线中那么逼真而又无遮无拦地呈现着。可当你急切地向那里奔去的时候，它又渐退渐远，令人永远无法企及。这时你回头环顾，啊！原来你的前后左右竟然都是静谧而平滑无凸的地平线。此刻，在这个偌大的世界上，除了天与地，惟有你是一种最生动的存在——像一匹无缰的马儿自由徜徉，像一棵树儿那样顶天立地。

　　如果说，中国北方名山大兴安岭中段海拔1500—1700米的山峰，犹如一个携千山清泉为玉佩、披万树绿叶为霓裳的仙子，那么位于她西麓面积十多万平方公里的呼伦贝尔大草原，就是从仙子腰际徐徐展到中蒙边界、中俄边界，北至额尔古纳市根河南岸的巨大裙裾。

　　在这块奇妙又富庶的土地上，流苏一般飘移着数百条晶亮的银链和数不清的珍珠宝石，那就是发源于大兴安岭山脉的众多大小河流。呼伦贝尔地区的河流，有一个共同的特点，那就是下山时来得湍急，一旦进入草原的怀抱，就会变得悠闲从容，慢悠悠地打着弯儿流动。陈巴尔虎旗境内的莫尔格勒河，素

勒勒车（也称辘轳车）是北方草原上古老的交通运输工具。它载着逐水草而居的牧民从夏营地迁徙到冬营地。除普通勒勒车外，还有一些特制的，围围有车棚、供人乘坐的"轿车"，装有木柜用以贮藏粮肉等的"库房车"，装有木槽、牛皮袋或铁桶等盛水用的"水车"等。在年复一年的迁徙中，勒勒车一直是游牧人最信赖的伙伴。

■ 摄影/杨孝

有"天下第一曲水"之称；由鄂温克旗境内流入呼伦贝尔市区的伊敏河，竟然不是九曲十八弯可以了得的。在飞机上看伊敏河上游，简直就是一片由东向西、由西再向东游移的回环形图案。草原的平坦，使这些河水在此久久停留，滋润了两岸的丰美绿野，也像母亲的乳汁一样一年年养育着呼伦贝尔发达兴旺的畜牧产业。

专家评语

在呼伦贝尔草原上分布着上千条纵横交错的河流，它们蜿蜒曲折，构成了草原独特的绚丽画卷。呼伦贝尔草原以她初春嫩绿的妩媚，盛夏浓绿的生机，晚秋金黄的殷实，隆冬银白的高傲，使人心胸开朗，融入自然。

——周禾（中国农业大学草业科学系教授）

　　我国第五大淡水湖呼伦湖，位于呼伦贝尔草原的西部，又名"达赉湖"，

面积2339平方公里。达赉，蒙古语为"海"，达赉湖在当地人们的心中是像海一样博大的湖泊。从达赉湖向南沿乌尔逊河上溯，是其姊妹湖——中蒙界湖贝尔湖。每年春季，贝尔湖的鱼群会游过两湖之间的乌尔逊河，到达赉湖产卵，这时往往会出现鲤鱼跳龙门的动人景观。在两湖之间，是著名的达赉湖自然保护区。由于大片沼泽湿地蓄存着许多种食饵，又生长着浓密的芦苇水草，这里早就成为我国东部鸟类的栖息地和迁徙驿站。

在呼伦贝尔草原，春季里会看到几千只白天鹅盘旋群舞；夏日里，众多的灰鹤、白鹭、鹳等水鸟云集蹁跹；秋天，纯蓝如洗的天上，一队队大雁展翅南飞……

中俄界河额尔古纳河，是呼伦贝尔水系的终端。它由陈巴尔虎旗的中俄边境一路向北，收拢了呼伦贝尔草原的所有河流，进入大兴安岭深山，一路穿过峭壁悬崖，留下万树葱茏，行700多公里由黑龙江入海。

丰沛的水资源带给了呼伦贝尔草原生机与活力。老舍先生曾经这样描述这里的景象："六月人归花满地，随时雨过翠连天。"在呼伦贝尔，600多种高原植物，织造成世上最好的牧场。其中适合牛马羊的好牧草如羊草、贝加尔针茅、大针茅、线叶菊遍地皆是。"天苍苍，野茫茫，风吹草低见牛羊"，这样的景象，在呼伦贝尔果真可见。夏季是这里最令人叹为观止的季节：草在风中摆动舞姿涌起绿浪滚滚，百灵鸟在水边鸣唱，蓝蝴蝶翩于花蕾之间，大野芳菲，万物和谐。马群在草浪的波澜中像鱼儿一样露出脊背，一匹连着一匹地随

鲜花盛开的草原同样令人神往。每年7、8月份，五颜六色的野花，如兰色的桔梗、红色的麻花头、白色的火绒草及白花地榆等竞相开放，为人们呈现出杂类草原所特有的视觉盛宴。

■ 摄影/杨孝

草原上盛开的鲜花既有可能是一种自然美景，也有可能是草原退化的标志。图中的鲜花为内蒙古呼伦贝尔草原上的狼毒。

■ 摄影/张书清

摔跤是蒙古族传统的体育娱乐活动，早在13世纪就已盛行在草原上。一年一度的"那达慕"（蒙古语意为"游艺"）竞赛项目有赛马、摔跤、射箭等，各项竞赛的优胜者都是享有盛誉的草原英雄，这体现出蒙古族人世代相传的崇尚勇猛的性格。

■ 摄影/颜博

因为有了九曲十八弯般的河流，浩瀚雄浑的草原便增加了温柔婉转的气息。这是一种刚柔相济之美。千百年来，数不清的河流在草原温润宽广的胸怀里，吟唱着一首首荡气回肠的牧歌。

■ 摄影/颜博

着风的节奏一起涌动；剪过毛的羊群如雪如云，在天边走进彩虹的大门……

醉卧草原，是呼伦贝尔给寻梦者的一个意境：枕大地母亲的温软蓬松，闻亘古长风之清冽新鲜，看蓝蓝的天上白云飞驰，忽而有忧伤的马头琴古曲传来，轻轻地把你带入远古的时空……

正如天空没有痕迹，鸟儿却曾经飞过。大草原岁岁新绿，呼伦贝尔古老的历史在人们的记忆中却永不磨灭。呼伦贝尔是蒙古族的发祥地，鲜卑人入主中原也曾在此地迈开了万里长征的第一步。漫步呼伦贝尔古战场，俯拾可见勇士的残枪佩镜。近年出土的汉代、辽代古墓群，没于草丛中的元代哈萨尔王古城，都在诉说着当年呼伦贝尔作为一个历史大舞台时候的铁血往事。

今天，呼伦贝尔草原上，生活着古老的巴尔虎蒙古族、布利亚特蒙古族的后代和从森林里走来的达斡尔族、鄂温克族，还有额尔古纳河畔的华俄后裔。陈巴尔虎旗、新巴尔虎左旗和新巴尔虎右旗每年的传统祭敖包仪式、那达慕大会，鄂温克族自治旗的"瑟宾节"、"冰雪那达慕"，都是以蓝天绿野为背景的草原盛典。届时，五彩缤纷的民族服饰，矫健似雄鹰的摔跤大赛，轻若飞舟的冰雪爬犁，狂飙卷起千堆雪的冬季赛马、赛骆驼，还有美食手扒肉、布利亚特包子、奶制品佳肴、山野珍奇，都会闪亮登场……

呼伦贝尔一年四季都是自然与文化的大观园。◎

隐居在天山峡谷里的伊犁唐布拉草原长100多
公里，有113条沟，沟沟都藏有奇景异观。它
不以平坦广袤见长，却以窈窕修长取胜。草儿
与云杉在狭长的河谷里，密密麻麻布下百万重
兵，让人惊叹它的俊秀与神奇。

■ 摄影／李学亮

哈萨克族是真正马背上的民族。他们日出而牧，日落而归，与风雨为伴，与太阳相依，过着单纯而快乐的日子。而他们能充分享用自然，是因为他们有伊犁巩乃斯草原慷慨的奉献。

■ 摄影/张新民

专家评语

伊犁草原发育于亚洲最大山系之一的天山山脉的中天山及其山间盆地，其北、东、南三面环山，西部开口迎接西来湿润的气流，成为荒漠区中风景这边独好的"湿岛"，促成伊犁草原完整的垂直带谱发育。它从高至低依次分布着高寒草甸、山地草甸、山地草甸草原、山地草原、山地荒漠草原、平原荒漠、河谷草甸，多样性十分丰富。

——许鹏

如果说戈壁沙漠是新疆南疆的浩瀚天地，那么，草原森林则是北疆的奇异风景。伊犁的山水，伊犁的大森林和大草原，美得让人惊叹……尤其是那里的大草原，更是在绵延中起伏，在伸展中，不断翻滚着绿意。

谁也搞不清伊犁地区到底有多少草原，但有一个结论是可以肯定的：伊犁草原、巩乃斯草原、昭苏草原和唐布拉草原是最具影响力的伊犁四大草原。

专家评语

伊犁草原气候温和湿润，土壤肥沃。虽然河谷两岸降水量少，但山地上降水多。这里自然条件好，年均温度在8℃ 9℃之间，宜牧宜农。从平原到山地分布有荒漠、草原、草甸、灌丛和森林等多种植被类型的草地，游牧文化在这里表现突出。牧民放牧冬天在平原荒漠，春天转移上山，夏天到了高山草地，秋天又开始新的轮回。

——胡自治

如果说内蒙古的大草原是以它无边无际的平坦辽阔和花草独舞而遗世独立，那么新疆的草原则不是如此。新疆的草原是大山上的草原，是依赖山的本体而生存的草原。它凹凸起伏，旋律般高低绵延，或在山顶，或在山坡，或在山谷，与一片片森林、一条条溪涧共同组成大草原的交响曲。

伊犁草原海拔相对较低，它是栖息在天山峡谷里横向延伸的大草原。伊犁草原位于天山西段的咽喉之处，是南北往来的必经地段。据传，"一代天骄"成吉思汗率军由南向北穿越天山，山穷水尽疑无路时，忽然，太阳破云而出，万道金光照亮了前面的草原，人们高呼"那拉提"（蒙古语，意为太阳），于是，伊犁草原就这样被命名了。

走进伊犁草原，你会被青青茫茫的草地吸引，被五彩缤纷的野花诱惑，被既古老又年轻的榆树、云杉、白杨感染。几十公里一马平川的花草地，簇拥着木屋、毡房和马群、牛羊，透着一种温馨的美，成熟的美，丰富复杂的美。

在巩乃斯河流域，面积达1100万余亩的巩乃斯草原，立身于海拔两千米高的天山上，与新疆另一个坐落在巴音郭

楞蒙古自治州的大草原——巴音布鲁克大草原一样，高傲地仰躺在天山顶上，亲近蓝天与白云、雪峰与雄鹰，展示出一种超凡脱俗的品质和悠然自如的灵动精神。站在巩乃斯草原，你可以傲视群山和峡谷，傲视卑微与琐碎；你可以与蓝天对话，与流云嬉戏。

　　伊犁的草原是山的草原，也是水的草原，树的草原，天马的草原，雄鹰的草原。与新疆其他的草原一样，伊犁的草原不仅与荒漠对峙，而且与雪峰相持，有一种丰富而复杂的美，多面而立体的美，大包容大深刻的美。这就是新疆，新疆的草原。○

伊犁昭苏草原尽管在海拔两三千米以上，但它不是位居山顶，而是紧紧依偎在巨山的山麓和山腰。巍峨的山体、散漫的云杉、金灿的油菜花、小岛般的毡房、奔腾的群马，其清高、俊朗，让人向往。

　　■ 摄影/李学亮

中国最美的六大草原

博大之美
锡林郭勒草原

撰文/白 涛

从小在马背上长大的蒙古族人，无论外出放牧、搬迁转场，还是探亲访友甚至婚嫁等，都要骑马去完成。在他们的心目中，马是最为神圣的动物。由于爱马，草原上形成了一些有关马的节日，如马奶节、打马鬃节以及赛马节等。节日期间，牧民们穿起盛装，跨山疾驰的骏马，在深沉的马头琴和高亢悠扬的牧歌伴奏中，那浓郁的草原民族气息扑面而来。

■ 摄影/颌博

每年的7、8月间是这里的黄金季节。那一望无际的草原在微风吹拂下，掀起层层波浪，宛如大海的波涛，在蓝天映衬下，景色十分壮观。那"天苍苍，野茫茫，风吹草低见牛羊"的世代绝唱，生动描绘了这里的诱人景色。

——陈佐忠

锡林郭勒，蒙古语为"高原上的河流"。锡林郭勒在内蒙古完全可以称得上是大草原的惟一。锡林郭勒草原之大，是一种真正称得上辽阔苍茫的广大存在。没有到过锡林郭勒大草原的人，最好别去想象它，它是不可以随意去想象的。它到底有多大呢？在我们眼里，一座城市有几千平方公里已经够大的了，这还要包括它的郊区在内。而锡林郭勒大草原的总面积足足有20万平方公里，比河北省的面积还要大一些！

有一年夏天，我曾驱车自黄河岸边出发奔赴盟盟，越过阴山，就是蒙古高原的辽阔大野。从包头市到锡林浩特市800多公里的路途，依维柯面包车在柏油路上足足跑了十多个小时。经过乌兰察布四子王旗希日塔拉草原，再越过苏尼特草原，渐渐向锡林浩特靠近的时候，公路两旁的草原开始渐浓渐绿，不时闪过的水淖边上，就看到了三三两两的灰鹤与苍鹰。从锡林浩特向东、向北就进入了乌珠穆沁草原。这一地带地势平坦辽阔，河流湖泊众多，用一望无际来形容它无垠的壮美是比较准确的。如果说锡林郭勒大草原是我国乃至亚洲最好的草原的话，那乌珠穆沁草原就是锡林郭勒的核心草原，也是最具代表性的草原。在从西乌珠穆沁旗去往东乌珠穆沁旗的路上，我们在不知路向的情况下，沿着仅有的一排南北走向的电线杆一直

抵达了终点乌力雅斯台。一路上，我们不时下车，脚踏莽原去感受那种阔大的辽远。目力所及之处，大地是绵延而去的草海漫坡，天边是滚滚而来的大片白云。而从西乌旗到东乌旗，汽车又走了将近5个小时。

在锡林郭勒大草原，最有灵性的地方当属锡林河曲曲。锡林河是锡林郭勒大草原飘游的灵魂，它发源于赤峰克什克腾旗海尔奇克山的俄伦泊，全长270多公里，在绕经锡林浩特时，仿佛是飘拂着九曲十八弯的吉祥哈达，成为很多人都向往的奇异美景。从第一次看见锡林河的照片开始，我就固执地认为那应该是一条日夜在我梦中走过的流水，是一条一生一世与之不能分离的河流。

在锡林郭勒大草原，在一望无际的草海中，时有奇特的地貌景观凸现于眼前，那是火山熔岩台地。典型草原的风吹草低加上醒目的火山地貌，锡林郭勒草原又多了一种旷世的沧桑。

■摄影/杨孝

锡林河是锡林郭勒草原的灵魂，弯弯曲曲的河道宛若一条银色的飘带缠绕在绿色大草原的腰间，将人们的思绪带到了久远的时空。

■ 摄影/颖博

关于锡林河，我也是在无意中把它撞上并被它深深吸引，被它弯弯的河曲环环缠绕。先是几年前从一份报纸上剪下一幅摄影，图片上河水丰满到了即将漫过河床的程度，山坡上羊群点缀，一个牧人在河对岸孤独地站着。随后就听到了德德玛纯情的歌曲《锡林河》。马头琴曲《锡林河》的旋律也十分精美，特别是协奏部分音乐语言异常生动鲜活，使人马上就像看到了那潺潺的流水一样。

专家评语

锡林郭勒大草原东南部宽广的达里诺尔湖，天水相连，一望无垠，身临其境似有站在海滨之感。极目遥望，碧蓝的天空，飘着朵朵白云；青青的河水，弯弯曲曲；茵茵绿野之上，羊群似白云游荡，蒙古包似雪莲开放。锡林河的九曲十八弯，宛如飘带；平顶山的平台落日，恰似熔金。如此美妙胜境，令人流连忘返。

——杜占池

勒勒车车身虽小，但双轮高大。它用桦木或榆木制成，结构简单，易于制造和修理。一辆勒勒车自重一百斤左右，可载货五六百斤至千余斤，适宜在草原、雪地、沼泽、沙滩上行走，尤其适于搬运蒙古包和柴草等货物。

■ 摄影/高东风

在拥有了关于锡林河的照片、歌曲后，我竟萌生了一定要去亲近这条河流的强烈愿望。后来当我真的跌跌撞撞跑到弯弯的河曲边掬一捧河水时，我在心底轻轻呼唤、念诵着。在那一短暂的时刻，我真的感觉到了一种平生从未有过的自豪、幸福和满足！在这样的感觉下，我真实记下了离别锡林河之后的伤感情绪：

锡林河啊，在我的心里，你比所有的流水都要辽阔。

为什么，这全身奔流着的血泪混合，和你一样，夹杂着青草、黑土和牛羊的汗息。

为什么，我的心海之上，马群嘶鸣，孤鹰飞升，百灵在变换自己的和声。

我梦见了锡林河。锡林河啊，你可也梦见了我？

忽然想起，就在昨天，手捧着浑浊的漩流，我曾将你的腥膻血泪，一起饮下……

作为草原人的后代，我感觉锡林河真是一条用多少优美的语言也倾诉不尽的流水。它穿过旷阔的原野，将大草原特有的风骨柔情，宣泄得畅快淋漓。◙

辽阔的草原是牧区儿童驰骋的天堂。健康淳朴的草原之子，更让人对草原融入深深的眷恋。

■ 摄影/高东风

4

中国最美的六大草原

变幻之美
川西高寒草原

撰文/杨 勇

川西草原没有内蒙古大草原的辽阔坦荡，但其高山草甸景观却别具一格。每年初夏是这里最好的季节。这里植物种类丰富，是放牧牛羊的天然草场。

■ 摄影/李丹

专家评语

埋头啃食的羊群，像天上飘动的白云；缓慢移动的牛群，像绿绒毯包裹着的黑色珍珠；远处的雪山之水，好似母亲充沛的乳汁，滋养着这广袤的大地。

——印开蒲（中科院成都生物研究所研究员）

翻越了川藏线上峰回路转的剪子弯山，视野忽然开阔，理塘毛垭大草原展现在眼前。再往前行，我们便来到了有世界高城之称的理塘县城。这里每年的8月间，都要举办草原赛马会和耍坝子节，剽悍的康巴汉子和美丽的康巴女子从四面八方会聚此地，展示他们的风姿和本领，使毛垭大草原成为许多人向往的地方。

毛垭大草原是横断山沙鲁里山脉中段最大的草原，海拔3800—4500米，理塘河流淌其间，宽缓广阔的沿河两岸分布着一串串沼泽湿地和丰美草场。每年的6—9月，草原上花繁草茂，是草原上最美丽的时节。成千上万的牛羊把草原装扮成人与自然和谐的美丽画卷，置身其中，真有说不尽的感慨。

川藏公路沿着大草原北缘伸展，铺就成一条100多公里长的草原坦途，在一路美景中就上了海拔4999米的海子山。站在海子山口向东眺望，大草原变幻着多种景象，让人不忍离去。

下了海子山，进入沙鲁里山脉西坡的巴楚河（巴塘河）峡谷，快速下降的流水使巴楚河咆哮奔腾，川藏线被隐藏在峡谷和森林之中。

措拉镇，峡谷中的一座小镇，原为义敦县，后撤县改镇。从这里沿措普沟向北行驶20余公里就到了措普草原，这里的海拔只有3800余米。

措普草原是一席美景盛宴，它可以凝固所有人的视线。蓝天白云，嶙峋的山峰，壁弯深处的寺庙和森林环抱的冰湖，五彩的草原溪流，流动的牛羊群，飘动的经幡，还有措普沟中游河谷升腾而起的热泉群……

措普草原无时无刻不给来访者传递着美丽的信息，而其精华之处措普湖，更令人艳羡。

措普湖隐伏在措普草原的深处，湖岸被草原和原始森林环抱着。冰湖前沿的草原上，巨大的冰川漂砾群见证了三次冰期发育历程，巨石壁上篆刻的六字箴言历经风雪洗蚀依然醒目闪烁。湖岸深处的山崖下有一座古老的寺庙，寺中老僧每天临湖唤鱼引来湖中的鱼群聚会，展示出一幅香巴拉的真情实景。 ◎

5

雄壮之美
那曲高寒草原

那曲草原主要由小嵩草组成，其株高仅3—5厘米，但生长十分密集。其下部根系发达，密集交织的根茎结成具有弹性的草皮层，将地表覆盖得严严实实，宛如一块巨大的绿色地毯。羊群牛群点缀在绿毯上，给人以一种清新淡雅的感觉。

■ 摄影/袁学军

专家评语

那曲初为西藏北部一河流的名称，后延用于专区、县与镇名。那曲河发源于唐古拉山南坡的小唐古拉山口附近，河流所经的安多、那曲、比如、索县与巴青诸县地域辽阔，低山与河谷湖盆相间。这里牧草丰美，牲畜众多，形成西藏壮美的那曲高寒草原风光。那曲高寒草原最美丽的景色是在夏季雨后初晴时刻。此时，清爽的绿色草原与湛蓝的天空交会于遥远的天际，低垂的白云在清风吹拂下擦过草原，轻轻抚摸着黑白相间的牛群和羊群。穿梭在云间的角百灵以一声声动人的鸣叫划破了宁静的天空。藏羚羊、藏野驴昂首挺胸排成一字纵队在草原上奔驰。只有在这里，人们才能看到一幅没有被人类涂鸦的美丽草原风光。

——李勃生（中科院植物研究所研究员）

那曲高寒草原位于唐古拉山脉与念青唐古拉山脉的环抱之中，平均海拔4200米以上，是我国高寒草甸草原的代表。它地域辽阔，湖泊星罗棋布，河流纵横其间，地热温泉众多。一望无垠的无人区草原、雄伟高大的雪峰、幽静湛蓝的纳木错和烟波浩淼的色林错等众多湖泊，构成了一幅蓝天、白云、雪山、青水、绿草交相辉映的优美景象。

——杜占池

6

交融之美
祁连山草原

撰文/铁穆尔

大马营草原在焉支山和祁连山之间的盆地中。每年7、8月间，与草原相接的祁连山依旧银装素裹，而草原上却碧波万顷，马、牛、羊群点缀其中。微风吹来，会使人产生返璞归真、如入梦境的感觉。

■ 摄影/姜平

专家评语

雄伟的祁连山是甘肃和青海两省的界山。著名的大马营草原是祁连山草原的代表之一，地形平坦、水草丰美、蜚声中外的远东第一大牧场——山丹军马场就建在这里。

——胡自治

大马营草原处于河西走廊和祁连山之间的台地，其东边有西大河自祁连山破山而出，树木杂生，百草丰美，多有候鸟来此度夏。大马营草原有汉代的烽燧、明朝的城堡。汉武帝派霍去病征讨匈奴，使匈奴在此受到重创。匈奴歌曰："失我祁连山，使我六畜不繁息；失我胭脂山，使我妇女无颜色。"歌中所称胭脂山，就是大马营草原北沿、河西走廊南沿的焉支山。由于第三纪红层暴露地表，古代妇女化妆所用的胭脂即产于此。

——任继周

世上没有一个地方像祁连山。5.7亿年前，地球上波澜壮阔，山呼海啸。不知持续了多长时间后，海水渐渐退去，陆地隆起。渐渐的，在中国西北的大地上，苍茫的祁连山草原形成……

祁连山草原的历史，看起来好像是那么粗犷，甚至残酷，但祁连山的本质绝对是温情浪漫的。祁连山一名就是古代匈奴语，意为"天之山"。迄今为止，游牧在这里的匈奴人的直系后裔——尧熬尔人（裕固人的自称）仍然叫祁连山为"腾格里大坂"，意思也是"天之山"。

祁连山下有一片水草最为丰美的草原，那就是夏日塔拉（也叫黄城滩、皇城滩、大草滩）。这里曾是匈奴王的牧地，回鹘人的牧地，元代蒙古王阔端汗的牧地。夏日塔拉是一片四季分明、风调雨顺的草原。清人梁份所著的地理名著《秦边纪略》中说："其草之茂为塞外绝无，内地仅有。"作者是将此地看作内地是因为当时游牧人和农耕人正在争夺这一地区。藏族史诗《格萨尔》中说这一片草原是"黄金莲花草原"。而尧熬尔人和蒙古人均称之为"夏日塔拉"，意为"黄金牧场"。

如今，祁连山的夏日塔拉草原，东边是围绕焉支山的大马营滩。焉支山气候温暖，森林密布，山岗上长满了银白色的哈日嘎纳花，山下的川地草原一望无际，天苍苍，野茫茫。夏日塔拉东边肃南裕固族自治县的西嶂、东嶂草原，每当夏季开满金色的哈日嘎纳花，整个草原一片金黄。温情厚道的尧熬尔牧人驮着自己的白帐篷、黑帐篷，赶着畜群，就在这金色花海中游荡。

岁月在人们的说长道短中流逝。远处的流沙在悄悄地逼近金色花的海洋。有谁知道祁连山草原——这个黄金牧场，将会黯然失色吗？ ◎

责任编辑/李雪梅　图片编辑/吴　敬
版式设计/介　彬

芙蓉洞巨型石幕

■ 摄影／杨绍全

China's Six Most
Beautiful Show Caves Plus the Record-holders

中国国家地理推出

中国最美的
六大旅游洞穴

暨"中国洞穴之最"

排行榜

1. 织金洞（贵州）
2. 芙蓉洞（重庆）
3. 黄龙洞（湖南）
4. 腾龙洞（湖北）
5. 雪玉洞（重庆）
6. 本溪水洞（辽宁）

"中国洞穴之最"

最长的洞穴：贵州绥阳双河洞
（面积）最大的洞厅：贵州紫云格必河苗厅
最深的洞穴：重庆武隆气坑洞
最深的垂直竖井：贵州盘县白雨洞
（体积）最大的天坑：重庆奉节小寨天坑
（拱高）最高的天生桥：贵州水城干河天生桥

评选标准

（前提条件：评选范围仅为旅游洞穴）

■ 整体具有极高的观赏价值，能给人高度的美感和美的体验：洞穴沉积物分布广泛，种类丰富，像形似物，形状美观；沉积物洁白纯净或具有独特、美丽的颜色等。（0-40分）

■ 能形成强烈的冲击力，给人深刻的印象：如洞体空间大、结构复杂、层次丰富，或某一类沉积物数量众多、分布密集形成巨大的规模等。（0-20分）

■ 具有特别的科学价值：某些沉积物或洞穴生物等在国内外洞穴中具有独占性、特殊性。（0-10分）

■ 具有特别的文化价值：如古人类遗迹等。（0-5分）

■ 旅游开发经营的理念先进：道路、灯光等设计合理，对自然资源保护良好。（0-25分）

入围名单

（按首字拼音顺序排列）

本溪水洞	（辽宁）
芙蓉洞	（重庆）
黄龙洞	（湖南）
九天洞	（湖南）
梅山龙宫	（湖南）
石花洞	（北京）
腾龙洞	（湖北）
雪玉洞	（重庆）
瑶琳洞	（浙江）
织金洞	（贵州）

评委介绍

（按姓氏笔画排列）

朱学稳 中国地质学会洞穴研究会会长
中国地质科学院岩溶地质研究所原副所长
长期致力于洞穴与岩溶学研究，以及岩溶旅游资源的调查和规划，并多次组织领导中外联合洞穴探险考察。

陈伟海 中国地质学会洞穴研究会秘书长
中国岩溶景观与洞穴旅游研究中心主任
一位年富力强的实干家，活跃于洞穴考察、研究和旅游规划等领域。

张寿越 中科院地质与地球物理研究所研究员
中国地质学会洞穴研究会副会长
国际旅游洞穴协会会员。曾担任国际洞穴学联合会副秘书长，并主持第11届国际洞穴学大会。

林钧枢 中科院地理与资源研究所研究员
近50年来一直从事喀斯特地貌以及洞穴旅游等方面的应用地貌研究。

顾荣保 洞穴旅游爱好者
几乎游遍了中国名洞，退休后一直致力于洞穴旅游价值的评估工作，并有著述《洞穴奇观》和《中国纵深游》。

熊康宁 喀斯特与洞穴学家
贵州师范大学教授
贵州省地理学会理事长

尹　杰 《中国国家地理》编辑

寻美地下世界

2004年8月，我和我的两位同事经过整整一天的长途颠簸，来到了贵州绥阳县温泉镇。在那里，我们的采访对象——法国洞穴联盟的一支探险队正在进行考察，他们的探险工作已使双河洞的长度大大超越腾龙洞，成为了中国最长的一个洞穴。

傍晚，一辆满是泥土的吉普疾驶到公路旁一个农家旅舍的门前，满身泥浆的他们下来了，还带着几个嘻嘻哈哈的孩子，孩子的头发上也粘着泥巴……我曾听张寿越教授说他们来此考察完全是自费，但是我没有想到他们拖家带口、十几个人、不远万里地来了，竟然没有住那舒适些的、标准间也就一百元一宿的温泉宾馆——他们"下榻"的农家旅舍太简陋了，三层小楼只有一个公共卫生间！

因此，到晚上，该联盟国际关系委员会中国部负责人让·皮埃尔和双河探测队队长让·博塔西接受我们的采访时，我忍不住抛出了一堆疑问。

"温泉宾馆太贵了，从法国飞过来的机票太贵了，我们花的可是自己的钱啊。"皮埃尔笑着回答，"但是你知道吗？洞穴探险的乐趣就在于发现，而发现双河洞给了我们很大的成就感，它太美了！它绝对值得我们一次又一次地来'花钱'。"

时过半年，当我开始组织洞穴选美，皮埃尔的话再次回响耳畔。从那些丰富而精美的图片来看，他并没有夸大其词，双河洞应该就是中国最美的洞穴，同时最好地保持着原生态。

可是，大部分评委都没有去过那个神秘而深邃的地方。怎么办？还好朱学稳教授适时地启发了我。他说："地下世界是非常神秘的，中国最美的洞穴，很有可能还没有被发现、被开发出来啊。"

朱教授的论断是非常客观的。简单地讲，洞穴可以分为岩溶洞穴（溶洞）和非岩溶洞穴两类。岩溶，又称喀斯特，是一种伟大的造型艺术。中国是喀斯特大国，广布各地的岩溶地貌极尽丰富。在地上，岩溶塑就了奇峰异林、深谷飞瀑，在地下它又发育成各种溶隙、溶洞、暗河……中国也是世界上最大的洞穴王国，仅溶洞即数以万计，其中已经开发旅游的不过400来个，曾经被考察过的至多数以千计，余下的未知世界犹如汪洋大海，谁能知道其中有否美过织金、长过双河的？

张寿越教授非常赞同朱教授的观点。他说："就洞穴进行选美，于我还是闻所未闻，何况还有许多没有被发现的洞穴呢。在国际上，只是按照洞穴规模的各种指标，进行排序。我推荐你可以学这种方式。"

于是，为了不失客观，我把选美对象界定为已发现的洞穴，同时在两个序列里进行评选。其一是按

照洞穴规模的各种指标来进行评选，设置了6个单项奖，包括最长的洞穴、最深的洞穴以及一些最大规模的洞穴残余形态（如天坑、天生桥等）。因为这只需要确凿的、经过权威机构认可的数据，而张寿越教授非常乐意帮助寻找并提供数据，所以整个过程非常简单，毋庸赘述。

其二，则是评选中国最美的旅游洞穴。首先，我请每位专家推荐他心目中最美的20个旅游洞穴。然后，根据推荐频率确定前15名参与第一轮角逐，目标是选出前10名（作为入围）来进入第二轮角逐，再从这10个中选出最美的6个。

当然，这个序列的评选过程远远不止上面几行文字表述的那么简单。选美标准的拟定即花了4个星期的时间。前两个星期，我广泛征询意见，初步拟订了一个"标准"。后两个星期，就这个标准再次广泛征询意见并不断地修订。

**中国最美的六大旅游洞穴
暨"中国洞穴之最"
位置示意图**

关于最后拟定的标准，第五项需要特别说明。专家们一致的意见是，既然是选旅游洞穴之美，其旅游开发、经营的理念是否先进，应在评分中占重要的比例。他们希望通过我们的杂志，来呼吁更科学、更合理的旅游洞穴开发理念。

　　我很理解他们的初衷，因为已有太多不科学、不合理的开发例子了。朱教授在第一轮评选时，除了为15个洞穴认真打了分，还写了一段说明文字："我认为这次评选，应在保护与破坏之间树立明确的分水岭。如广西的芦笛岩，虽然有品牌，号称'国洞'，经济效益可能也是全国旅游洞穴之冠。但是它的人为破坏最为严重，把大量洞外的砾石铺到洞底，还人造'桂林山水'景观，在洞内举办盛宴等，所以我给它打了最低分。"

　　洞穴开发中还有一个突出的问题就是灯光设计不科学。评委林钧枢为我列举了许多此类例子，如浙江瑶琳洞的巨大石瀑，因为暖光灯的长时间照射，已"年老珠黄"了。

　　"国外都是单色光"，对此，张寿越教授更为敏感，"我看中国旅游洞穴的灯光设计没有一个合格的，都是大红大绿，媚俗！"一次，我给他看雪玉洞的照片时，忘了提醒他是开发前拍的。他非常激动："这个设计太棒了，保持了原汁原味，我要给它满分！"当他知道真相后，多少有些失落。我赶紧宽慰他，"我请摄影师又去拍摄过了，还好，感觉开发前后差别不大。"

　　值得一提的是，评委陈伟海给予了我鼎力的支持。无论什么时候我找他请教，他都耐心地给我讲解，同时提出一些新颖的见解和中肯的意见。他爱好洞穴摄影，为我们提供了许多漂亮的照片。一次他来北京开会，我专程上门请教。等我问完了一大堆问题，他也问了一句："那个著名的摄影器材城在哪里？我要买个三脚架。"

　　当然，编辑过程中，我最感动的一个瞬间还是发生在请让·博塔西撰写双河洞的文章时。我的条件近于苛刻：时间7天，稿酬200美元。然而，在email中，他不假思索地答应了我，他说，"双河洞值得我为它做任何事情。"

(拱高)最高的天生桥：贵州水城干河天生桥

和天坑一样，天生桥的规模亦有多种计算办法。以拱高计，121米的贵州省水城金盆乡干河天生桥是中国（拱高）最高的天生桥。有意思的是，它的桥面修筑了公路，迄今仍可使用，堪称世界上最高的公路天生桥。

■ 摄影/杨京华

最深的洞穴：重庆武隆气坑洞

自1994年芙蓉洞开放以来，中、英、美、德、法等多国国际联合探洞队，对它进行了大规模的科学探险考察，揭开了一个巨大的秘密：芙蓉洞周边10平方公里的范围内竟然分布有108个竖井，其中气坑洞深达920米，为中国最深的一个洞穴。（1）

■ 摄影／杨志

最深的垂直竖井：贵州盘县白雨洞

竖井，顾名思义可想到深深的井状的坑洞。在洞穴学中，竖井即可利用一根绳子直接下到洞底的坑洞——下降过程中拐弯是允许的。但是垂直竖井要求下降过程中一直能够看得见天空——可想而知，这不能拐弯。基于这样的概念，贵州盘县424米的白玉洞不仅是中国最深的垂直竖井，而且在世界上位居第一。（2）

■ 供图／PSCJA

最长的洞穴：贵州绥阳双河洞

按国际惯例，一个洞穴的长度，必须拿出科学的测量结果才能得到承认。因此，"中国最长的洞穴"这个称号已经几易其主。腾龙洞即曾以52.8公里的长度获此桂冠，然而，2001年以来，法国洞穴联盟的一支探洞队在贵州省遵义市绥阳县温泉镇的探洞测量，使双河洞的长度逐渐增至85.3公里，并荣登榜首。（3）

■ 供图／PSCJA

（体积）最大的天坑：重庆奉节小寨天坑

天坑的规模有三个主要的序列，其一直径，其二深度，其三是体积。按照体积计算，重庆奉节的小寨天坑是中国最大的天坑，体积为1.19亿立方米，目前在世界上仍然排名第一。（4）

■ 摄影／新新

最大的洞厅：贵州紫云格凸河苗厅

贵州的地貌可以概括为"喀斯特山地"，洞穴、暗河广泛发育其间。贵州省紫云县素以"洞中人家"、"洞中教室"闻名于世。中国洞中厅堂最大者名曰苗厅，即在紫云格凸河上，面积11.6万平方米，居世界第二。苗厅的拍摄属世界级难题，迄今为止，还没有人能拍摄下它的全貌。此图为清幽的格凸河。（5）

■ 摄影／李贵云

专家评语

织金洞洞厅宏大,沉积物种类丰富、形象壮观,在我心目中高居国内旅游洞穴之首。

——陈伟海

织金洞洞体规模宏大,景观壮丽辉煌,具有较高的观赏价值和美学价值。一些沉积物(如银雨树)稀有而典型,但是有局部的人造景观。

——朱学稳

织金洞的特征可以概括为"大"、"奇"、"全"，其已开发的47个厅堂中最大的一个——"广寒宫"恰好完美地结合了这三方面的特征：面积5万多平方米，可谓规模宏大；钙质沉积物种类丰富，琳琅满目；又有帽状石笋——霸王盔，堪称奇绝。

洞穴是人在一生中至少应该去一次的地方，否则你不会知道自己居住的这个星球是多么的奇妙。假如你希望只选择一个洞穴即可填补这方面的空白，作为一名"地下工作者"——专业的洞穴探险者，我郑重推荐您不要错过中国最美的旅游洞穴——织金洞。

中国是世界上最大的一片喀斯特地貌富集区域，也是个名副其实的洞穴王国，遍布全境的洞穴数以万计，已开发的旅游洞穴近400个——约占全世界旅游洞穴的半数。不过，在中国众多旅游洞穴中，拥有"国家级重点风景名胜区"、"国家地质公园"、"中国旅游胜地四十佳"、"岩溶博物馆"等各种桂冠的洞穴，却仅有织金洞一家。

位于贵州省毕节地区、处在乌江的两大源流——六冲河与三岔河之间的织金洞，无愧于这些荣誉。这些年来，在国内外我游览过许许多多的洞穴，但相比之下，芙蓉洞不如它恢宏、博大，黄龙洞不如它珍奇、罕见，腾龙洞不如它丰富、密集，雪玉洞不如它齐全、浩繁，国外许多享誉世界的旅游洞穴也不如它具有视觉冲击力……

织金洞的美首先在于体量的巨大。它的洞口在织金县城东北的一个半山腰上，高约15米、宽约20米，状若虎口。这在我见到过的其他洞口中只是中等偏下的身材。可是这貌不惊人的洞口里面，却有一片巨大的天地。

任何修饰的语言在织金洞的体量面前，都会显得苍白无力。还是先看一组数字。目前已探明的织金洞总长度为12.1公里，由分为4层的5个支洞组成，洞内总面积达70万平方米——远远超过了天安门广场的44万平方米。它的洞体一般高度在60至100米之间，最高处约150米——相当于50层的高楼。而且，不知织金洞在漫长的地质史中经历了多少轰轰烈烈的崩塌，竟然形成了今天宏伟的12个大厅和47个厅堂。这些宽阔的厅堂中，面积超过1万平方米的有5个；最大的一个名曰"十万大山"，面积约7万平方米——相当于10个足球场，至今尚未向游人开放。

织金洞不仅规模巨大，还富于变化。有一篇美文是这样描述它的洞体变化的，写得华美而不失贴切，这里摘录一段："织金洞顶、洞壁形成的空间，一会儿锥形，一会儿似穹隆，一会儿矩形，一会儿方形……已开放的6.6公里长的洞道，时长而深幽莫测，时短而明快简练，时高如夜空，时低可手触；时宽如茫茫原野，时窄如山谷幽径；时大如苍穹，时小如华盖；时急迫如刀枪怒拔，时和缓如信步田园；时险陡如攀蜀道，时平坦如履平沙……"

荀子有言，"不全不粹不足以为美"。织金洞足以为美，正是因为既"全"也"粹"。与很多腹中空空的巨大洞穴不同，它仿佛就是上帝专门用来收罗世间天然美景的宝库，其沉积物分布之密集，世所罕见。40多种主要的洞穴沉积物类别：石笋、石柱、石塔、石鼓、石盾、石花、卷曲石、月奶石、边石坝等，织金洞应有尽有；仅仅是石笋，织金洞的也是千姿百态、极尽丰富，如冻菌，如花瓣，如松球，如尖塔，如头盔，让人叹为观止。其"镇洞之宝"——"银雨树"和"霸王盔"，就是两处石笋精华，在国际洞穴中也是独一无二的稀世珍品。

专家评语

织金洞的洞穴系统规模巨大，沉积物种类多样，有的晶莹透亮，有的造型奇特，曾被誉为"国宝"，前期管理保护也比较得力。

——林钧枢

广寒宫中亭亭玉立的"银雨树"与"霸王盔"齐名，也是织金洞的瑰宝。这棵高17米的"树"其实是花瓣状的石笋。研究发现，它的最终形成约需15万年。

织金洞规模宏大，部分沉积物为国内罕见，其科学研究工作也有一定的基础。所以，在评选的时候我毫不犹豫地给了它最高分。

——张寿越

织金洞是我参观过的洞穴中最美的一个。它规模宏大，沉积物种类很多，又有备受推崇的奇观，如银雨树、霸王盔、卷帘石……应推举其为中国旅游洞穴之首。

——顾荣保

编辑评语

织金洞的美是毋庸置疑的，在中国近400个旅游洞穴中高居榜首也是当之无愧的。惟一的遗憾是，它被发现得太早了，当时开发的理念还不够先进，如灯光设计比较俗艳，喧宾夺主。

站在织金洞里，我的视觉被强烈地冲击，感觉有些梦幻。眼前的世界流金溢彩、精美绝伦，确是真实存在；置身其中，景随步移，我反倒觉得自己的存在不真实了。它的气势、它的深邃、它的丰富、它的独特和它的和谐，可以穷尽人类的想象力；古人常常把美丽的洞穴称为"仙人洞"或"仙境"；现代文人也没能超出古人，表达赞叹的时候无非也就是"仙境"、"天宫"这样的字眼了。

地下世界的魅力也在于岁月留给它的记忆。科学家们从洞穴沉积可以推演出相关的气候、地质、环境变化。织金洞是个旱洞，在洞中早已听不到曾经潜入这个洞穴的地下河的喧嚣，只能想象当年的它是何等的反覆无常，时而狂咆奔袭、时而静淌如湖……1980年织金县勘探旅游资源时发现这个洞以后，中外许多喀斯特和洞穴学家先后到此进行了考察、研究和评估。他们发现，该地区强烈的新构造运动的间歇性抬升、水系变迁以及河流的下切与袭夺，是织金洞形成发育的根本动力；大约在120万年前，织金洞开始因流水的溶蚀、侵蚀、中刷、渗滴和水量变化等渐渐崩塌，形成洞穴大厅。世事沧海桑田，大约自距今25万年前始，不再有地表河流潜入洞穴，脱水后的它，渐渐呈现出旱洞风貌，碳酸钙沉积形态开始广泛发育……

对于游客而言，织金洞巨大的体量、复杂的层次和漫长的游程也是对意志的一个考验。即使走马观花，也需要两三个小时。如果想在洞中细细品味，至少得一整天。当然，这与开发它之前，专家们在洞里一待就是一个星期相比，时间还是短暂多了。有意思的是，在织金洞第二层的一个小支洞中，专家们还发现了近一百平方米的动物粪便和硬刺的堆积，最厚处达1米。通过同位素测定，它们来源于一群喜好洞穴生活、现已灭迹的豪猪。豪猪们在一千多年前光顾了这个洞穴，能留下如此"深厚"的痕迹，估计停留时间不短。

著名作家冯牧游览织金洞后，曾赋诗一首，"黄山归来不看岳，织金洞外无洞天。琅环胜地瑶池境，始信天宫在人间"。他的赞誉并不夸张，所谓"织金归来不看洞"，织金洞迄今为止依然高居着中国旅游洞穴的魁首。而且，它依然保有神奇与秘密，等待着人们继续去研究和揭示。

几次考察织金洞后，我也从未对它的"魁首"地位有所怀疑。惟一的遗憾是，20多年前的中国旅游洞穴开发理念和国际水平相去甚远。我想，如果织金洞的开发理念更加先进，或许它还能更长久地独占中国旅游洞穴之"花魁"。 ◐

"黄山归来不看岳，织金洞外无洞天"，作家冯牧的赞誉并不夸张，因为它算得上气势磅礴与仪态万方的完美结合。所以游客置身其中，常常会产生梦幻般的感觉。

中国最美的六大旅游洞穴

多彩芙蓉洞
&本色雪玉洞

撰文/逸 民　摄影/杨绍全 等

长120厘米、周长124厘米的"生命之源"是芙蓉洞的著名景观之一，类似于丹霞山的"元阳石"。如此形状的石笋在世界已知溶洞中实属罕见。

■ 摄影/李贵云

专家评语

芙蓉洞是一座斑斓辉煌的地下艺术宫殿，一座内容丰富的洞穴科学博物馆。它的沉积物种类丰富，类别之多属全国之冠，一些独特、稀少的次生化学沉积物，如鹿角状卷曲石、池中犬牙状方解石晶花等，世所罕有。　——朱学稳

（1）雪玉洞小巧玲珑，也不失丰富，有世界上规模最大、数量最多的塔珊瑚花群。

■ 摄影/杨绍全

（2）有长达8米的世界上最大的石旗王。

■ 摄影/朱学稳

（3）有大量晶莹剔透的鹅管和卷曲石。

■ 摄影/陈伟海

（4）有奇特的双色石盾。

■ 摄影/陈伟海

（5）还有大量洁白如雪的石笋。

■ 摄影/杨绍全

⑥

⑦

的石田，还有犹如参天古树的高大石柱……好一幅乡村画卷。在一个清澈见底的水塘边上，我怔住了——漂浮满塘的方解石晶花，在绚丽的灯光点缀下，晶莹剔透；生长其上的两根美玉般石笋，形象袅娜，宛若仙女翩跹——后来我才知道，这个名为"珊瑚瑶池"的水塘确是旷世美景。它是世界上几个最大、最美的水塘沉积景观之一。

芙蓉洞的开放在那一年的重庆是件轰动的大事，它迅速吸引了一些洞穴探险队的关注。开放前的考察没能找到这个洞穴的天然出口。后来，国际联合探洞队先后5次历时108天对它进行了大规模的科学考察，发现了一个巨大的秘密：在芙蓉洞周边10平方公里的范围内竟然分布有108个竖井，其中气坑洞深达920米，为中国之最——它们都与芙蓉洞息息相通！同时，他们统计出，芙蓉洞囊括了100多种洞穴沉积物类型，俨然一座内容丰富的洞穴科学博物馆。

芙蓉洞的美从看到它的第一眼即刻到了我的心上，而科考的成果又进一步增添了它的魅力。我数次走进芙蓉洞，从不放过任何机会来品味这大自然的恩惠。

2000年底那次我发现了问题：一些沉积物临近地表的边缘慢慢变黑了，珊瑚瑶池的水位下降了，石花变干了，一些原本洁白的鹅管变灰甚至发黑了，好像一不小心就要掉下来……

"这是一个危险的信号。"中国地质学会洞穴研究会会长朱学稳教授告诉我，"许多旅游洞穴都发现过类似的老化现象，它与使用暖光灯有关。造价稍显昂贵的冷光源才是最好的选择。"我查阅了许多资料，渐渐明白了。能量守恒定律在这个问题上非常适用。大量的高瓦数暖光灯长时间照射，热能自然大

在重庆市武隆县江口镇附近乌江支流——芙蓉江左岸的半山腰上，有个地方叫"潘加岩"。那里有一个"气洞"——冬天出热气，夏天冒冷气，终年雾气腾腾，伴有如雷吼声。千百年来，关于这个"气洞"的传说极尽怪诞，当地人都不敢贸然进去。1993年5月，几个村民打着火把斗胆走进了这个"气洞"。在他们首次探险1年后，1994年5月1日，更名为"芙蓉洞"的"气洞"正式向游客开放了。

那一天也是我第一次走进芙蓉洞。刚进洞口，就看到层层叠叠银白色的石幔，宛若朵朵云霞；石幔下面则是连绵

大增加，于是潜移默化地改变了洞穴的生态环境。

2003年1月下旬，江口水电站蓄水过程中，芙蓉江水位提高，渗透到江畔的各个洞穴中，引发了一次小小的地震。城门失火，殃及池鱼。芙蓉洞也受到了地震的影响，所幸只发生了轻微的坍塌，并没有影响最重要的景观。为了安全起见，芙蓉洞的开发商关门整修，不仅适当修改了游览路线，还花100万元改造了洞内的灯光设施，把半数的暖光灯换成了冷光灯。

芙蓉洞的这次整修意义重大，光源的变化，可以减少对沉积物的能量辐射，从而减缓其老化速度。而让我慨叹的是，"祸兮福所倚"，江口电站蓄水结束后，整个芙蓉江的水环境改变了，这个大环境的改变加大了芙蓉洞这个小环境的湿度，湿润、空气流速减缓，这对于洞穴而言也是非常有利的条件。

可以说，开发10年来，芙蓉洞走过了一条充满坎坷的成功之路，引起了世人的瞩目，获得了许多的赞誉。可是这10年，走过国内国际一些名洞之后，我的审美观发生了微妙的变化。10年前，如芙蓉洞般姹紫嫣红、五彩斑斓的灯光设计，让我眼花缭乱、赞不绝口。10年后，我觉得这宛如浓妆艳抹的女子，让人看不到她们洗尽铅华后的本质。

真正的改变是从探察雪玉洞那天开始的。1997年春节期间的一天，退休干部王成云在距丰都县城12公里左右的龙河峡边发现了一个溶洞口。他立即回家邀约同伴。经过半个多月的不断探索，他们探察到洞内有洁白钟乳石无数，遂上报政府。朱学稳教授很快来到这里进行了考察。他对这个洞的景观价值和科研价值评价颇高，并为之取名为"雪玉洞"。此后，在招商

(6)芙蓉洞的沉积物景观多样而罕有。如石膏花。
(7)流石坝和穴珠。
(8)鹿角状卷曲石。
(9)和池中犬牙状方解石晶花。

■ 摄影/朱学稳

引资的6年里，村民听说雪玉洞里有宝贝，纷纷跑进去看新鲜甚至掰走石钟乳。王成云不忍心宝贝遭劫，在洞口搭了个木棚，做起了义务的护洞人。2001年秋天，丰都的朋友邀我考察雪玉洞，他又义务当了我的向导。

专家评语

雪玉洞里的沉积物多样而罕见、洁白而娇嫩，宛如青春少女，令人难以忘怀。

——陈伟海

拿着手电，我跟着他爬进了雪玉洞。手电所指之处，是一个个让人惊艳

石盾是一种特别的沉积形态，雪玉洞中通体雪白的"雪玉企鹅"是一个拔地而起高达4米的石盾，堪称世界"石盾王"。灯光设计师还特意选择了冷光源以突出同时保护它的本色之美。

■ 摄影/杨绍全

的钙质沉积物。那石旗，薄如蝉翼，晶莹剔透；石笋，洁白如雪，质地如玉；石盾，形若企鹅，纤尘不染……它们的娇嫩和纯洁，让满身泥泞的我，想起了丽质天生的青春少女。

那时，丰都龙河旅游开发公司已决定投资1000万元独资开发雪玉洞。大概是因为参观过了桂林的冠岩，他们选择了一个"二洞合一"的方案，计划开凿一条隧道来连接雪玉洞和它下游的水鸣洞。开发商认为，这两个洞之间最短距离只有500米，很容易连接。而一旦连接，游客可以先从雪玉洞进入，再划船、坐小火车来到水鸣洞。如此，扩大

了溶洞规模，延长了游览时间，应该可以吸引更多的游客，增加门票收入。

方案遭到朱教授的强烈反对，但开发商并没有听取他的意见。到第二年全国洞穴研究年会召开，他们已花了近三百万、打了200米长的隧道了。在会上，朱教授再次阐释了将两洞连通的危害："雪玉洞在上游，水鸣洞在下游，连通两洞后，空气的对流，就会产生形成'烟囱效应'——水鸣洞成了进气口，雪玉洞则成了出气口，空气流通加速，洞内的环境和性质将发生很大变化，雪玉洞将会名不副实、过早衰亡！"

开发商终于听从了劝阻，随后，雪玉洞的规划步入了正轨。以灯光设计为例，因为有芙蓉洞的前车之鉴，雪玉洞采用了低瓦数的冷光源，同时用有机玻璃给一些珍稀的沉积物安上了"防护罩"，以"双保险"来保证它们不遭伤害、不变色。而且这个洞大多选用了柔和、冷调的色彩，以突出沉积物雪玉般的质地。整个设计显得朴实无华。

不久前，摄影师杨绍全在《中国国家地理》编辑的授意下，拿着雪玉洞开发前拍摄的图片去进行了对照拍摄。他拍摄回来告诉我，"开发前后差别不大，对比并不强烈"。我觉得这正是雪玉洞的成功之处，先进的灯光设计理念保持了本色之美。素面朝天已很美丽，何须浓妆艳抹？

2005年3月，国际自然与自然资源保护联盟洞穴特别工作组主席史密斯教授参观了雪玉洞，他说，"雪玉洞是世界上真正美丽的洞穴，是我一生中考察过的一万多个洞穴中所罕见的。"

我想，他的夸赞一方面是因为雪玉洞的景观出色，另一方面也是因为它的开发理念能与国际接轨。●

专家评语

黄龙洞拥有多个大厅和地下河,其中石田大厅、石笋大厅尤为出色。　　——朱学稳

黄龙洞"定海神针"国内罕见,不过巨额保险多少有炒作成分。　　——陈伟海

很显然,它为张家界增添了地下奇观。
　　——林钧枢

黄龙洞景观秀美,具有一定科研价值,开发合理,保护措施较完善。　　——熊康宁

这个洞穴中景观最突出的是石笋,其密集程度应为全国之冠。　　——顾荣保

黄龙洞位于湖南省张家界市索溪峪镇,享有"溶洞景观全能冠军"的美誉。图为其石田大厅。

■ 摄影/孙建华

震撼腾龙洞

从洞内往外看，天空与河流都变得狭小。它让人类深切地感受到自己的渺小与自然的神奇。

■ 摄影/孙建华

专家评语

腾龙洞洞体空间恢宏,具有强烈的视觉、听觉冲击力,且比较重视调查与科研。

——朱学稳

我认为腾龙洞应为中国最美的旅游洞穴。它规模宏大,在世界旅游洞穴中也不多见,气势磅礴、水声如雷,完全可与世界自然遗产斯洛文尼亚的Skocjan洞媲美。

——林钧枢

我去腾龙洞时,旱洞还没有灯光,无法看到它的精华,但是感觉其为所见旅游洞穴中最大者,水洞的轰鸣声尤为震撼。

——顾荣保

腾龙洞的美属于壮美。在中国近400个旅游洞穴中,腾龙洞是规模最为宏大的一个。从洞口望进去,只觉深不可测。

　　未见其洞,先闻其声。位于湖北省利川市近郊清江上游的腾龙洞,首先带给人听觉上的强烈震撼。距离腾龙洞还有两三公里,一阵壮烈激昂的轰鸣声便传入了耳中。八百里清江千回百转,至腾龙洞口猛然跌落成宽50多米、落差30余米的瀑布,所谓巨龙吞江,从此悄然潜入地府长达16.8公里,流量巨大,气势磅礴。

　　在中国近400个旅游洞穴中,腾龙洞是规模最为宏大的一个,总长度52.8公里,迄今仅排列在绥阳双河洞之后,乃中国第二长的洞穴。腾龙洞的洞口高74米,宽64米,洞内最高处达235米,洞穴面积200多万平方米——假如把利川市80多万人口全搬到洞里来,人均面积达3平方米。腾龙洞中有5座山峰、10个大厅、10余处洞中瀑布,正是洞中有山、山中有洞,水洞、旱洞相连,主洞支洞互通,别有洞天。 ◐

6 九曲本溪水洞

专家评语

辽宁本溪水洞是国内乘船游程最长的旅游洞穴，洞道宽阔，两岸景观绝佳。不过在对自然资源的保护方面稍显不足。——朱学稳

作为地下河旅游洞穴，本溪水洞不愧为"北国第一水洞"。——陈伟海

本溪水洞以中国北方鲜见的九曲暗河闻名，比较注重洞穴调查。——张寿越

本溪水洞自然以水见长。其地下河全长3000余米，曲折蜿蜒，故名"九曲银河"。

■ 摄影/杨 光

中国最长的洞穴

探险双河洞

撰文／Jean Bottazzi 翻译／宋徽徽 张寿越 供图／PSCJA

/

按照国际惯例，一个洞穴的长度，必须拿出科学的测量结果才能得到承认。从这个角度来说，应该感谢包括本文作者在内的许许多多洞穴探险家和洞穴学家，是他们的努力，使位于贵州省遵义市绥阳县温泉镇的双河洞，"成为"了中国最长的洞穴。

在探洞者的眼中，双河洞具有奇异的、原汁原味的美感——这也是吸引他们一次又一次从法国飞到中国的巨大动力。

当然，和"无限风光在险峰"有着异曲同工之妙的是，双河洞的美景深深埋藏在地下，如果你没有专业的探洞技巧，很难享受得到。

2001年冬季，我来到绥阳县，和双河洞有了第一次接触。

那时，我带领的这支法国洞穴探险队里共有6位洞穴学家，其中有几位还是进洞深度的世界纪录保持者。我们渴望的是新奇和挑战。但是，几个中、日探洞队已先于我们来过这里了。贵州山地所的李坡寄来了一张双河洞已探洞穴的概略图，日本人还写出了厚厚的考察报告。他们的资料对我们很有帮助，不过，因此我也有些担心把时间浪费在别人考察过的目标上。

第一次的成绩：
50公里的洞穴测量图

那是个阴雨天，我们的汽车在通往桂花的泥泞小道上"抛锚"了。停车等待时，我注意到不远处有一个漂亮的洞口。向导告诉我，它就是麻黄洞，日本探洞队早已考察过了：它不深，也没有与其他洞相连。

这里需要解释一下，一个溶洞的生命必然是和一条河流休戚相关的。双河原是一条地表河的名字。用双河来命名由它而"生"的溶洞，自然是最贴切的选择了。双河洞是一个复杂的洞穴系统，是"无山不空，无洞不连"的真实写照，而麻黄洞和后文将提及的一些洞穴，都是这个系统的单元之一。

趁着其他队员还在吃饭，我沿着小路，第一次进入了麻黄洞。让我感到诧异的是，廊道顶部有侵蚀的痕迹。这表明它是由于水的进入而形成的。这个洞穴有很明显的人迹，一些大石头被整齐地堆放在一起，象征性地挡住了去路。绕过它们，我看到了一些废弃的炊具，一些黏土上还有采硝的痕迹。继续向前走，则是一段令人愉悦的廊道，一股强劲的凉风吹过，从洞顶跌落的水珠在地上留下了一道道长长的水迹。又往前走了几百米，到达日本探险队所至最深处时，我忽然有了预感：麻黄洞实际上非常重要，应该对它进行更深入的考察……

第二天，我们去了红罩子洞。李坡的探洞队曾考察过它，但他的3个分队都被竖井挡住了去路。红罩子是个典型的落水洞，洞口有两条瀑布，洞壁被冲刷得很光滑。风也从洞口灌了进去，因为洞内温度相对较高，水分蒸发，形成了持久的薄雾。很快，我们到达了最底部的那个竖井，顺着绳子下降了23米，井底还深不可及。糟糕！为了轻装前行，我们只带了必需的物品，没有更多的绳子了。幸运的是，我发现这个竖井的中部有一条廊道。于是，我们钻进这条廊道前行。耳边忽远忽近水声一路随行，拐过一个弯后，我们看到了一个小小的洞中瀑布……

依据这次探察，我们绘制了2公里的红罩子洞测量图（按照国际惯例，确定洞穴的长度必须有相应的测量图作为依据）。我想，红罩子洞是一个落水洞，一直有水流入，而麻黄洞则是由曾经进入它的水冲击而成的。可是麻黄洞的水从哪里来？红罩子洞里的水又将去向何方？红罩子洞里共分上中下三层，麻黄洞只有一个廊道，这两个洞是如何连接到一起的呢？

双河洞就是这样一个复杂而迷人的地方。那时我们并不清楚，它"将"长达85.3公里，位居中国洞穴之首、亚洲第二和世界第二十名。我们只是听说它非常庞大。洞穴学给人的乐趣就在于人们可以自己提出问题并自己想象答案，之后再去实地考证。如果没有洞穴测量技术，这一学科就会变得不可捉摸甚至是不可获知的。可是，怎样才能测量出一个像双河这么庞大的洞穴的长度呢？办法只有一个：一段一段地测量，把谜团一个一个地解开。

一个个谜团促使我们在双河洞停留了一段时间，小心翼翼地去探寻它的特殊地带。穿过黑色而潮湿的大块岩石，我们到了一个小小的洞中之洞——"结节厅"。这个小厅只有100米长、25米宽，"貌不惊人"，因此这个名字很难自圆其说，但是我们发现它居然有7个出口。它给了我们答案。红罩子洞里的那条河流一直延伸至此，凉风也跟着吹到了这里。

"结节厅"对我们的考察而言，好像阿拉丁的神灯，给我们带来了意想不到的收获。那一年，我们"顺藤摸瓜"，重新探测了日本考察队曾经探测的洞穴，之后又加上了我们自己新获得的数据，总共绘制了50公里长的洞穴测量图：包括麻黄洞的全部和红罩子洞的18公里，然后是皮硝洞、团堆窝水洞、杉林洞、龙潭子水洞，以及对双河洞暗河出口位置的标定……

"安全第一"是一切探险活动的要旨，探洞更是如此。双河探洞队员们即非常注重安全和相互保护。

本文作者让·波坦兹带领的法国洞穴联盟双河探洞队里，有好几位进洞深度的世界纪录保持者。图为他们在测量杉林洞。

这座地下迷宫，在我们的面前，慢慢地开始展现出真实的容颜。

第二次的成绩：中国最长的洞穴

在双河洞探险并不是一件容易的事。有时候，走在泥泞的洞里，好像在滑沙一样，一不小心就会身陷其中难以自拔；有时候，你不得不手脚并用地爬行，或者被狭窄的过道卡住，进退两难；有时候整个人都得泡在冰冷的水中，甚至泅渡……

划着橡皮艇进入双河洞穴系统的水洞，是一件非常惬意的事情。不过，如果洞道充满河水，橡皮艇便完全无济于事，探洞会变得非常艰难、亦无暇拍照。所以每当再次看到洞外蓝天的瞬间，心中总是涌起一阵激动。

尽管如此，这还是给我们带来了很大的满足感。因为它让我们进入到一个与众不同的地方——大多数隧道式洞穴往往只有一个入口和一个出口，但双河洞的出入口可数以十计。

而且，双河洞总有难解之谜。从"结节厅"的一个出口往上，我们发现了一个小小的洞厅，那里有石笋被人偷采的痕迹。这种类似大屠杀的偷采在中国并不少见，在一些集市上我曾看到过石笋的销售。但是这次偷采却很像是发生在远古时代，因为通往这些石笋的路已经随着时间的流逝而消失了。

我们努力地爬了上去，本来自以为是来到这个高度的第一批人，却惊愕地发现在地上有人赤脚走过的印迹。这些脚印看起来历史相当久远。

这里离入口很远，我开始猜测此地

是另外一个入口。可是细致地考察后，假设被推翻了。在洞穴入口处发现脚印一点儿也不稀罕，但是进入此腹地的道路不仅很长，而且相当复杂。他们是怎么进来的呢？或许以前这里有入口，由于环境的变化又消失了？我想不出答案，只能决定把这些古老的脚印完好地保存下来。

2003年冬天，我们又一次来到了双河。这次探洞队的人数是上次的两倍，其中还有喀斯特和洞穴生物领域的专家。双河洞生活着许多生物，其中最常见的是一种白色的小蝌蚪，它们值得专家的深入研究。在装备方面，除了传统的探洞工具绳、船、缆绳、电钻以外，我们还带了渔具以调查水生动物和充足的颜料以更好地核实暗河的流向。

这次考察的第一天，我们的汽车又在泥泞的道路上陷进去了。但是人多力量大，我们终于成功地到达目的地——麻黄洞。到达后，我们把颜料放进了麻黄洞里暗河的最下游，进行一个简单的连通试验。

接下来的几天里，我们每天都在大鱼泉监视着水的颜色变化。只要这种染色的水出现在大鱼泉就可以证实我们猜想的流向。但是，我们犯了个小小的错误，采用了绿色的颜料，就像最常见的中国大部分河流的颜色一样。所以，当我们看到它流出的时候，也不敢百分之百地肯定。幸好我们安置了一些传感器，它带给了我们暗河从双河河床的底部通过又从大鱼泉流出的证据。

2003年我们的目的是使双河成为中国最长的洞穴。从数学方面说，只要连接起那里所有已知洞穴的长度就可以了。但问题的关键是，皮硝洞、麻黄洞、团堆窝水洞等，各自发育于不同的地质年代，它们到底是怎么连接的呢？

我们猜测龙潭子水洞里的暗河是团堆窝水洞暗河的上游，这也需要证实。

探洞的过程中，充满了让人跃跃欲试的艰险和让人意想不到的惊喜。在考察团堆窝水洞和它的支洞石膏洞的连接点时，一天，我和我的搭档试着探测了一段，但是好像南辕北辙、偏离了方向。晚上，我们进行了激烈的讨论，然后严格地按照方位、比例绘制了已测量过的全部洞穴，忽然有了新的发现：歪打正着，我们走错的地方就在团堆窝水洞大溶斗的正下方。

龙潭子水洞是双河洞穴系统里最具观赏价值的一个，日本探洞队已经测量过它，但是没有找到它和团堆窝水洞之间的联系。正好，探洞队里其他的小组陆续完成了任务，找到了杉林洞、何家洞与团堆窝水洞之间的连接点。于是，我把队员重新分成了两个小组，分别从龙潭子水洞和团堆窝水洞出发，以期会合。

我和尼古拉从团堆窝水洞逆流而上。一开始，河道很宽，大部分时间都可以在岸边行走，从一块岩石蹦到另一块岩石。不幸的是，越往上走洞顶越低，几乎要贴到水面上了。

面对这样的充水通道，我们只能后退，另觅出路。但是，没有别的路了。想要通过，只能从水中穿过。 我掂着脚尖走进水中，一开始头还能勉强露出水面。慢慢前行，拐过一个小弯，洞顶和水面之间的间隙好像一道裂缝伸向远方。这条裂缝太窄了，我把头埋入水中，好像仰泳一样，继续前行。幸而漆黑而又宽阔的洞顶渐渐地开始回升了。我又走了十几米，便完全走出了水面。

在脚下这堆满黑卵石的河岸上，我忽然发现了一个崭新的路标！看来从龙潭子水洞出发的队伍已经来过这里了。我扭过身，惊喜地朝尼古拉大喊。令我更惊喜的是，回答我的不是尼古拉。

原来，龙潭子水洞小组和我们差不多在同一时刻，遇到了同一个路障。他们判断这个障碍不容易逾越，决定折返出洞。他们走得还不远，听见了我的呼喊。

尼古拉很快就赶上来了，剩下的工作只是程式化的测量和类似于旅游的观光。在我们绘制的双河洞穴系统上，这两个水洞的连接就算完成了。

2003年的探险结束后，双河洞全长达到54公里，超越全长52.8公里的腾龙洞，成为了中国最长的洞穴。另外，皮硝洞、大风洞、大洞合计已测量了约20公里，因为尚未找到它们和双河的连接点，我们没有把这20公里计算在内。

进一步的考察目标：100公里

2004年我们的双河探洞队人数较少，而且第一次选择了夏天。目标比较简单：把大风洞和皮硝洞连接起来。我们穿着救生衣下水走了大约200米就完成了。

值得一提的是，这一次我们携带了家眷，以便她们更加理解我们的度假方式。而且，我们接受了中国国家地理杂志社3位记者的专程采访。正因为这样的渊源，加之双河洞的魅力，我今天非常乐意为这本杂志撰写这篇文章。

2005年我们的目标——寻找皮硝洞和双河水洞的汇合处，就比较复杂了。从地图上，我们发现皮硝洞的入口与双河水洞的最下游重叠在一起，但是两者之间海拔高度相差180米，而垂直的探测总是比水平的探测困难得多。

复杂的探测过程就不一一赘述了，许多我们认为有意义的情节可能你也不会感兴趣。总之，我们从皮硝洞的上下左右各个侧面企图突破。一次，当我们从皮硝洞洞顶南侧的一个竖井入手，似乎看到了曙光。

这个竖井很难进入，一进去就必须把身体蜷起来，从而下到另一个竖井里。在第二个竖井，水从各个方向涌了过来。我一直沿着内壁，越走越深。当时的情形最关键之处是找到一个空隙，里面没有水挡路。于是我进入了一个小洞，洞的尽头有一个小小的瀑布。借着头灯的照射，我猜想瀑布后面没有更多的水，于是轻轻地穿过了水帘，发现那里还有

一口竖井。罗伯特拿来了绳子和电钻，我准备下去。可绳子又太短了！我没能到达井底，只能看见下面还有个小瀑布。

于是我们带着一个好消息和一个坏消息回去了：似乎有一条路通往下面的地层，不过如果涨水就太危险了。在洞穴学中，我们总是避免着与自然作对，与瀑布对抗。因为，在人和水的斗争里，水总是胜利者。

除了专业的洞穴探险家，绝少有人欣赏过双河洞深处壮观、瑰丽的景象，其生态也因此得到了最好的保护。

凉风洞
黄厍头洞
落水孔

黄鱼汛

曾家洞

文家洞
龙潭子水洞
上洞

新沼

文家高洞

双河水洞

何家洞
杉林洞
麻黄洞
大风洞

罗家洞
石膏洞

团堆窝水洞
桃子树洞
杉林洞
水洞岩
铜鼓生洞洞
石膏洞
桃子窝消坑
阴河洞
飘水岩洞

山王洞
阎家洞
紫星窝洞
水洞
上洞

杉王洞
彭家院子

飘水岩

下洞
戏硝洞
小龙洞

红草子洞

双河洞穴系统已探洞穴分布图
■ 供图／GIMR & PSCJA 2005

这是我们在双河第99次探洞的经历。后来，我们运气不错，找到了一条绕远的路但却可以让我们躲过这条瀑布，并且实现了很久以来的想法，从这里进入皮硝洞。但是，这只是那个错综复杂的连接点寻觅过程中的一个花絮。我们在双河的考察迅速从99次达到了123次，才完成了既定任务。

至此，双河洞穴长达85.3公里，入口达27个。同时，我们还找到了一些入口，但没能确定它们与双河洞穴系统的连接点。因此，需要考察的项目还很多。我们估计，双河的长度完全可以超过100公里，并成为亚洲之冠（在亚洲，已经测量出的最长的洞穴位于马来西亚，长度为109公里）。不过，探险活动将变得越来越艰难，所以越来越需要有时间和有能力的考察队员，投入到这个艰苦而昂贵的活动中。

深邃的皮硝洞和麻黄洞一样，是双河洞穴系统里重要的"交通枢纽"。这长长的廊道深处，通往美丽的石膏洞。

洞穴探险不是一项有利可图的活动。我们要自己买往返机票并支付一切考察费用，考察后还要在下一年的业余时间进行专门的研究。但是它的魅力就在于发现。我们将继续付出努力来继续探险，只为一个理由：双河值得付出努力。 ◘

雪中的苏州老城，别有一番韵致。

■ 摄影/陈继行

China's Five Most
Beautiful City Districts

中国国家地理推出

中国最美的
五大城区

排行榜

1. 厦门鼓浪屿（福建）
2. 苏州老城区（江苏）
3. 澳门历史城区（澳门）
4. 青岛八大关（山东）
5. 北京什刹海地区（北京）

评选标准

■ 城区个性鲜明、历史积淀丰厚、特色独具； (0－40分)

■ 整体环境和谐，相得益彰； (0－20分)

■ 城区格局清晰、古建筑保存良好、保持古文化韵味； (0－20分)
　 居民能很好地维系社区的传统和文化习俗； (0－10分)

■ 现代化与传统和谐并存。 (0－10分)

评委介绍
（按姓氏笔画排列）

入围名单
（按首字拼音顺序排列）

澳门历史城区(澳门)

北京什刹海地区(北京)

杭州西湖周边(浙江)

青岛八大关(山东)

上海新天地(上海)

苏州老城区(江苏)

天津五大道(天津)

厦门鼓浪屿(福建)

香港半山电梯周边(香港)

邓 东 高级规划师，中国城市规划设计研究院城市规划所副所长

王建军 中国当代著名风光摄影家

多年来，专心致力于中国西部风光、人文地理的拍摄和探索，逐渐进成了自己独特而鲜明的摄影风格，在国内外颇具影响。

王建国 东南大学教授，东南大学建筑学院院长

教育部"长江学者奖励计划"特聘教授、国家杰出青年科学基金获得者。中国城市规划学会常务理事兼城市设计学术委员会副主任。

王景慧 高级城市规划师，中国城市规划设计研究院总规划师

建设部历史文化名城保护专家委员会委员，中国城市规划学会古城保护学术委员会主任，主编过《中国国家历史文化名城》等书籍。因对中国古城保护和中法文化交流的贡献，获法国"艺术与文学骑士勋章"。

冯骥才 中国当代著名作家、画家

中国民间文艺家协会主席，国际民间艺术组织(IOV)副主席，于20世纪90年代以来，投入文化遗产的抢救与保护工作，对当代中国文化界产生深远影响。

吴良镛 两院院士，清华大学建筑学院教授

著名建筑学与城市规划专家，曾任清华大学建筑系副主任、主任，国际建筑师协会副主席，世界人居学会主席，现任清华大学建筑与城市研究所所长，人居环境研究中心主任，中国城市规划学会理事长，中国建筑学会副理事长，中国城市科学研究会副理事长等职。研究成果先后获国家和建设部的优秀设计奖、亚洲建协建筑设计金牌奖和联合国世界人居奖。

俞孔坚 北京大学教授，北京大学景观设计学研究院院长

曾三次获得全美景观设计师协会授予的设计荣誉奖和规划荣誉奖，全国美展金奖获得者。

崔 恺 高级建筑师，中国建筑设计研究院副院长，总建筑师

国务院特殊津贴专家，曾获"国家设计大师"称号。

耿菲琳 《中国国家地理》编辑

失落的城市

评选"中国最美的城区"遇到的最大问题，是现在中国的城市长得"太像了"，一律的高楼、马路、广场，可以说，除了名字上的区别，大多数城市的市容都高度雷同。因此，为了让专家们提出一份候选名单，我真是费尽了口舌，有的专家甚至直截了当地告诉我："最美的不太好评，但我可以告诉你哪些不美。"

在评选的过程中，我正好有一位建筑师朋友从加拿大来北京，住在港澳中心，从那里的落地长窗望出去，满眼都是高楼，这让他感到非常遗憾，"如果我看到的是老北京那种青砖灰瓦的建筑，那该有多美呀！"以前他来北京时还曾看到过一个漂亮的四合院，可这次再去，却只看到一堆砖头。当他告诉我这些的时候，我无言以对。忽然想起我曾采访过的文博大家朱家溍老先生临终时所说的话：不要再拆了。按朱老的观点，如果当年不拆老北京的城墙，在三环以外发展新城，北京一定巴黎还要漂亮。如今，只留着故宫、天坛、颐和园等孤零零地处在现代化楼群的包围中，北京照样三环、四环、五环地扩展开去，老城却没有了。他还告诉我，在他小时候，北京还有许多树，夏天的傍晚，街坊们都到树下乘凉。但是现在为了拓宽马路，或者为了种上"禁止踩踏"的草坪，很多大树都被伐掉了。

像北京一样，中国的许多城市都拆毁了自己曾经的家园，抹去了城市的历史。清华大学教授、建筑学界泰斗吴良镛先生对这种现象非常担忧，在评选的过程中，他告诉我："总的说来，担忧城区的环境由于旅游、建设而引起破坏，如西湖，城区破坏严重，其他例子不胜枚举。"

吴先生尤其强调城市的特色美，他认为，人是有个性的，一个城市也是有个性的，正像鲁迅先生所说的，有地方色彩的倒越容易成为世界的。而现在我们大多数的城市变得平淡无奇，毫无个性，落于俗套，更糟糕的是东施效颦。一个东西搞成功了，在本市，在各地到处照搬照行。人大会堂落成了，中、小型的人大会堂就在一些城市相继兴建。这种生搬硬套，一味模仿的后果是毫无特色，致使南方北方、沿海内地、城里城外都是一个样。我们的城市不再拥有自己鲜明的外部特征，她们仿佛是流水线上生产

出来的标准件，我们再也辨不出她们曾拥有的美丽模样。针对这种情况，吴先生希望我们的城市在以后的保护与发展过程中，能够突出地方特色和个性，保持浓郁的文化气氛。

幸好中国还有鼓浪屿和苏州老城这样保持基本完好、富有个性的老城区，也因此，专家们给它们打的分数都很高。虽然苏州也曾因修干将路拆了一些老房子，也曾把观前街打扮得焕然一新，但总的来说，我们还认得那个小桥流水、"人家尽枕河"的姑苏城，还认得那些大大小小精致绝伦的苏州园林。刚刚被评为"世界文化遗产"的澳门历史城区，因为历经数个世纪的变迁依然保持着历史原貌，也很受专家们的青睐。

但是，正如东南大学的王建国老师所说，这样的遴选其实是很难做到非常客观的。因为推荐者大多数不可能是徐霞客，所到的地方有限，评选中难免带有个人的喜好和价值取向。另外，在这样的遴选中，一些本身已经具有较高知名度的地方会比较沾光。吴良镛先生也认为，对一个城区来说，建筑、环境、历史与地理都是密切联系在一起的，不能简单地就事论事，各种评价要素也不一定等差齐观，还在于整体的评价。尽管如此，专家们一致认为，这项活动还是有意义的，毕竟作为美的城区人们对其还是会有基本共识的。

**中国最美的五大城区
位置示意图**

中国最美的五大城区

厦门鼓浪屿
听罢琴声听涛声

撰文/舒 婷 摄影/朱庆福 等

鼓浪屿素有"海上花园"的美称，它完好地保留着许多具有中外各种建筑风格的建筑物，屿上人口约2万，居民喜爱音乐，钢琴拥有率居全国前茅，被赞为"琴岛"。

专家评语

鼓浪屿不仅有四季如春、礁石成趣、植被茂密的海岛风光，更有积淀深厚的文化底蕴，以及独具特色的闽南风情。是一幅融自然风景、历史文化、民俗风情于一体的美丽和谐的画卷。

——俞孔坚

来到鼓浪屿的人，最大的憾事是不能成为这里永久的居民。

——邓东

小小鼓浪屿，面积只有1.77平方公里，名气却挺大。与厦门市区仅隔不到1000米的海面，是厦门属下的一个风景名胜区。厦门是一个更大的岛，自从1956年建了海堤以后，改叫半岛。近几年又陆续建了几座跨海大桥，触须一般四面八方伸展去。坐飞机从空中鸟瞰下来，厦门像巨大的章鱼或绚丽的海葵了。

有风无风的日子里，鼓浪屿的周边都镶着波浪的蕾丝花边。老诗人蔡其矫写诗，把它比喻成"彩色的楼船"，因为它如梦如幻浮荡在海面上，似乎随时要驰向天边。

大部分人望文生义，以为鼓浪屿的命名是因为岛上春夏秋冬日日夜夜波涛如鼓。听起来很美，也有些道理。真正的原因却是鼓浪屿别墅前面那一隆中空的礁石，叫鼓浪石。从前的鼓浪石矗立在礁滩上，涨潮的时候，浪涛击石，响鼓声声。由于沙岸变迁，鼓浪石退居二线，依然临海迎风，波涛虽在咫尺之间，却不及淹至脚下。据说，狂风大作的夜晚里，将耳朵伏在鼓浪石上，犹能听到隐约的闷鼓声。

北方人怀念瑞雪纷飞，并非完全出自浪漫情怀，那是一个地方的风水。同样，被酷暑逼得汗流浃背的南方人，长久时间没有台风消息，也会暗地不安和期盼着。

带来雨水，带来阶段性的凉爽天气，小小的台风是爱撒娇的顽童，被人摸摸脑袋就喜孜孜地跑开；壮大一点的台风是热恋中的情侣，有些患得患失有些喜怒无常，有时奔放抒情有时乖戾赌气，还乱摔东西；攒集了50年（通常我们说50年不遇）坏脾气的台风是老年昏君，横征暴敛，其摧毁性的恐怖统治也不过几个小时。健忘的人们继续聊天散步，升官发财，烧香祈祷，不亦乐乎。

台风远远的，正在东经北纬的气象

云图上，摩拳擦掌厉兵秣马此消彼长，同样不亦乐乎哩。

鼓浪屿是个步行岛，法规中连自行车都禁止。养着一部消防车，为了不生锈，偶尔晚上出来活动，浇花或冲洗街道，小小孩们便大喊大叫以为是恐龙。邮递员虽然配给了自行车却不敢用。小街小巷居多，路面忽高忽低，任你把车铃撤得再虚张声势，行人也不管不顾，依然悠闲地走在中间。因此邮递员们都负重如牛，总是超时超量工作。

柏油马路忽高忽低，鼓浪屿便像迷宫似的扑朔迷离。

一个人口不到两万的居民区，节假日上岛的观光客居然有四十万人次。难怪很多朋友都遗憾着："美是美矣，可惜人挤人。"其实如果有勇气脱开团队，随心所欲，信步而至，尤其清晨黄昏，最能感受到什么叫曲径通幽。

真正的长街只有一两条，其他都是羊肠路或八卦巷。小巷时宽时窄，且极其洁净。些许落叶、落花、落果，毫无狼藉之状，反生野趣。像"旧使馆区"的鹿礁路，"别墅区"的漳州路和复兴路，白天因寂静而漫长悠远，夜晚因深

有风无风的日子里，鼓浪屿的周边都镶着波浪的蕾丝花边。老诗人蔡其矫写诗，把它比喻成"彩色的楼船"，因为它如梦如幻浮荡在海面上，似乎随时要驰向天边。

教堂前扮成天使的小姑娘们是鼓浪屿人心目中真正的天使。

■ 摄影/陈理杰

邃而神秘莫测。偶过的脚步碟碟可辨，一片两片落叶夹杂其中，像切分音。

榕影倚老卖老斜敧着，九重葛纷披长发，发梢系着绚烂的花球。两旁高高的围墙，虽然不见所谓"红杏出墙"的香艳，但时有枇杷、龙眼、木瓜、杨桃等南方佳丽探出墙头。

穿插在小楼、平房和乌瓦大厝之间的苔巷，往往三步石阶两步砖甬，间夹着一段柏油路面。宽的部位，刚够三两个晨练回来的女人家比肩结伴；最窄的那段盲肠，则漏下巴掌大一截阳光，可以揭来晒门前懒猫。

也还是安静。

女人临窗隔街喁喁互叙家常，男人提着手机在拱廊上寻找信号，小儿跌跌撞撞溜出门缝，屁股夹着尿包，跋涉到新街玩具店，被邻家婆婆拎回，哇哇张圆了喉咙；岛上音乐学校的学生在调弦，涛声便一拍一拍陪着试音；美术学院的女孩子靠着短墙写生，不知不觉从日午的困倦和聒噪的蝉声中醒来，合上速写簿，伸个柔软的腰，掸落肩头的一朵落花。

鼓浪屿最负盛名的是各种风格的建筑。号称"万国建筑博览会"，未免有些自夸，至少有十几国领事馆，却是不争的历史事实。

有纯欧陆式别墅。牵藤攀藓的廊柱和拱门，虽斑驳残缺，犹见考究的百合浮雕和古希腊宏伟气势。风轻摇松动的百叶窗，似乎可以窥见当年的壁炉、枝形烛光、细瓷银刀叉，以及踮在留声机上如痴如醉的白缎舞鞋。

有庭院深深的大夫第和四落大厝。铜门环凹凸剥蚀，击声依然清亮如磬。红砖铺砌的天井里，桂香一树，兰花数盆，月季两三朵。檐前滴水青石，长年累月几被岁月滴穿。中堂的长轴山水，

檀香案上的青瓷描金古瓶，甚至洒扫庭院的布衣老人的肩头，都似蒙着薄薄一层百年浮尘。

更有"穿西装戴斗笠"中西合璧的别墅。建筑主体是西洋式的，有地下隔潮层，卫生设施十分先进完备，但屋顶却是飞檐翘角，门楣装饰挂落、斗拱、垂柱花篮等，花园里既建喷水池，又造假山、八角亭等。甚至有集"清真寺、希腊神庙、罗马教堂和中国古典"为一体的建筑如"八卦楼"，现在的厦门博物馆。

最耐人寻味的是那些别墅的名字：

杨家园、番婆楼、春草堂、观海别墅、西欧小筑、亦足山庄等，听起来已出彩得很。名如其楼呀！在或富丽奢华或沧桑古朴的外貌下，掩藏着一部部真实的南洋华侨家族史，不知有多少"大宅门"锁锈路埋，讳莫如深鲜有人知。

它们成为许多电影和电视连续剧的场景。

每座幽深阴凉的老房子，既可以是一个家族盘根错节的宏大叙事，也可以缩写为攀缘在雕花窗台上那几茎枯萎的缠枝蔷薇。

这个画面扯动了拴在家乡老藤上的

这里每座幽深阴凉的老房子，在或富丽奢华或沧桑古朴的外貌下，都掩藏着一部部真实的南洋华侨家族史，不知有多少"大宅门"锁锈路埋，讳莫如深鲜有人知。

我这颗跃跃欲试的蠢瓜，同时又惊退了笔力贫弱的我，只在梦想中抚摩这些尘封的故事。◐

中国最美的五大城区

苏州老城
现代化包围的古老

撰文/于 坚 摄影/陈健行 等

专家评语

不知苏州博物馆建好后对环境有无破坏？

——吴良镛

世界级历史名城，形态格局保存完整，建筑街区与河塘水系融为一体，中国古代私家园林分布最集中的城市，拥有多处世界遗产。

——王建国

苏州古城区至今仍坐落在原址上，为国内外所罕见。

苏州古城是人类伟大的艺术杰作，她所展现出的天堂般的人居环境，蕴涵着深邃的人生哲思与丰厚的人文底蕴，其艺术和技术成就达到了人类聚居历史上的极致。而在经济快速发展的背景下，20平方公里的古城能够被整体性地保存，其古城格局与风貌保护完好，在处于快速工业化进程的中国不能不说是一个奇迹。人间天堂的苏州，一个过去和今后的归宿之所。

——邓东

■ 摄影/陆华春

苏州园林造诣之高，世无伦比，小桥流水、茂林修竹、奇石假山、画栋雕梁……所有这一切，代表着昔日中国人的生活理想，体现着人的"诗意的栖居"，它向我们完美地诠释了人应该生活在一个什么样的世界。

1979年夏天我第一次来到苏州，那时候我20多岁，第一次离开云南。

那时候苏州看起来很旧，千年历史的城市给人的印象当然是旧。苏州的旧给我一种安全感，我觉得这个城市的食物是像外祖母一样可以信任的，果然，我吃到很多美味。"旧时王谢堂前燕，飞入寻常百姓家。"我去了几乎所有开放的园林，这些园林过去并不是公园，而是别人的家。这种变化给后来搞建筑的一个错误印象，以为园林只是一种"大众公园"的概念。园林其实就是中国人一生梦想中的最后的家。

我记得那时候园林里面游客很少，很幽静。门面混迹于寻常巷陌。有些去处，不经别人指点，还看不出来，很不起眼的一道普通门，偶然闯入，发现里面居然"山光悦鸟性，潭影空人心"。整个苏州城，都弥漫着园林的气氛，著名的园林是少数，但它有一个普遍的基础，苏州城里那些寻常百姓家里，也藏着大大小小的园林，哪怕就是一盆假山，一竿修竹。那些著名的园林是在苏州的文化气氛和日常生活习俗里生长出来的，而不是为附庸风雅进行移植的结果。现在旅游团队在几个景点成天对着那些茂林修竹奇石假山指指点点，任何一个缝都要说出点意思文化来，倒使苏州园林看起来更像与日常生活无关的所谓"园林艺术"展览了。

一个园林要当得起园林这个称号，就像贵族一样，要上百年。一座奇石或者一只水缸的位置，在百年间调整多次，直到园子主人的一生从看山是山、看水是水到看山不是山，看水不是水再到看山是山、看水是水，直到顺眼、浑然天成是常有的事情。今天不再有园林，在这个崇拜"三年一大变"，"一

日等于20年"以及麦当劳快餐的时代，是玩不起这个时间的。

对于我来说，苏州园林是一个可以安心的地方。它是中国古代思想和生活经验、工艺传统、经济能力的完美结合，"上有天堂，下有苏杭"，不是随便说说的，它说的就是昔日中国世界的生活理想。在我看来，苏州园林，完全是像希腊神殿那样完美地体现着中国思想的圣殿，中国思想的伟大就在于，它的形而上不只是抽象的教条、主义，而是"知行合一"，可以在形而下的具体场所体现出来的生活世界。园林就是中国"天人合一"思想的最高体现之一，它既暗示了中国哲学最深奥的部分，可以修身养性，同时它又是一个令人可以"过日子"的地方。可以修身养性，所谓"安心"，是中国建筑与西方建筑最根本的区别。再说深点，修身养性也就是过日子。西方建筑也许更讲实用，心是无所谓的，令人提心吊胆的摩天大楼在美国那么流行，足见在栖居方式上，修身养性、安心这些"空灵"，对实用

主义的西方来说，完全是匪夷所思。

苏州园林体现的却是所谓"诗意的栖居"，"诗意"不只是小桥流水，茂林修竹、奇石假山、画栋雕梁……也不只是所谓借景的艺术，而是体现着存在的根本意义，是关系到人要活在一个什么样的世界上——这是必须要搞清楚的中国认识。高速公路、水泥楼房、玻璃、钢筋、塑料、汽油固然不错，可以加快我们的生活速度，但在加速改造之后的这一切的尽头是什么，是新的失眠纪录还是苏州园林？是伊甸园还是万物死亡的荒野？是"明月松间照，清泉石上流"，还是沙尘暴和污水池？现代人被现代化的过程所迷惑，但人生的意义在于安心。没有心的人我就不说了，那些从中国文化继承了心和存在感的人们，你们的心要安在何处？

"苏州园林"不只是什么园林局下属单位之一，它是我们民族的文化圣殿。我对一个本来只是"过日子"、"修身养性"的地方使用"圣殿"一词，是因为这个时代已经令它升华，脱离日常生活的现场，成为文化象征，精神隐喻。中国铺天盖地的"马塞克帝国"已经使"苏州园林"成为我们最后的文化遗址之一，一座黑暗中冉冉升起的圣殿。哦，看哪，中国人，你们曾经有那样美轮美奂的建筑，你们本来是指望在那样的地方安你们的心的。最近国内很多小区的楼盘都盖成西式，取西方名字，可想见当代中国人在文化上的自卑已经到了什么程度。中国人真的是一个连如何住在大地上都不会的民族么？我在这个意义上说"苏州园林"是我们民族的文化圣殿，确实像希腊的那些神庙，是有悲剧意味的。

20多年前我在苏州最喜欢的是网师园。为此还与喜欢沧浪亭的同行朋友朱晓羊站在沧浪亭门口吵起来，他要再去沧浪亭，我要重逛网师园，于是当场分手，晚上旅馆见。我独自再逛网师园，坐在某处喝茶，那园林就像已经达到最高境界的散文。抽象的理趣、禅意、书法、暗香，具体的石头、荷花、修竹、匾额、屋宇、水榭看起来似乎都已经是造化之功，浑然一体，本来就在那里。我的心慢慢安静下来，像无家可归的旅行者那样想入非非，我的家要是在这里面就好了。○

整个苏州老城就是一座最大的园林，小桥、流
水、人家，在绿树的掩映中，像极了一幅写意
画。

3

中国最美的五大城区

澳门历史城区
西方文化由此登陆

撰文/姚风　摄影/姜平 等

专家评语

澳门历史城区成为澳门近代殖民地文化的露天博物馆，澳门最富魅力和吸引力的标志地区。

——邓东

澳门历史城区以昔日华洋共处的旧城区为核心，包括议事厅前地、大堂前地等相邻的众多广场空间及妈阁庙、港务局大楼等二十多处历史建筑。这片区域至今基本上保持原貌，有中国最早的一批天主教堂、第一座西式剧院、第一所西式大学和西式医院等。图为灯火辉煌的议事厅前地。

有朋友来到澳门，总是会带他们来老城区（也就是刚刚列入世界文化遗产的"澳门历史城区"）走一走。这里是历史的澳门，可以见到时间未老，但在一砖一石上已留下沧桑的容颜。这是和谐的澳门，中西文化和睦共存，携手孕育出一种特别的魅力，它含蓄、温和而又丰富多彩，令人在不经意之间迷恋其中。或许在中国的版图上，还没有哪一个城市能像澳门一样让人感受到如此浓厚的中西合璧的气息。

由于历史的因缘际会，澳门逐渐成为一个不同文化相遇和交融的地方，并

且在中西文化交流史上扮演过重要的角色，但当人们赞颂澳门的这种文化特性之余，也不该忘记所谓的"文化交融"不过是西方的海外扩张在中国衍生的副产品。中华帝国从"世界的中心"到走向夕阳的嬗变完全可以在澳门这面小小的镜子中折射出来。

漫步澳门历史城区，就是在穿越历史的时空。当脚步踏在议事厅前地（前地来自葡文的largo，即小广场之意）上，恍若凌波而行，这些铺成海浪形状的一块块碎石，凝聚着葡萄牙人对大海的情结，是大海引领他们来到东方，成就光荣和梦想，如今樯橹烟飞灰灭，只有金属的地球仪静止在广场的中央。圣保禄学院原是远东第一所西式大学，利玛窦、汤若望、南怀仁等"聪明特达之士"都是从这里启程前往中国传播基督教的，但他们未能把天子的臣民都改造成上帝的羔羊，空留下大三巴牌坊的残墙在石阶的尽头孤独，它的门前是天空，门后还是天空。融合中西建筑风格的郑家大屋气派不凡，其主人郑观应倡导维新变法，写下对孙中山、毛泽东产生过影响的《盛世危言》，发出"政治不改良，实业难兴盛"的呼吁，但曾御览此书的光绪皇帝却没有能力改变历史。妈阁庙香火鼎盛，上香求福的善男信女络绎不绝，据说妈阁庙是澳门最早的建筑，当初葡萄牙人在这里的海岸登陆，问本地人此地是何处？答曰：妈阁，从此葡萄牙人就把澳门叫做"MACAU"。闻一多在《七子之歌》中说，"妈港"（即MACAU）不是澳门的真姓名，确实不是，但澳门还有其他真实的名字，如"濠镜"、"镜海"、"濠江"等，其中"镜海"算是最动听的了，透着几分诗意和平静。

回首历史总是避不开沉重和叹息，

港务局大楼位于妈阁山边，是一座兼具阿拉伯色彩及哥特建筑特色的砖石建筑。（从大厅可以看到建筑物四周的空地，风景极为优美。）

■ 摄影/李　冰

还是寻找诗意和平静吧。只要留心，诗意就无处不在。世界上恐怕没有一个地方像这里分布着如此众多的教堂，它们体现了古典主义、巴洛克式、哥特式等不同的建筑风格。圣奥斯丁教堂、圣劳伦佐教堂都美轮美奂，宗教的宁静和庄重之中，荡漾着明丽的色彩和温暖的诗意。在众多的教堂之中，最美丽优雅的应该是玫瑰堂了，它保持着文艺复兴式的建筑风格，米黄色的粉饰、白色的脚线、绿色的门窗和顶部的三角形山花就像它的名字一样，散发着南欧的风情和浪漫。寻找诗意，也无法错过西望洋山，看烟波微茫之上，夕阳牵着漫天彤云缓缓西坠，或者沉浸在松山的青翠中谛听风声鸟鸣，遥想当年山崖下惊涛拍岸，南中国海最早的灯塔指引着南北船只乘风破浪。澳门虽小，但有这样的好处，转身就可走进另一种风景，数步就可跨入历史。

如果行至白鸽巢公园，还能和一位

议事厅前地的地面铺成海浪的形状，凝聚着葡萄牙人对大海的情结。

■ 摄影/Macduff Everton

诗人相遇。葡萄牙最伟大的诗人贾梅士的半身铜像就坐落在公园的一个山洞前。传说这位被放逐澳门，担任"死亡检验官"的诗人虽然在战争中失去了一只眼睛，穷途潦倒，却在简陋的山洞里写下不朽史诗《葡国魂》；在写作之余，他还爱上了一个中国姑娘。没有人可以证实诗人的浪漫经历，但葡萄牙人所到之处，确实很少为保持自己血统的纯洁而忧虑，他们不拒绝和异族通婚，生儿育女。因此，澳门存在着一个葡亚混血的族群——土生葡人。

在绿树红花的公园里，随处可见老人们或悠闲地对弈或倾听着鸟笼里的画眉歌唱；孩子们自由自在地玩耍，发出阵阵清脆的笑声；坐在公园门口的算命先生一脸先知的神情，为青年男女们指点着命运的迷津。但生的缤纷和死的寂寥竟是一步之遥，基督教坟场中青草萋萋，看守着死者的长眠，而一墙之隔就是弥漫着生活气息的住宅楼、餐馆和车水马龙的街道。

这里是一个可以让人忘记归程的地方，多元文化蕴含着宽容的人文情怀，从容而散淡的生活跳跃着诗意，灯红酒绿之中又暗藏着朴素和平静。在这里，你无须过多地提防，你可以尽情享受你的自由自在，你常常会被温馨的人情所感染。中国人、葡萄牙人、英国人、菲律宾人、法国人、巴西人……不知有多少来自世界不同地方的人像我一样，来到这里便取消了过客的护照，不再离去。目睹着飞云流走，世事变迁，却不曾后悔，反而心生感激，仿佛她是上天馈赠给我的一份享用不尽的礼物。◎

青岛八大关
殖民者留下的风情

摄影/许 峥

青岛八大关原有八条马路，以八个关口来命名，
即韶关路、嘉峪关路、函谷关路等，不过现已增
到了十条马路，这十条马路纵横交错，形成一个
方圆数里的风景区。图为八大关内的韶关路。

专家评语

现代的整体设计杰作，和谐、有序、宜人的山地滨水城市风貌典范，有效的生活组织和完善的基础设施系统。
　　　　　　　　　　　　——邓东

青岛近代建筑遗产集聚地，街道名取自中国古代关隘，建筑体量和尺度得体，风格丰富多样，与环境浑然一体。
　　　　　　　　　　　　——王建国

　　1898年10月12日，德皇威廉二世正式命名胶澳租借地的市区为青岛，并按照19世纪末欧洲最先进的城市规划理念来设计青岛，八大关就是那时留下的别墅区。八大关有"万国建筑博览会"之称，近百幢西式别墅庭院造型迥异，充满了异国风情。

花石楼是八大关中最著名也是最有代表性的一栋别墅，它的建筑风格是典型的欧洲古堡式，又融入了希腊式和罗马式的风格，也有哥特式的建筑特色。由于是用花岗岩和鹅卵石建成，故得名花石楼。

北京什刹海地区
紧临中南海的时尚

北京什刹海地区的美丽在于她的平实、质朴和平民气质，过去如此，现在也如此。从古至今，在很长一段时间内，她一直是生活于这个千年帝都中的普通百姓人家在皇城中所拥有的惟一公共开放空间。

■ 摄影／孙军

什刹海34公顷的水面十分自然地融入城市街区之中，湖岸的垂柳、水中的荷花也成为什刹海颇具特色的自然景观。

■ 摄影／姚希纯

专家评语

什刹海地区比较好，整个景山以北，没有大的破坏，新建筑或大建筑较少，基本保持着传统面貌。

——吴良镛

什刹海体现北京古朴的文化，是北京胡同最为集中的地区，这里不仅仅有着躲在胡同里的中国最传统的民间文化，还有沿河而建弥漫着红尘和喧嚣的都市酒吧；这里不仅有普通百姓破旧的小院，也有达官贵人们辉煌耸立的红墙丽宫。什刹海就在这样一种不同文化、不同地位、不同肤色的相互撞击中展现着她独特的魅力，她告诉我们多样性是城市活力与和谐的基础。

——俞孔坚

责任编辑/耿菲琳　　图片编辑/王彤
版式设计/李晟

四川丹巴藏寨隐在青山翠谷当中，大山护卫着
她的绝世姿容。

■ 摄影／卢海林

China's Six Most
Beautiful Country Towns and Villages

中国国家地理推出

中国最美的
六大乡村古镇

排行榜

1. 丹巴藏寨（四川）

2. 红河大羊街乡哈尼村落（云南）

3. 喀纳斯湖畔图瓦村（新疆）

4. 黎平肇兴侗寨（贵州）

5. 婺源古村落群（江西）

6. 丽江大研镇（云南）

入围名单
（按首字拼音顺序排列）

丹巴藏寨（四川）

凤凰（湖南）

桂林阳朔西街（广西）

红河大羊街乡哈尼村落（云南）

喀纳斯湖畔图瓦村（新疆）

客家土楼（福建）

丽江大研镇（云南）

黎平肇兴侗寨（贵州）

楠溪江古村落群（浙江）

苏州同里（江苏）

婺源古村落群（江西）

西递（安徽）

西塘（浙江）

评选标准

■ 地域风土特征鲜明、历史积淀丰厚，特色独具；（0–40分）

■ 自然环境优美，舒适宜人；（0–20分）

■ 村镇格局清晰，建筑美丽，保存情况良好；（0–20分）

■ 居民很好地维系了传统和文化习俗；（0–10分）

■ 没有过度的商业开发，在文化形态兼容并蓄的同时，保持本土性。（0–10分）

评委介绍
（按姓氏笔画排列）

邓　东　高级规划师，中国城市规划设计研究院城市规划所副所长

王建军　中国当代著名风光摄影家
多年来，专心致力于中国西部风光、人文地理以及历史题材的拍摄和探索，逐渐形成了自己独特而鲜明的摄影风格，在国内外颇具影响。

王建国　东南大学教授，东南大学建筑学院院长
教育部"长江学者奖励计划"特聘教授、国家杰出青年科学基金获得者。中国城市规划学会常务理事兼城市设计学术委员会副主任。

王景慧　高级城市规划师，中国城市规划设计研究院顾问总规划师
建设部历史文化名城保护专家委员会委员，中国城市规划学会古城保护学术委员会主任，主编过《中国国家历史文化名城》等书籍。因对中国古城保护和中法文化交流的贡献，获法国"艺术与文学骑士勋章"。

冯骥才　中国当代著名作家、画家
中国民间文艺家协会主席，国际民间艺术组织(IOV)副主席，于20世纪90年代以来，投入文化遗产的抢救与保护工作，对当代中国文化界产生深远影响。

吴良镛　两院院士，清华大学建筑学院教授
著名建筑学与城市规划专家，曾任清华大学建筑系副主任、主任，国际建筑师协会副主席，世界人居学会主席，现任清华大学建筑与城市研究所所长，人居环境研究中心主任，中国城市规划学会理事长，中国建筑学会副理事长，中国城市科学研究会副理事长等职。研究成果先后获国家和建设部的优秀设计奖、亚洲建协建筑设计金牌奖和联合国世界人居奖。

俞孔坚　北京大学教授，北京大学景观设计学研究院院长
曾三次获得全美景观设计师协会授予的设计荣誉奖和规划荣誉奖，全国美展金奖获得者。

崔　恺　高级建筑师，中国建筑设计研究院副院长，总建筑师
国务院特殊津贴专家，曾获"国家设计大师"称号。

耿菲琳　《中国国家地理》编辑

大地上的栖居

我一直认为,孩子们应该在乡村度过他们的童年,在那里,大自然会教会他们生活与美的真正含义,让他们的心灵与身体像山野中的树木一样强壮。而我周围的许多朋友,他们最理想的晚年,就是在乡间过一种安静的田园生活。俄国的散文大师普里什文曾说:"在人类的心灵里包含着整个大自然。"人,归根结底还是大自然的孩子,在自然的怀抱中结庐而居,自由自在地栖居在大地之上,也许是人类最好的生存方式。

不只是我一个人这样想,在"评选中国最美的乡村古镇"过程中,我发现,几乎所有的专家都对那些美丽的乡村与古镇怀有深深的眷恋和向往。尤其是对西部那些原生态的少数民族聚居区,专家们用得最多的一个词就是"真实",清华大学的吴裔东教授甚至用诗一样的语言来表达他的喜爱,说这些乡村"是那样无邪,人在里面居住,心都会被洗干净,社会也很祥和。"北京大学的俞孔坚教授认为,这些地方"天、地、人、神"的和谐共处,体现了人与自然、人与人、人的物质生活与精神生活的高度和谐。他所说的"天、地",指的就是上帝世外桃源般美丽的自然环境;而生活在其中的人,民风淳朴,关系融洽;他所说的"神",是指在这些乡村中都有信仰的存在,无论这种信仰是对土地之神的信赖、图腾崇拜还是祖先神灵的敬拜,人们都有一种归属感与认同感。

令人遗憾的是,一些知名的水乡或古镇,却因为过度的商业化破坏了原本的那种美。比如说对丽江大研镇,建筑大师吴良镛先生就明确表示了他的担心,他担心丽江的外来商业文化过多,破坏了原有民族风情,他也担心周边地区的密集进入。事实证明,吴先生的担心并非是多余的,这次评选过程中,我采访了多位云南本地的作家与摄影师,他们一致感叹,如今的丽江已非当年的丽江。曾经那样美丽地生活着的大研镇,如今却充斥着蜂拥而至的旅游者,不能不让人叹息。一个更极端的例子是周庄,著名作家冯骥才就说,水乡周庄是"一个反面教材,我们应该警惕"。对这一点,我深有体会,我的周庄之行就是一个非常不愉快的体验,双桥仍在,水巷仍在,但满街的商铺与游客已经让我丝毫找不到感觉,只能落荒而逃。

有时候,我在想,对于真正的美丽,我们是否可以不去打扰它。那些美丽的乡村和古镇,其实不属于旅游者,而是属于生活其间的人,我们只要知道它们好好的在那里,就足够了。只要它们还在,就会让我们明白,人原来还可以这样简单地生活。

**中国最美的六大乡村古镇
位置示意图**

新疆喀纳斯湖畔图瓦村
四川丹巴藏寨
贵州黎平肇兴侗寨
江西婺源古村落群
云南丽江大研镇
云南红河大羊街乡哈尼村落

四川丹巴藏寨以中路、甲居、聂呷、美人谷等
最为突出，远远看去，几百幢民居依山就势藏
在密林深处，构成一幅绝妙的山寨画卷。

编辑评语

丹巴秀丽的村寨，美丽的少女，让人魂牵梦萦，而挺拔的雕楼，又展现了她傲然独立的风骨。

丹巴县在四川省西部的甘孜藏族自治州。大金川、小金川、革什扎河、东谷河与大渡河五条河流在这里会聚。这里到处是高山峡谷、湍急的江流。在冰川雪线之下，散布着藏族村落，诸如中路、蒲角顶、大寨、甲居、巴底等，不同村落的建筑风格各有特色。绛红色的梯形石屋，在各种树木的掩映下，显得格外美丽。房前屋后遍布着苹果树、梨树、核桃树，每到秋天，树上的果实吃不完，会掉落在树下。在深夜里，有时可以听到果实掉落的声音。居民与自然之间在这里达成了高度的和谐。此外，丹巴到处可见神秘的历史遗迹，不仅发现了五千年前的石棺墓葬，最著名的还有大量的古代碉楼。

有人认为丹巴人是西夏王族的后裔。他们的王国被成吉思汗的铁蹄踏平之后，残存的皇族沿着甘南草甸、阿坝红原大草原一路南下，"其中一部分在

丹巴藏民房屋的二层和三层屋顶上有"L"形平台，可供晾晒粮食和家人休憩。
■ 摄影/侯建华

大小金川河谷地带停下了脚步，重建他们梦想的家园，并将美丽和富贵的血质注入这方风和阳光俱烈的土地。"（胡庆和、杨丹叔：《"美人谷"丹巴》，见《民族》，2001年第7期）

我们在一个清晨溯着小金川向东走，去一个名叫中路的地方。我们在河谷里搭了一辆车，由于道路颠簸，车速不快。开了两个多小时之后，司机让我们下车，说剩下的路只能爬山了。我们就此告别，约好三天后，他在这里等我们。

我注意到一个有趣的现象，丹巴藏民的村庄大部分都在接近山顶的位置，不像汉族村庄，大多聚集在山谷里，尽可能地靠近水源，这令我感到不解。从某种意义上说，他们选择了最不方便的地方建立自己的家园。

我看见妇女在河边打水，然后背着水罐回家，水罐的皮绳在她们的胸前交叉，深深地勒进她们的藏袍，使她们的乳房格外突出。女孩子们脸颊绯红。汗水明亮，顺着下巴往下滴，她们身体里充满水分，双腿健康有力，精心编扎的发辫在风中飞舞，偶尔会有水珠像斑斓的蝴蝶，从水罐里飞出，在那些用油彩装饰过的房子里，她们的孩子嗷嗷待哺。我甚至看见老妇人背着沉重的沙土上山，她们要用这些沙土盖房子，最重要的一项劳动不是盖房子本身，而是运输。

她们的步履飞快，所以她们会突然出现在我们身边，又突然消失。不久以后，我们在村子里与她们再度相遇，这使我在走进村子的时候，发觉这里几乎一半是熟人。

专家评语

我长期以来驱车奔驰在四川川西高原，美丽的丹巴就座落在川西高原的深山峡谷中，大

渡河从山间奔腾流过。丹巴的藏寨就依山傍水，面向太阳，坐落在山腰，其中，最有特点的是甲居、中路等村寨，它们和大自然浑然一体，表现出中国西部那种天人合一的神奇和壮美景观。

——王建军

藏式民居错落排列，篱墙外的土路上布满牛粪。与城市街道不同，牛粪在这里不是作为污物存在的，而倒像是一种炫耀，尽管村路空无一人，但那些牛粪证明村庄内部蕴涵的生命力。它们与土地那么相配，因而在这样的场合，它们显得无比干净，而且，没有臭味，是牲畜粪便与植物气息相混合的一种味道。这种味道像一种神奇的药物使人精神振作，让人产生劳动、歌唱和做爱的欲望。

两位红衣喇嘛抬着一面大鼓，迎面走来。他们很年轻，剃光的头上已经长出青青的发茬。我知道有法事即将举行，便上前询问。结果，他们就把我们带到益西多吉家。

尽管我曾在西藏游走，但这是我第一次进入藏民的家庭，同时对于受到的善待没有丝毫准备。几乎所有人都对我们露出微笑，我看到老人包金的牙齿的闪光。他们捧出酥油茶招待我们，还爬到院子里的果树上摘下苹果和梨，塞满我们的背包。这时我们才注意到，漫山遍野的果树上，通红的苹果和黄澄澄的梨像节日的灯盏一样，具有强烈的装饰作用。主人们说，山上的水果吃不完，运输出去的费用比水果本身还贵，所以没有人拿出去卖，每年只能烂在地里。它们在土地里与牛粪亲近，具有某种血缘关系，或者说，山上的一切事物，都属于同一个家族。

藏式民居大多一宅一院，房子多为四层，底层为畜圈，二层为厨房、贮藏

室和锅庄房，三层作居室、经堂。四层被称为"拉吾则"。由于三层和四层的面积逐级递减，因而在二层和三层的屋顶上分别形成"L"形平台，可供晾晒粮食和家人休憩。房屋下部多为泥石结构，外表涂以白色，或者白色与石头原色相间；上部为纯木结构，漆为红色，檐头的绛红色色带下，再涂黑色色带。藏屋的结构大抵相同，我们稍不留神就会走错家门，但无论在谁家，我们都会受到相同的善待，这几乎已经成为村庄的永恒定律。

每天写作的时候，我都面对一座巨大的雪山。益西告诉我，那就是墨尔多雪山——嘉绒藏区最著名的神山之一。益西还说，从这座山翻过去，走三天三夜，可以见到山背后有一片神秘的海子，比九寨沟还要漂亮。但是路途艰辛，所以很少有人知道。

在益西的提醒下，我才注意到房屋的帽形顶层"拉吾则"，从侧面看，均是月牙形造型。益西说，从宗教意义上讲，它们代表四方诸神；从形状上看，很像牦牛头，代表着嘉绒藏族的牦牛图

腾崇拜。四角角顶除安放白石，以作诸神的象征进行供奉外，角后还专设插入玛尼旗的钻有孔洞的预留石插板；后方中部还设有用作"煨桑"的松枝。有趣的是，"拉吾则"的含义是曾经建造碉楼的地方，它暗示着这里本应是碉楼的位置。

碉楼是一种军事建筑，是过去时代的遗物。碉楼一般都有二三十米高，是藏人和羌人独创的建筑形式，在藏区和羌区广有分布，但是丹巴是碉楼最为密集，同时也是品类最齐全的地方，为各种类型的碉楼提供范本，因而，细心的人可以从中发现高碉的历史。

丹巴藏民住的房子多为四层，底层为畜圈，二层为厨房、贮藏室和锅庄房，三层作居室、经堂，四层被称为"拉吾则"。

据说西藏山南地区是高碉的发源地，它们伴随战争蔓延过来，使嘉绒藏区成为高碉的核心地区，现在丹巴的碉楼大部分是清代大小金川之役的遗迹。

荒野中的碉楼多是寨碉，如《皇朝武功记盛》中所说："一碉不过数十人，万夫皆阻"，但数量最多的还是家碉。作为房屋的一部分，它们见证着日常生活与英雄叙事之间的关系。在丹巴历史上，生活与战争从来都是一体的。各个家碉之间，组成一个错综复杂而又彼此呼应的军阵。在冷兵器时代，碉楼修改了村庄的意义，使它们变成雄关险隘，变成征讨者无法逾越的屏障。

在碉楼与村庄之间存在着某种和谐。它们并不矛盾，这不仅是因为土石结构的碉楼在视觉上与田野色调的完美结合，更因为它们让我们看清了战争与和平的转换关系。◖

在丹巴的中路乡，碉楼最为密集。矗立在寒风中，碉楼显得有些孤独，已经很久没有人与它们对话了。它们使用的语言与现实日渐疏远，为此它们缄口不语，像历尽沧桑的老英雄，从不炫耀自己的过去。

哈尼村落
万千明镜映炊烟

撰文/孙 敏

专家评语

哈尼梯田和聚落，是千百年来自然与劳动人民共同创造的独特的文化景观，在这里土地的完整意义得到了充分的体现，即：土地是美、土地是栖居的家园、土地是活的系统和生命、土地是充满意味的符号、土地是值得信赖和以之为归属的"神"。它承载着中华民族的农耕文化，是平民的景观和大地的景观的精华。

——俞孔坚

站在元江西岸高高的山上，身边滚动着哀牢山魔幻般的云海。云海时聚时散的间隙，便能看到深深下切的谷底那细若游丝的红河，穿行在岩石裸露的巨人无比的山峦间。

我的身后，录音机在转动，寨里的贝玛章法（哈尼人把祭司叫做"贝玛"，章法是这位祭司的名字）吟唱着

云雾缭绕中的哈尼梯田宛如瑶池仙境
■ 摄影/陆江涛

一首古老的歌谣，那是讲述很久以前一位古老的寨神与他的民族之间发生的故事。就像站在现代世界与古代世界之间的门槛上，我在章法的帮助下与那位来自远古的神灵交流。

正值农历五月间的苦扎扎，是山上的哈尼人栽完秧、支起磨秋桩迎请神灵"阿培威最"降临的日子。这个时候，贝玛是寨里最忙的人。当长老们遵循先祖的传统，向护佑土地、人种、庄稼和牲畜的神灵履行祭礼的时候，他充当着人神之间的桥梁，用长篇的史诗或短篇的颂词召唤和抚慰大地的主人，为正在返青的秧苗，为寨里的家家户户祈福。

这是云南省红河县一个叫大羊街乡的叶车人聚居区，地处哀牢山腹地。哀牢山属云岭余脉东支，是滇西横断山纵谷区与滇东高原的分水岭。印度洋东移的暖湿气流在高峻的哀牢山区受阻，停滞在山峦之间，带来了丰沛的降雨和壮观的云海，也滋润着哀牢山中气势磅礴的梯田。

叶车人属哈尼族支系，与哀牢山中其他的哈尼族、彝族村寨一样，他们的寨子坐落在半山腰。一眼望去，比寨子更高的山上是森林，森林的下方是天梯般的梯田，从2000多米的山上一直延伸到深深的河谷。那梯田依着山势蜿蜒屈伸，把几座山体连接在一起。在最陡峭的地方，最小的田畴只有两个多平方米。除了章法那些玄秘的古歌谣，没有任何史料记载说明哀牢山梯田开凿于什么年代，但如此巨大的工程绝不是一朝一夕的事情。

雨季来临，哀牢山中的云雾凝聚了更多的水汽，当它轻轻拂过的时候，你会分不清是雨还是雾。这雾有气味，是林间各种树木花草的气息；这雾也有声音，是昆虫在树叶上爬行，小鸟在振动

哈尼人住的房屋叫"蘑菇房"，是仿照蘑菇的形状建造的，冬暖夏凉，一群群的蘑菇房点缀在梯田当中，煞是可爱，真的像开遍了山野的小蘑菇。

■ 摄影/陆江涛

翅膀，还有参天古树下沁出的清泉的声响。弥漫的大雾里，除视觉之外的全部感觉都被调动起来了。这是一个令人感动的地方。

萨拉阿依——

德咋大坪是蚂蚱跳跃的地方

德亚大田是青蛙玩耍的地方

快把好听的芒鼓敲起来

把好听的牛角吹起来

给窝秋（神灵名）送去绿翅膀的母鸡

给毕央（神灵名）送去花羽毛的公鸡

狗吠的地方是我们的寨子啊

鸡鸣的地方是我们的家屋

章法一直在吟唱着，火塘里的火苗在他的黑眼仁里耀动。他惊人的记忆力让人讶异，如此长篇巨制的吟唱，居然很少出现犹豫。他的眼睛一直注视着某个地方，我知道，他所看见的世界来自远古。像荷马时代的行吟诗人，章法是

叶车社会的祭师、歌手、史书和超凡世界的通灵者，把他民族所有的历史、所有的记忆和对世界的诠释全都记录在他的吟唱里。

专家评语

当我面对珠穆朗玛峰的时候，我感到人的渺小，但是，当我面对哀牢山哈尼梯田的时候，我感到了人的伟大。千百年来，哈尼族人用自己的勤劳和智慧，在哀牢山的山脊上，绘出了一幅世界上最美的田园图画，而哈尼族村寨就坐落在这美丽的田园之中，宁静而祥和，如同仙境般。

——王建军

世界性的人类遗产，一辐美妙绝伦的人与大地舞蹈的图画。

——邓东

这是多年前我在哀牢山的一次经历。我真正了解贝玛章法吟唱的古歌内容，是在几个月之后。我把磁带做了国际音标的注音，再把章法接到昆明，请来了哈尼语专家逐字逐句地翻译。那是另一次的感动和震撼。这个创造了梯田奇迹的民族，留给人类的遗产还不仅仅是供人参观的梯田和蘑菇房，更有尊崇大地的教诲。它告诉我们：那茫茫群山间，是一个充满了各式生命的世界。遥远的天边是神灵的起居之地；荆棘丛生的高山悬崖是"尼哈"（哈尼人对鬼魅的称呼）游荡的地盘；介乎神灵与尼哈之间的精灵，居住在浓阴下的幽谷深泉。在这个被自然与超自然的力量支配的土地上，人的世界只不过是其中的一部分。你知道自己的位置，也尊重别的生命的位置，其中包括神灵、鬼魅和精灵。

这令人想到了一百多年前的印第安索瓜米希族酋长著名的《希雅图宣言》："我们红人，视大地每一方土地为圣洁，在我们的记忆里，在我们的生命里，每一根晶亮的松板，每一片沙滩，每一缕幽林里的气息，每一种鸣叫的昆虫都是神圣的。树液的芳香在林中穿越，也渗透了红人自亘古以来的记忆。"

在起伏连绵的云南哀牢群山中，哈尼人所种的梯田从山脚顺着坡势层层 叠叠，直通茫茫云海，蔚为壮观。

■ 摄影/王水林

近年来，哈尼梯田进入了申报世界自然遗产的程序，哀牢山成了走马灯似的摄影师们炫耀的资本。而我不知道镜头后面的那些脑袋和眼睛是否理解深藏于云海深处的庄严和敬畏，除了那气势磅礴的群山、梯田和云海、浓阴下的深潭以及妇女孩子们与众不同的服饰，人们是否理解了哈尼人与自然、与神灵的和谐。而这种敬畏在今天的城里人看来，已经非常陌生和遥远了。

多年过去，山里的乡亲们可好？记得在章法的古歌里，叶车人最大的生活愿望就是："年节过后不拉肚子，屋边的炊烟四处飘散。公鸡在墙头啼鸣，小狗在屋前叫喊。一窝鸽子出门让它们嗉子满满地回来，一群汉子出门让他们钱物多多地回来。道路上走满了黑压压的牲口，千千万万的小狗和小猪繁殖起来。"近两年听回来的朋友说，山里的生活变化很大，但却在为另一件事情闹得不亦乐乎：人们把草房拆了盖水泥房，可石棉瓦屋顶破坏了梯田、云海、蘑菇房的景致，摄影师们不乐意了，说影响了世界文化遗产的申报。老乡们盘桓在传统生活和现代化进程的门槛上不知如何是好。

"太阳落了，月亮升起；朋友走了，友谊留起。"这是那年离开寨子的时候，老人们跟我说的一句谚语。我常常会想到他们，章法年纪大了，他是否还在春天里从黑茫茫的天边把寨神召唤回来？人们是否还像从前那样，对先祖的历史与仪式遵循不误，从中获取面对生活的生命、力量和福祉。❍

图瓦村

所谓伊人在水一方

秋日的图瓦村,色彩浓丽,像是一幅油画。
■ 摄影/李学亮

专家评语

图瓦村在喀纳斯湖畔，自然环境极美，难得的少经扰动的净土，在那里，真正能够感到人投入自然的怀抱。
　　　　　　　　　　　　——王景慧

我每次来到北疆边界的喀纳斯湖，都不禁被她诱人的景色所吸引，更为喀纳斯湖畔图瓦人的生活所陶醉。对身居大城市的我来说，图瓦人居住的村落，是我最向往的地方。美丽的喀纳斯湖、茂密的森林、诗一般的白桦树，再加上图瓦人的木屋、栅栏、牛羊、马群，勾画出喀纳斯湖畔仙境般的音画。
　　　　　　　　　　　　——王建军

在美丽的喀纳斯湖畔，生活着1400多图瓦人，喀纳斯景区开发以前他们过着几乎与世隔绝的生活。有学者认为，图瓦人是成吉思汗西征时遗留的部分老、弱、病、残士兵，逐渐繁衍至今。图瓦村里的居民一般都住在蒙古包里，村里也有少数木楞房，村里的人喝的是泉水"自来水"，而且这里还用上了电。冬天的图瓦村，游客稀少，白雪覆盖的村庄看上去像是一幅水墨画。

4

黎平肇兴侗寨
白云深处有人家

贵州黎平的肇兴侗寨是黔东南侗族地区最大的侗族村寨之一，占地18万平方米，居民800余户，4000多人，号称"黎平第一侗寨"。肇兴侗寨四面环山，寨子建于山中盆地，一条小河穿寨而过。寨中房屋为干栏式吊脚楼，鳞次栉比，错落有致，全部用杉木建造，硬山顶覆小青瓦，古朴实用，还有戏楼、歌坪、谷仓等建筑，布局紧凑，别具一格。鼓楼是肇兴侗寨的一大特色。有五座春笋般的鼓楼耸立于寨中，称"鼓楼群"。5座鼓楼恰如5朵荷花，分布在仁、义、礼、智、信5个自然寨。

■ 摄影/李贵云

专家评语

贵州的黎平肇兴侗族村寨，主要以鼓楼、廊桥最具特色，侗族人祖祖辈辈生活在这里，青山绿水和侗族人勤劳的身影相互辉映，在古老的贵州大地显示出诱人的魅力。

———王建军

鼓楼是全寨人集会议事、处理地方重大事情的地方，也是寨上举行重大节日或歌会、芦笙会等文娱活动的场所。鼓楼上置有皮鼓，遇有重大事情，由寨老击鼓召集寨民共议。地面设一火塘，几乎常年有火。

■ 摄影/高 冰

婺源

最爱村头油菜花

婺源最美的时候是春天，村头的油菜花开了，
那一望无际的金黄衬着粉墙黛瓦，如诗如画。
■ 摄影／任春才

专家评语

很好，希望保持好，别因发展而破坏。

———吴良镛

在这里，我们看到了中华民族文化之所以绵延不绝的根本和一个超稳定农业社会的真谛：人与自然的和谐（有限技术下对自然过程和景观格局的适应与利用）、人与人的和谐（建立在宗族礼教基础上的草根社会结构）、人与神的和谐（对土地之神和祖宗之神的敬赖）。

———俞孔坚

徽派民居建筑群落代表，她的友善不仅在于景致，更在于其人其事。 ———邓 东

江西婺源背倚秀美青山，清流抱户穿村，数百幢明清时期的民居建筑静静伫立，村落空间变化有致，建筑色调朴素淡雅。婺源的明清古建筑群是中国徽派建筑艺术的典型代表，村落的原始形态保存完好，有着历史发展的真实性和完整性。

中国最美的六大乡村古镇

6 丽江大研镇

琵琶弦上说相思

撰文/于 坚

丽江古城又名大研镇，位于云南省丽江纳西族
自治县，背靠着巍巍的玉龙雪山。

四方街位于古城的中心,是丽江古街的代表。可惜,现在街上有太多的旅游者。

■ 摄影/沈朴田

专家评语

担心外来商业文化过多,破坏原有的民族风情,本地文化也要更新和发展;担心周边地区的密集进入。

——吴良镛

丽江古城选址独具特点,布局上充分利用了自然环境优势,使得古城冬暖夏凉,气候宜人,在街道布局上也独具特色,它无森严的城墙,无十字相交的道路,显示出依山傍水、自然古朴的特色,创造了一种人与自然和谐统一的境界。

——俞孔坚

丽江大研镇与沉思有何关系?小镇、炊烟、土木建筑、流水、豆腐作坊、铜器铺,思想史在此地无踪无迹。大研镇的思想是在大地之上,它的思想就是它的生活、日子,它是存在着的,不是某种被思考的东西,它不是一个对象。它栖居在它的思想中。

它只是一个平庸的市民的城。人们建造它,只是要栖居,只是要生活,并不是为了名垂青史。它是栖居之城。它是为人生而造、为日常生活而造,它是朴素的生活之城,温暖、亲切、庸常、平等、为人生敞开。

石板的街道,在月光下发出清冷的光辉。墙壁散发出发霉的土壤和木材的味道,有气味的墙,与大地牢牢地联结着。这城市经历了上百次地震。

进入一个深宅,大门被推开,发出门栓在木臼里旋转的声音。有音乐家曾用这种声音做出音乐。这声音使入门具有了一种仪式感。纳西人其实是没有门的民族，他们的家只是栖居。他们的世界不是在门后面，而是在大地之上。因此，大研镇是一个没有城墙的城，它与大地之间没有城门的关系。街道通到玉米地或者短松岗之上，通到河流之中。

在大研镇，纳西古乐的演奏者被人们视为通灵者，他们与古代的神灵交谈，报告生老病死，报告灾难与丰收，祈求宽恕与幸福。我打听到，他们是教师、税务员、鞋匠、裁缝、马帮领队……他们演奏的不是记录在精装音乐史或者国家歌剧院里的音乐。但他们中间坐着不为人知的巴赫。

大研镇是一个生活着的城市。顾彼得在《被遗忘的王国》中写道："一大早，几股由农民组成的人流从远处的村子出发，沿着五条大道，十点钟开始后不久，开始向丽江集中……稍过中午，集市到了热火朝天的地步，人和牲口乱作一团。高大的藏人在拥挤的人群中夺路先行，披着蘑菇状羊毛毡的普米族村

民故意使篮子里的蔓箐叶一闪一闪的。仲家人穿着粗麻布衫和裤子，奇特的小辫子从修剪过的头上垂下来，懒洋洋地在街上溜达，狭窄而粗糙的麻布条拖到地上。纳西族妇女狂乱地在任性的顾客后面追赶。"我在1994年依然见到上述场景的某些部分，但是现在，这一切听起来已经越来越像是古代的事情了。

丽江今天正在崇尚旅游。旅游的道路恰恰与古代的栖居相反。我担心丽江有朝一日会像罗马那样变成日常生活的空壳。罗马失去了生活，但它留下了光荣。因为它的目的不是栖居，而是英雄和神的象征。大研镇一旦失去了她的流水上的洗衣妇们弯着的腰，她的"第一流的，既清洁又有味道的腌菜和果酱，鲜嫩的火腿和令人垂涎的酸甜大蒜"（顾彼得），失去了她的丽江粑粑、她的豆腐坊、面条坊、铜匠铺、她的炊烟……也就失去了她的相依为命的日常生活，失去了栖居。◖

一本杂志的成长

利用《地理知识》的刊号改版、更名发展起来的《中国国家地理》杂志，在其媒体实践中，很多人和事是无法忘记的。

改版的初期，可谓内外交困。其时，占据国内高档杂志市场的几乎全是舶来品，美女俊男固守的封面，香艳四溢。客户和广告商、发行商几乎不相信在中国办科学杂志能够成功，我们要对所有的合作者一遍又一遍地讲述什么是成功。初期的九人团队有七人都在编辑部，尽管每人怀揣着成功的希望，但对如何行走却有着完全不同的态度，毕竟《地理知识》杂志封闭运行太久了。那时发行部尚未组建，每个人都要利用各自渠道，把新版杂志分送到北京有限的几家书店，同事闪现的为难表情和销售商的冷傲，更激发了成功的豪气。

我们曾为"科普"与"科学传媒"的不同定位争论不休。《地理知识》长期以普及地理知识为己任，高考制度的两次改革让她经历了从天堂到地狱的变化。尤其在信息爆炸、知识更新加快、阅读选择多样、互联网飞速发展的时期，传播知能否支撑一本杂志的市场？事实表明，传统的科普概念带给社会的是政府行为和居高临下、拒人千里之外的疏远感。作为杂志，如果提供新闻资讯，根本无法与分秒更新、海量存储并且免费索取的互联网相提并论；如果传播知识，提高技能，又如何与书本和各种类型的学堂相比？惟一可能的就是话题和谈资，关注社会热点、难点和疑点问题，并精准、精炼、精彩地提供科学背景故事。我们为此付出了一年的代价。因为新理念是需要团队来实现，要让每一个字、每一张图片，每一幅地图都能体现我们是地理话题和谈资的提供商。

编辑部的强大选题策划和执行能力，让杂志的内容发生了质的飞跃。2000年初，已不再有合作伙伴质疑"读者喜爱地理吗？"，发行量如滚雪球般上升。此时的焦点矛盾在于文题不符，冠以"知识"的刊名已不能覆盖杂志的内容，更名就成为必选的行动。

媒体和团队的成长与人一样，都需要呵护和鼓励。《中国国家地理》杂志得到了许多部门领导、专家学者以及合作伙伴的关照。中科院"唯实、求真、勤奋、创新"的文化氛围，为其成长提供了肥沃的土壤。大批院内外的专家将其终身追求的科学目标用最简洁的语句传递给杂志的编辑们，一块岩石、一掬黄土、一杯海水，无不浸透着科学家执着探索的心声。繁体版和日文版的上市并能很快盈利，体现了本土原创杂志的顽强生命力。

杂志的成功其实就是编辑部的成功，《中国国家地理》的发展中，80%的人力、物力和财力几乎都是用于内容的制作。我们坚守着"内容为王"的戒律，禁止采编人员从事任何经营活动，即使再匹配的文稿，只要是涉及收费付费，就一定要在显著位置提示这是"广告资讯"，因为杂志最不能亏待和愚弄的就是读者。我们从84页发展到现在的148页并不定地加赠地图和版页，尤其像本期加厚到550页，定价从未提高。近几年，几乎每月都有新杂志粉墨登场，有些"先市场后内容"，结果很快以悲壮地消失。"先内容后市场"，看似抱守"酒香不怕巷子深"的传统观念，可实际上杂志的口碑相传远甚于市场的炒作。

一本视创新为生命的杂志，其团队成员必须具备豪情万丈、激情四射、百折不回的气质。不仅要有丰富的人生阅历、良好的教养和敬业精神，能专注于自己的本职工作，还要有较强的沟通和交流能力。宽松有序和有限授权，是保证媒体创新的不可或缺的机制。团队也只有在不断的鼓励中才能创造一个又一个奇迹，杂志的内容和市场营销也才能保持常变常新，永不停滞的趋势。

媒体的成长其实就是品牌的成长。与其他产业相比较，媒体产业既无专利也无专营范畴，如果比较等产生值的这两类企业，后者可能具有较强的专利和庞大的这种资产，而媒体除了品牌就只有一批能维护和壮大其品牌的团队。2004年，当月销量突破30万册时，品牌的价值就显露了，与许多著名企业在科学考察、市场推广等方面开展了一系列颇有影响的合作。

媒体的做点在于内容创新的社会化。其每一话题和谈资与科学研究一样，要经得住时间的考验和读者的推敲。互联网的兴起和杂志的全面上网，极大地推动了原创媒体的发展，使杂志的话题和谈资在庞大的人群中快速传播。《中国国家地理》市场销售连续三年成倍上涨，互联网起了巨大的作用。不仅地理类媒体连年出新，而且许多其他媒体也专辟地理板块。"地理热"的出现与地理学本身的科学属性紧密相关。以辩证法的逻辑学为基础的地理学思想体系，使其科学话题容易进入公众视野，而地理话题的本土性对受众又具有天然的亲和力，寻找差异之美和变化之美就成了地理话题全部的魅力。

一本杂志无力改变整个社会，但却可以通过其观点改变一个人或一个阶层的生活方式。所有的关注、支持和参与，我们永存感恩，永不放弃的是：创新和回报。

选美中国总评审委员会成员介绍

中国是世界上最美丽的国度，拥有许许多多世界级的景观。但是，由于交通等方面存在的障碍，一些美丽但偏远的地方常人很难到达，而中国之"地大"使得任何人也不可能踏遍每一寸土地；边缘文化所处区域的景观也很难进入主流社会的视野⋯⋯因此，迄今为止，还没有人对中国进行过一次全方位的、分门别类的美的巡礼。

而今，本刊担负起了这项富于挑战性的使命，组织了这次前所未有的"选美中国"活动。我们面临的重重困难可想而知。所幸，我们先后得到了全国200多位专家的指导与帮助。这不仅大大地拓宽了我们的视野，也使我们的评选有了坚实的基础和权威性的保证。

评选采用了二级评审制。首先，15个单项都分别组织单项专业委员会进行了初选。事实上，几乎

每一个单项评委会都包括了其所涉及领域的知名专家、学者。大约100位专家的名字出现在正文中15份名单上。当然，还有许多给予了帮助和支持的专家没有一一列举。

初选之后，为了使评选结果更加客观、公正和权威，我们特别组织了总评审委员会。这个委员会包括了一些中国自然科学相关领域的顶尖人物，一些关于风景、旅游等与"选美"相关的权威学会，还有一些社会科学领域德高望重的美学家——虽然中国没有社会科学类的院士，但他们的学术地位、社会声誉堪与自然科学类的院士比肩，他们使我们的评选更加富于人文精神。

总评审委员会中每一位评委的经历即使一本书也写不完，限于篇幅，我们只能简介如下：

（按姓氏笔画排列）

冯宗炜　中国工程院院士　长期从事森林环境与生态环境恢复工程的研究。

卢耀如　中国工程院院士　地质学家　长期从事岩溶地质方面的研究工作。

刘东生　中国科学院院士　第四纪地质学、古脊椎动物学、环境地质学家　国家自然科学奖获得者　主要从事黄土研究。

刘嘉麒　中国科学院院士　火山地质与第四纪地质学家　在火山地质和第四纪环境地质等方面做了大量系统的研究。

任继周　中国工程院院士　中国草原学会副理事长　我国现代草原科学的奠基人之一。

孙鸿烈　中国科学院院士　土壤地理与土地资源学家　曾任中国科学院副院长、国际科学联合会副主席　长期主持中国科学院青藏高原综合科学考察。

邵大箴　中央美术学院教授　著名美术评论家　《美术研究》主编　《世界美术》主编。

李文华　中国工程院院士　曾任中国生态学会理事长　主要从事森林生态研究。

吴传钧　中国科学院院士　人文地理与经济地理学家　曾任国际地理联合会副主席。

吴良镛　两院院士　建筑学与城市规划学家，世界人居学会主席　中国人居环境研究中心主任。

陈述彭　中国科学院院士　地理学、地图学和遥感应用学家　曾经主持国家大地图集的编制。

范迪安　中央美术学院副院长　中国美术家协会理论委员会副主任　长期从事中国美术研究。

施雅风　中国科学院院士　地理学、冰川学家　中国现代冰川学研究的开拓者之一。

聂振斌　著名美学家　中华美学学会副会长　原中国社会科学院哲学研究所美学研究室副主任。

中国地理学会　　张国友秘书长　（代表学会参与总评。下同）

中国地质学会　　王弥力秘书长

中国风景园林学会　　杨雪芝秘书长

中国森林风景资源评价委员会　　王兴国秘书长

旅游地学与地质公园学会　　陈安泽理事长

图书在版编目（CIP）数据

中国最美的地方排行榜 /《中国国家地理》杂志社编.
－北京：新星出版社，2008.8
ISBN 978-7-80225-462-6

Ⅰ.中... Ⅱ.中... Ⅲ.名胜古迹－简介－中国
Ⅳ.K928.70

中国版本图书馆CIP数据核字（2008）第 031853 号

中国最美的地方排行榜

《中国国家地理》杂志社　编

责任编辑：许　彬
装帧设计：黎　红
英文审定：Sue Duncan　Paul White　王明杰

出　　版：新星出版社
发　　行：广州万信达文化传播有限公司
出 版 人：谢　刚
社　　址：北京市东城区金宝街 67 号隆基大厦 100005
网　　址：www.newstarpress.com
电　　话：010-65270477
传　　真：010-65270449
法律顾问：北京建元律师事务所
读者服务：010-65267400

制　　版：北京美光制版有限公司
印　　刷：中华商务联合印刷（广东）有限公司
开　　本：1 / 32 开（120mm×190mm）
印　　张：14
版　　次：2008 年 8 月第 1 版　2008 年 8 月第 1 次印刷
书　　号：ISBN 978-7-80225-462-6
定　　价：RMB 78.00　USD11.90